Friedrich August Stüler

Friedrich August Stüler

Das architektonische Werk heute
The architectural work today

herausgegeben von
edited by

Hillert Ibbeken

mit Beiträgen von
with contributions by

**Barry Bergdoll
Eva Börsch-Supan
Anke Fritzsch
Hillert Ibbeken
Katja Schoene
Heinz Schönemann**

Photographien
Photographs

Hillert Ibbeken

Edition Axel Menges

© 2006 Edition Axel Menges, Stuttgart/London
ISBN 978-3-936681-10-9

Reproduktionen/Reproductions: L & N Litho, Waib-
lingen
Druck und Bindearbeiten/Printing and binding:
Everbest Printing Company, Ltd., China

Übersetzung ins Englische/Translation into English:
Michael Robinson

Inhalt

Contents

Orte mit Werken von Friedrich August Stüler, zusammengestellt von Hillert Ibbeken. Computergraphik von Heinz Burger.

Localities with works by Friedrich August Stüler, compiled by Hillert Ibbeken. Computer graphics by Heinz Burger.

Rzucewo ● (Rutzau)

KALININGRAD (KÖNIGSBERG)

GDANSK □ (DANZIG)

● Fromborg (Frauenburg)

● Jablonowo pomorskie

● Wielka Laka (Wielkalonka)

BYDGOSZCZ □ (BROMBERG)

W i s l a
(W e i c h s e l)

WARSZAWA □ (WARSCHAU)

● Kepnow (Kempen)

W a r t a
(W a r t h e)

Gliwice ● (Gleiwitz)

W i s l a
(W e i c h s e l)

□ KATOWICE (KATTOWITZ)

□ KRAKOW (KRAKAU)

Orte außerhalb der Karte:
Places outside the map:

Budapest, Ungarn/Hungary
Wolfsberg, Österreich/Austria
Stockholm, Schweden/Sweden

Vorwort

Friedrich August Stüler (1800–1865) ist der dritte große preußische Baumeister neben Karl Friedrich Schinkel und Ludwig Persius. Als Direktor der Schloßbaukommission, Mitdirektor der Bauakademie und »Architekt des Königs« prägte er das Baugeschehen Preußens um die Mitte des 19. Jahrhunderts in besonderer Weise. Aber auch im Ausland war er gefragt, er schuf wegweisende Gebäude in zentraler Lage in den Hauptstädten Ungarns und Schwedens, in Budapest und Stockholm. Mit dem hier präsentierten Buch wird der dritte Band der Trilogie Schinkel / Persius / Stüler in der Edition Axel Menges vorgelegt. Die Arbeiten über Schinkel und Persius strebten eine vollständige Erfassung der heute noch existierenden Werke dieser Architekten an. Bei Stüler ließ sich dieses Ziel nur bei den profanen Bauten erreichen, die fast vollständig erfaßt wurden, nicht aber bei den Kirchen. In Deutschland und Polen stehen noch etwa 75 Kirchen, wobei fallweise unterschiedlich gerechnet wird, ob ein angefügter Turm, eine zusätzliche Arkadenhalle oder die neue Innenausstattung eines Vorgängerbaus das Gebäude zu einem Werk von Stüler macht. Von diesen 75 Kirchen lassen sich zwei Drittel als neugotisch einordnen, das restliche Drittel gehört zum Rundbogenstil im weiten Sinne des Wortes. 53 Kirchen wurden von diesem Bestand erfaßt, wobei sich ein ähnliches Verhältnis von zwei zu eins zwischen den neugotischen und den Rundbogen-Kirchen ergab. Die getroffene Auswahl ist damit hinreichend repräsentativ, sowohl für das gesamte Kirchenwerk Stülers als auch für das Verhältnis dieser beiden von Stüler gewählten Stile zueinander.

Die Auswahl aus dem Stülerschen Œuvre folgt einem Vorschlag von Eva Börsch-Supan, die die gesamte Arbeit auch wissenschaftlich begleitete.

Der Schwarzweißphotographie bin ich treu geblieben; nur so, meine ich, lassen sich architektonische Strukturen befriedigend wiedergeben. Ebenso blieb es bei der großformatigen Balgenkamera. Auch der Photographierstil einer möglichst nüchternen Werkwiedergabe wurde beibehalten. Noch mehr als in den Bänden über Schinkel und Persius wurde in dem vorliegenden Band großer Wert auf die Darstellung der Innenräume gelegt, aber ausnahmslos ohne Inanspruchnahme künstlicher Beleuchtung.

Mein Dank gilt den Direktorien vieler Institutionen, die mir die Arbeit in ihren Häusern gestatteten: Akademie der Wissenschaften in Budapest, Mausoleum in Wolfsberg, Nationalmuseum Stockholm, Schloß Schwerin, Lutherhaus Wittenberg, die Schlösser Stolzenfels und Hechingen, Stiftung Preußische Schlösser und Gärten Berlin-Brandenburg und in Berlin das Alte und Neue Museum sowie die Alte Nationalgalerie. Ich danke weiter den vielen Pastoren und Küstern in Deutschland und Polen, die mir ihre Kirchen zugänglich machten, Monika Pawlowska für das Dolmetschen, Heinz Burger für die Computergraphik, Walter Lange für das Auffinden polnischer Lokalitäten und Claudia Ibbeken für die zweieinhalbjährige Begleitung auf unzähligen Stüler-Reisen mit 18 000 Autokilometern. Dorothea Duwe und Axel Menges begleiteten die Arbeit als erprobte und fürsorgliche Verleger.

Hillert Ibbeken

Foreword

Friedrich August Stüler (1800–1865) is the third great Prussian master-builder, standing alongside Karl Friedrich Schinkel and Ludwig Persius. As director of the palace building commission, co-director of the Bauakademie and »Royal Architect«, he made his own particular mark on building in Prussia in the middle years of the 19th century. But he was in demand abroad as well, creating pioneering buildings in central positions in the Hungarian and Swedish capitals, Budapest and Stockholm. The present book completes the Schinkel / Persius / Stüler trilogy for Edition Axel Menges. The works on Schinkel and Persius were intended to create a complete record of these architects' works that are still in existence. In Stüler's case this was possible only for the secular buildings, which are covered in full, but not the churches. There are still about 75 churches standing in Germany and Poland, though sometimes the figure comes out differently, as it is difficult to say whether an added tower, an additional arcade or a new interior design for an existing structure makes the building a work by Stüler. Of these 75 churches two thirds can be classified as neo-Gothic, and the other third are round-arched in the broadest sense. 53 of these churches were recorded, in a similar proportion of two to one neo-Gothic and round-arched. Thus the selection made is adequately representative, both in terms of Stüler's ecclesiastical architecture as a whole and also for the proportion between these two styles he chose to work in.

The selection from Stüler's œuvre follows a suggestion by Eva Börsch-Supan, who also attended to academic aspects of the work.

I have remained faithful to black-and-white photography; I find that this is the only way to reproduce architectural structures satisfactorily. I also stayed with the large-format bellows camera, and kept to the photographic style of the most straightforward reproduction of the buildings. In this volume, a great deal of attention has been paid to presenting the interiors, to a greater extent than in the volumes on Schinkel and Persius, but on no occasion was artificial lighting used.

My thanks go to the directors of many institutions who allowed me to work in their buildings: the Academy of Sciences in Budapest, the Mausoleum in Wolfsburg, the National Museum in Stockholm, Schloß Schwerin, the Lutherhaus in Wittenberg, Schloß Stolzenfels and Schloß Hechingen, the Stiftung Preussische Schlösser und Gärten Berlin-Brandenburg and in Berlin the Altes and the Neues Museum, and the Alte Nationalgalerie. I would also like to thank the many pastors and sextons in Germany and Poland who gave me access to their churches, Monika Pawlowska for interpreting, Heinz Burger for computer graphics, Walter Lange for finding Polish localities and Claudia Ibbeken for accompanying me for two and a half years on my countless Stüler journeys, 18 000 kilometres by car. Dorothea Duwe and Axel Menges have been at my side as experienced and caring publishers.

Hillert Ibbeken

Eva Börsch-Supan
Friedrich August Stüler. Leben und Werk

Unter den um 1800 geborenen Architekten der sogenannten Schinkel-Schule war Friedrich August Stüler in
seinen späteren Jahren unbestritten der »primus inter
pares«. Daß er »unter Gleichen« lebte, bezeugen die
vielen Kollegen-Freundschaften, namentlich zu Eduard
Knoblauch (1801–1865), Heinrich Strack (1805–1880)
und August Soller (1805–1853).

Mit den Besten von ihnen teilte er auch die von
Schinkel erworbene Formdisziplin, die ihren Bauten
Klarheit, Haltung und sparsame Belebung durch feinlini-
ge Ornamentik gab. »Der Erste« war er durch Umfang
und Leichtigkeit seiner Erfindungskraft, effektive Arbeitsweise und Offenheit für neue technische Möglichkeiten.

Mit diesen Fähigkeiten wurde er der eigentliche Erbe
Schinkels, sowohl in der dienstlichen Stellung und der
damit verbundenen Aufgabenfülle als auch in der persönlichen Autorität. Zwischen 1840 und 1865 konnte er
das gesamte Bauwesen der preußischen Monarchie
beeinflussen, ja leiten. Dennoch hatte Stüler nicht, wie
andere, in Schinkels Atelier oder seiner Behörde, der
Oberbaudeputation, gearbeitet, und er emanzipierte
sich auch in seiner Formensprache stärker von ihm.

Stüler wurde 1800 als Pfarrerssohn in Mühlhausen /
Thüringen geboren. Die bedeutenden gotischen Kirchen
der früheren freien Reichsstadt gaben ihm offenbar die
von ihm selbst bezeugte Liebe zur Gotik, die ihn später
auch zu einem bedeutenden Baumeister der kirchlichen
Neugotik machte. Auch sein verbindliches Wesen, das
»viel vom Süddeutschen« hatte, wie Zeitgenossen urteil-
ten, verdankte er dieser Herkunft. Begabt im Zeichnen
und in der Mathematik, folgte er seinem älteren Bruder
Askan in den Beruf des Architekten. 1819–27 studierte
er, unterbrochen durch Militärdienst und praktische Bau-
ausführungen, an der Bauakademie in Berlin.

Hier entstanden in diesen Jahren die klassizistischen
Hauptwerke Schinkels, die Neue Wache, das Schauspielhaus und das Museum, im Potsdamer Bereich
Schloß Glienicke und Charlottenhof – jedes eine individuelle Lösung und doch in einem lehr- und übertragba-
ren Formenkanon geschaffen. In persönliche Beziehung
zu Schinkel trat Stüler 1828, als er dessen Palais des
Prinzen Karl ausführte, wo ihm neben dem technischen
Können auch seine dekorative Begabung zugute kam.
Später bekannte er, daß ihn dieser Umgang sprunghaft
gefördert habe.

Um die auf Technik konzentrierte Ausbildung an der
Bauakademie durch eigene künstlerische Weiterbildung
zu ergänzen, gründete Stüler mit Knoblauch und anderen Studenten 1824 den Architekten-Verein zu Berlin, in
dem er, wie bei den seit 1842 stattfindenden deutschen
Architektenversammlungen, bis an sein Lebensende
aktiv war. Seine frühen Arbeiten für die Monatskonkur-
renzen des Vereins zeigen eine Entwicklung von Varia-
tionen Schinkelscher Vorbilder zu selbständigen Formen.
Vor allem durch die 1829/30 mit Knoblauch unternom-
mene Bildungsreise nach Frankreich und Italien entwickelte er eine charakteristische eigene Handschrift:
einen sparsam den streng kubischen Bauvolumen auf-
geprägten Rundbogenstil italienischer Färbung.

Noch 1830 wurde er Bauinspektor der Schloßbau-
kommission und nach dem Tod ihres Direktors Gottlieb
Schadow Ende 1831 dessen Nachfolger. Diese rasche
Beförderung erfolgte vielleicht auf den Rat Schinkels,

der 1833 dem Prinzen Wilhelm den »jetzigen Hofbaurat
Stüler als einen höchst talentvollen, umsichtigen und
tätigen Architekten« empfahl. Nach der Familienüberlie-
ferung lernte bei der Cholera-Quarantäne 1831 in Pots-
dam auch der architekturbegeisterte und -begabte
Kronprinz Stüler kennen. Bedeutende Aufgaben hatte
die Schloßbaukommission im letzten Jahrzehnt Friedrich
Wilhelms III. allerdings nicht; die wichtigste war die von
Stüler und Albert Schadow 1835–37 erbaute anmutige
Kirche St. Peter und Paul auf Nikolskoe am Ufer der
Havel.

In den unruhigen 1830er Jahren, deren architek-
tonischer Ausdruck Schinkels Bauakademie mit ihren
zugleich neuartigen wie von erweitertem historischen
Bewußtsein geprägten Formen war, konnte sich Stüler
mit Privatbauten profilieren. Als Hofarchitekt bald vom
Adel gesucht, baute er 1835 den Marstall für den Grafen
Hahn in Basedow, 1838 folgten die Entwürfe für Schloß
Boitzenburg, 1839 die für die Schlösser Sergiewka bei
Peterhof und Arendsee und 1840 die für Schloß Rutzau.
Diese Tätigkeit setzte er auch später fort, etwa mit den
bedeutenden Schlössern in Kobyle Pole, Jarocin, Strzel-
ce und Groß-Dammer.

Im bürgerlichen Bereich entstand als sein erster über-
haupt faßbarer Bau 1829/30 das Restaurant »Tivoli« am
Kreuzberg. Dessen »schön dekorierten Sälen« folgten
ähnliche im »Englischen Haus«, im Café Fuchs und im
Kranzler. Unter den frühen Berliner Wohnhäusern impo-
nierte das des Industriellen Pierre Louis Ravené in der
Wallstraße mit einer differenzierten Gliederung der 15-
achsigen Front und dem 1850 eingebauten Oberlicht-
saal der Privatgalerie. Das zweistöckige Haus in Stülers
Besitz, Lennéstraße 3, hatte eine individuelle Physiogno-
mie durch tiefe Mittel-Loggien und einen abschließenden
Fries mit Büsten in Rundnischen. Von seinen späteren,
selteneren, Wohnbauten waren die Sommerschen Häu-
ser neben dem Brandenburger Tor, 1844–48, städtebau-
lich bedeutend, weil sie die Höhe und den strengen »flo-
rentinischen« Stil von Schinkels Palais Redern auf den
gesamten Pariser Platz übertrugen.

Bei der Kirche in Christdorf 1835 und beim Rathaus
in Perleberg 1837 wirkte Stüler zusammen mit seinem
Bruder, dem damaligen Bauinspektor in Pritzwalk. Vielleicht sind die breiteren, flächenhaften Formen Karl Askan Stülers Handschrift.

1834 heiratete Stüler Karoline von Mieg. Aus der Ehe
gingen drei Söhne und drei Töchter hervor.

1834–42 und nochmals 1849–54 lehrte er »Entwerfen
öffentlicher Gebäude« an der Bauakademie, an deren
Reorganisation 1849 er auch durch ein Memorandum
mitwirkte.

Mit Strack entwarf er 1838 den Bahnhof in Petersburg für die erste russische Bahnlinie nach Pawlowsk,
der zwar nicht gebaut, aber mit seinen Torbögen und
der Zweiturmfront Vorbild für die frühen Berliner Bahnhöfe wurde. Ausgeführt wurde Stülers Konkurrenzent-
wurf von 1839 für die Börse in Frankfurt am Main. In
diesem einem italienischen Palazzo angenäherten Bau
bezeichneten die großen skulpturengeschmückten
Rundbogenfenster den Börsensaal – ausgestattet mit
neuartigen Trichtergewölben, wie sie Schinkel bereits
1827 bei Stülers Baumeisterprüfung verlangt hatte.

Nur wenig ist von dem umfang- und variationsreichen
Frühwerk erhalten. Charakteristisch waren strenge, klare
Baukörper entsprechend der Schinkel-Schule, die sorgfältige Beachtung der lokalen und individuellen Situation
und ein lebendiger ornamentaler Schmuck.

Am 7. Juli 1840 starb Friedrich Wilhelm III., am 11.
September wurde Schinkel todkrank – gleichzeitig er-
folgte ein Generationswechsel im Regiment und in der
Architektur; besonders der Wechsel zu einem hocham-
bitionierten, ideenreichen, aber oft unentschlossenen
König, der mit unzähligen Skizzen seinen Architekten
Vorgaben machte, ist in diesem Zusammenhang zu
erwähnen. Stüler war als Schloßbaudirektor sofort ein-
gespannt: Im August entstand der Entwurf für den
Umbau von Schloß Erdmannsdorf, im September und
Oktober folgten die Arrangements zur Huldigung in
Königsberg und Berlin.

Mit einem Schlage öffnete sich ihm ein großer Wir-
kungskreis; spät im Vergleich mit dem gleichaltrigen
Theodor Ottmer in Braunschweig, der schon 1823 bei
der Singakademie erfolgreich gegen Schinkel angetreten
war und seit 1833 das monumentale Braunschweiger
Schloß erbaute, aber insofern rechtzeitig, als Stüler
durch seine langjährige vielseitige Bildung und Erfahrung
den Dimensionen des Bauwesens im preußischen Staat
gewachsen war.

Hierin war er auch Ludwig Persius (1803–1845) über-
legen, der seit 1821 für Schinkel, seit 1826 für den Kronprinzen gearbeitet hatte, dem folgerichtig der räumlich
begrenztere, aber zentrale Potsdamer Bereich im unmittelbaren Umgang mit Friedrich Wilhelm IV. zufiel. Dieser
ernannte beide am 13. September 1842 zu »Architekten
des Königs«.

Seit Ende 1840 war Stüler mit den drei wichtigsten,
schon in der Kronprinzenzeit gehegten Planungen für
das ideelle Zentrum Berlins beauftragt: der Schloßkapelle, dem Neubau des Domes am Lustgarten und der
Museumsinsel. Für diese »Freistätte für Kunst und Wissenschaft« auf der Spreeinsel, nördlich von Schinkels
Museum, war die Idee des Forums bestimmend und
damit auch der antike Stil. Sie sollte ein neues Museum
für die Abgüsse klassischer Vorbilder und Werke außer-
klassischer Epochen, namentlich ägyptische aus Richard
Lepsius' Expedition, enthalten, ferner ein Gebäude für
die Kunstakademie und das vom König als hoher Tempel bestimmte Hörsaal- und Aulagebäude der Universität.

Auf dem unregelmäßigen Gelände zwischen Schinkels Packhof und den Häusern der Cantianstraße (in
denen Stüler und der Generaldirektor Ignaz von Olfers
wohnten) ordnete er die Bauten in seinem Gesamtplan
vom März 1841 in asymmetrischer Gruppierung zwischen Kolonnaden und Gartenhöfen an. Mit Schauseiten
am Ostufer und an der Nordspitze, aber auch Bezugs-
punkten zum Lustgarten und zu den westlichen Quer-
straßen entstand ein städtebauliches Konzept, dessen
Grundlinien bis heute durchgehalten sind. Stüler konnte 1841–55 das Neue Museum, sein erstes Hauptwerk,
ausführen und für die 1861 dem Staat geschenkte
Wagenersche Gemäldesammlung den Tempel als Nationalgalerie bis kurz vor seinem Tod im Entwurf detail-
lieren.

Für den Dom, den Friedrich Wilhelm als »Primas des
Protestantismus in Deutschland«, als Gegenstück zum
Kölner Dom, in Form einer altchristlichen Basilika bauen
wollte, und für die im feierlichen byzantinischen Stil vor-
gesehene Schloßkapelle lagen bereits Zeichnungen von
Schinkel vor. Beim Dom scheiterte Stüler am kolossalen
Maßstab, am räumlich und statisch ungünstigen Bau-
platz – sowie schließlich, als der König 1858 Stülers
Zentralbauentwurf akzeptierte, am Unwillen von dessen
Nachfolger.

Hervorragend gelang die in langer Bauzeit 1843–54 mit Schadow errichtete Schloßkuppel über dem Eosanderportal, dessen Gliederung Stüler im achteckigen Tambour weiterführte. Das im Grunde unzerstörte Ensemble wurde Ende 1950 als letzter Teil des Schlosses gesprengt. Mit dem nördlich an die Kapelle anschließenden Weißen Saal schuf Stüler auch den Rahmen für die gesellschaftliche und politische Repräsentation des Staates.

Nach langfristigem Plan entstanden Um- und Ausbauten auch anderer königlicher Schlösser: Stolzenfels 1840–42, Koblenz 1842–45, Letzlingen 1843–53 , Breslau 1843 und 1858, Düsseldorf 1845, schließlich auf den mittelalterlichen Resten die monumentale Anlage der Burg Hohenzollern 1846–67.

Nach Persius' frühem Tod erhielt Stüler auch die Leitung der Potsdamer Planungen. Neben Persius vertraute der König nur ihm und schätzte den persönlichen Umgang mit seinem Architekten. Vollendet wurden Persius' Friedenskirche und die Kuppel von Schinkels Nikolaikirche, und Stülers Orangerieschloß. Das Pfingstbergschloß blieb Fragment.

Die architektonische Wende bei Regierungsantritt Friedrich Wilhelms IV. betraf vor allem den Kirchenbau. Zwar hatte auch der Vater für die religiösen Bedürfnisse der Untertanen gesorgt, aber nur im Sinne kostensparender Zweckmäßigkeit. Die »Normalkirche«, die er 1827 von Schinkel verlangt hatte, unterband der Nachfolger sofort. Statt ihrer ließ er Stüler – oft über die Oberbaudeputation hinweg, in der Soller das Ressort Kirchenbau übernommen hatte – Basiliken im frühchristlichen Stil entwerfen. »Mein Plan durch Stüler«, schrieb er 1841 zur Missionsstation für Jerusalem. Die Basilikaform, die er als Stiftung der Apostel ansah, schien ihm der reinen evangelischen Lehre angemessen. Sie war zugleich christlich und antik; auch gewissermaßen neu – in Köln entging die evangelische Kirche so dem Vergleich mit dem Dom und den romanischen Kirchen. In den 1850er Jahren entstanden aber nur noch große Stadtkirchen als Basiliken, da die Innenräume der kleineren Kirchen Sicht- und Hörprobleme boten. Der frei stehende Turm wurde bei knappem Geld oft später hinzugefügt, die schlichten Bauten eigneten sich für »malerische« Ergänzungen mit Pfarr- und Schulbauten zu seelsorgerischen Zentren.

Ein solches Ensemble entstand ab 1844 mit der Jacobikirche in Berlin, auch wurde eine der Vorstadtkirchen Schinkels, die Johanniskirche, in dieser Weise ergänzt. Im Werk der Oberbaudeputation, *Entwürfe zu Kirchen, Pfarr- und Schulhäusern*, zeigten Stüler, Soller und Busse entsprechende Muster.

In seiner Würdigung der Bauleistungen Friedrich Wilhelms nach seinem Tod 1861 schrieb Stüler, daß neben der basilikalen auch andere Formen erwünscht waren. So entstand gleichzeitig mit der Jacobikirche die Matthäuskirche als Predigthalle mit drei parallelen Satteldächern. Sie wurde nach dem Musterbuch dreimal in der Provinz wiederholt. Stüler selbst übernahm das Drei-Dächer-Prinzip an der neugotischen Bartholomäuskirche und bei Anbauten an alte Kirchen, um sie nicht durch ein kolossales Dach zu übertönen.

Besonders gut kam sein Sinn für kubische Formen bei Zentralbauten zur Geltung, in Berlin bei der zerstörten Markuskirche und Domkandidatenkapelle und in Hasserode bei der dortigen evangelischen Kirche.

Nach Sollers Tod 1853 übernahm Stüler auch den Kirchenbau in der aus der Oberbaudeputation hervorgegangenen Bauabteilung im Gewerbeministerium. Die Kirchen, die er für alle preußischen Provinzen zu entwerfen, korrigieren oder restaurieren hatte, waren nun vor allem gotisch. Statt der frühen italienischen Anklänge folgte er mit Backstein- oder Feldsteinmaterial und Staffelgiebeln häufig lokalen Traditionen. Er bildete charakteristische Typen aus, besonders in den mit Wimpergen bekrönten Türmen. Im höfischen Bereich orientierte er sich jedoch an der Kathedralgotik.

Gewölbe konnte er aus Kostengründen fast nur in katholischen Kirchen bauen, wo sie liturgisch gefordert wurden. Aus England, wohin ihn der König 1842 zum Studium geschickt hatte, übernahm er das dortige System schlanker gußeiserner Deckenstützen, für die er allerdings Holz verwendete. Diese Holzteile setzen sich, lasiert und sparsam mit schablonierten Ornamenten verziert, von den steinernen Wänden ab. Völlig geweißte Wände erschweren es heute, die ursprüngliche Atmosphäre der Räume zu erkennen.

Durch königliche Verfügung war Stüler seit 1842 auch Mitglied der Oberbaudeputation – nach eigener Angabe aber vor 1853 nur für besondere, ihm fallweise übergebene Aufträge zuständig. Diese häuften sich jedoch bei öffentlichen Bauten. Stüler entwarf das Kriegs- und das Handelsministerium in Berlin (1845, 1854), Kasernen in Stettin und Spandau, Wachen und Kommandaturen – auf königlichen Wunsch »florentinisch« – in Breslau und Posen, ab 1842 Stadttore für die Festungen Posen und Königsberg mit mittelalterlichen Reminiszenzen, das Wallraf-Richartz-Museum in Köln, die Universität Königsberg, Schulbauten in Görlitz, Perleberg und Elberfeld sowie Lehrerseminare, Gerichtsgebäude, Brückenbauten und Bahnhöfe (Dirschau, Eydtkuhnen) der Ostbahn.

Für einige dieser Bauten schuf er nur die Fassaden, damit aber das Gestaltungselement in der Stadtlandschaft. Wo er das Ganze gestaltete, entstand meist ein gestreckter Baukörper, der in der Mittelachse von einem höheren Trakt durchdrungen ist, welcher Vestibül, Treppenhaus und, durch größere Fenster ausgezeichnet, einen Saal enthält. Diese charakteristische Gestalt, die problemlos gotisierende oder renaissancehafte Stilanklänge aufnehmen konnte, erlaubte auch Zuschreibungen an Stüler, so das ehemalige Kreisgericht in Prenzlau.

Aufgrund seiner Leistungen in Preußen erfolgten auch hochrangige auswärtige Aufträge. So konnte er beim Nationalmuseum Stockholm die Berliner Erfahrungen am Neuen Museum anwenden und zugleich nach Klenzes Vorbild in die Münchener Pinakothek Oberlichtsäle für die Gemäldesammlung integrieren. Auf ausgezeichnetem Bauplatz gegenüber dem Schloß entstand ein bedeutender, zugleich monumentaler und feingliedriger Solitär.

Auch beim Weiterbau des Schweriner Schlosses ab 1851 bewährte sich Stüler. Mit einer Zentralisierung und Steigerung gab er der Stadtfront die monumentale, dennoch einladende Geste und machte es unabhängiger vom Vorbild der französischen Renaissance. Seine – bei einem Brand 1913 zum Teil zerstörten – Innenräume sind Zeugnis seiner reichen, aber konstruktiv durchgebildeten, von der Renaissance inspirierten, aber schöpferischen Dekorationsweise um die Mitte des 19. Jahrhunderts.

Stülers letztes Hauptwerk war die Akademie der Wissenschaften in Budapest. Sein Entwurf von 1862 siegte aufgrund der moderneren Renaissanceformen und einer zweckmäßigen Raumanordnung in interner Konkurrenz über den von Klenze.

Nimmt man die vielen, oft von Friedrich Wilhelm IV. in Skizzen festgelegten Denk- und Grabmäler, bauplastische und kunstgewerbliche Entwürfe hinzu – zum Beispiel die noch kaum erforschten Möbel –, so erscheint die in einem Brief von 1854 ausgesprochene Klage, er sei »von Geschäften so überhäuft«, daß er »oft kaum zu Atem komme«, nicht übertrieben. Tatsächlich litt Stüler, der wohl keine robuste, aber eine elastische Natur hatte, seit etwa 1854 an Asthma. Seine Arbeitslast bewältigte er, wie einer seiner Schüler im Nachruf schrieb, durch »weisen Gebrauch der Zeit«, eine unbürokratische Arbeitsweise und die Hilfe einiger »talentvoller junger Männer« in seinem Atelier.

Eigentliche Brüche in seiner Laufbahn oder künstlerischen Entwicklung gab es nicht, aber zwei Zäsuren: Die Revolution 1848 bedeutete die Aufgabe des begonnenen Domes, die Konzentration des königlichen Bauherrn auf die Großprojekte in Sanssouci und den verstärkten Einsatz im Kirchenbau. Die zweite war die nach mehreren Schlaganfällen 1858 eingetretene Regierungsunfähigkeit des Königs. Sie führte dazu, daß Stüler den kranken Monarchen 1858/59 auf einer Italienreise begleitete und danach gemeinsam mit Lenné die unvollendeten Anlagen in Sanssouci pragmatisch abschloß.

Der Nachfolger, Wilhelm I., war kaum an Architektur interessiert. Er rettete jedoch die Tempelidee seines Bruders für die Nationalgalerie, als sie Stüler selbst für ein zweckmäßigeres Museumsgebäude aufzugeben bereit war. Stüler starb, mitten in der Arbeit, am 18. März 1865. Sein Tod beendete eine Ära. Fünf Tage vorher, zum Schinkelfest am 13. März, hatte er beklagt, er sehe »die Berlin eigentümliche Schule gelockert, durch fremde, nicht mit Vorsicht gewählte und gewiß nicht empfehlenswerte Elemente beeinträchtigt«, den »Weg konstruktiver und ästhetischer Gesetzmäßigkeit«, die von Schinkels »Schönheitsgefühl durchdrungene Einfachheit und Mäßigkeit verlassen« und ein »Streben nach Effekten, ... Reichtum und vermeintlicher Neuheit der Formen« hervortreten.

Stüler blieb diesen Gesetzmäßigkeiten treu. Er war »Erbe« auch insofern, als er Schinkels Suche nach einem neuen Stil, nach den philosophischen und konstruktiven Grundgesetzen der Architektur nicht zu wiederholen brauchte. Selbstverständlich wuchs er in den Historismus des zweiten Jahrhundertdrittels hinein. Er hatte darin, auch durch die Arbeit mit dem Konservator Ferdinand von Quast, umfassendere und genauere Kenntnisse und wendete sie pragmatisch an. Dennoch blieb, vielleicht abgesehen von der Budapester Akademie, ein Zug zur Einfachheit, zu leichter Abstraktion. Monumentalität suchte er nicht durch großplastische Wucht, sondern durch Addition von Formen im menschlichen Maßstab.

Bald nach seinem Tod verlor sich der Sinn für diese feineren Qualitäten. Sein früher allgegenwärtiges Werk ist, vor allem durch die Kriegszerstörungen in Berlin, dezimiert. Um die Wiederherstellung des Neuen Museums wird seit Jahrzehnten gestritten.

Katja Schoene
Stüler und das Mittelalter

»Natürlich, das Mittelalter.« (Umberto Eco, Nachschrift zu dem Buch *Im Namen der Rose*, 1984.)

Ein unausgeführter Saalwandentwurf Friedrich August Stülers von 1851 zeigt Spitz- und Tudorbögen, Maßwerk, Fialen, Krabben und Kreuzblumen. Skulpturen von Ordensrittern stehen auf Säulenkonsolen unter Baldachinen. Die Tür links greift mit Doppelarkade und Tympanon die Struktur gotischer Kirchenportale auf. Das Tympanonfeld enthält eine gemalte Szene. Die Fensternische rechts möblieren Tisch und Bänke. Den Zugang zur Nische flankieren Löwen, wie sie an romanischen Kirchenportalen vorkommen. Ritterharnisch, gekreuzte Schwerter und Schilde vor Stoffdraperien beherrschen die Mitte der Wand. Links stehen Hellebarden und Partisanen. Den oberen Abschluß bildet ein Fries mit Rankenwerk und Wappen, die die von der Wandgliederung vorgegebenen Vertikalen bekrönen und als Abzeichen von Herkunft den Entwurf mit einem dynastischen Geschichtsbezug überschreiben. Inhaltlich stellen sie eine Analogie zur Übernahme dekorativer Formen der Vergangenheit her.

Der Entwurf dokumentiert Stülers Interesse am Mittelalter. Architektur, Malerei, Skulptur und Kunsthandwerk vereinend, nimmt er Elemente mittelalterlicher Gliederungssysteme und Schmuckformen auf. Romantisierende Requisiten in Form der ritterlichen Gerätschaften bilden Auftakt und zentrales Motiv der Zeichnung. Als Anspielung auf eine Verbindung von Architektur und Natur sind die Bäume rechts zu verstehen, die den Ausblick flankieren.

Stülers Schaffen ist durch verschiedene Impulse gekennzeichnet. Wie bei Karl Friedrich Schinkel und Ludwig Persius gaben die architektonischen Phantasien seines Auftraggebers Friedrich Wilhelm IV. den äußeren Rahmen seiner Bauwerke vor. Architekturfindung war oft das Ergebnis eines Austauschs mit Bauherren und Kollegen. Stüler war 1827/28 Schinkels Mitarbeiter. Mehrere von Schinkel begonnene Planungen oder Bauten brachte er zu Ende, veränderte sie oder griff sie auf. 1842 ernannte Friedrich Wilhelm IV. Stüler zum Oberbaurat und Mitglied der preußischen Oberbaudeputation. Zusammen mit Persius erhielt er den Titel »Architekt des Königs«. Stüler war für die Berliner Bauaufgaben verantwortlich, Persius arbeitete in Potsdam. Nach Persius' Tod 1846 setzte Stüler dessen unausgeführte Großprojekte Pfingstbergschloß und Schloß Orangerie fort. Auf Reisen nach Italien, Frankreich, England und entlang der Ostsee nach St. Petersburg kam Stüler mit regional unterschiedlichen Ausprägungen frühchristlicher, byzantinischer, romanischer und gotischer Architektur in Berührung. Seine denkmalpflegerischen Aufgaben machten ihn mit mittelalterlichen Bauten in Preußen vertraut.

Die historisierenden Motive des Saalwandentwurfs bündeln stichwortartig die Mittelalterströmungen seit dem späten 18. Jahrhundert, denen Stüler verpflichtet war. Das Blatt kann als Schlüssel zum Verständnis seines Umgangs mit mittelalterlichen Formen und Ideen dienen. Für die Stülers Werk durchziehenden Rückgriffe auf die Stile vergangener Epochen erwies sich das Mittelalter als Exempel.

»Unter die Rubrik Gotisch ... häufte ich alle synonymische Mißverständnisse, die mir von Unbestimmtem, Ungeordnetem, Unnatürlichem, Zusammengestoppel-

tem, Aufgeflicktem, Überladenem jemals durch den Kopf gezogen waren«, schrieb Goethe 1772. Vor der ihn faszinierenden Architektur des Straßburger Münsters mußte er seine bis dahin abschätzige Meinung revidieren.

Die Gotik war seit der Renaissance mit negativer Bedeutung belegt. Vasari sah in ihr einen Rückfall in die geschmackliche Barbarei. Die Eroberung Roms durch die Goten 410 bedeutete für ihn das Ende der antiken Kultur und den Beginn eines unzivilisierten Zeitalters, der Gotik. In diesem Sinne wurde noch im 18. Jahrhundert das Gotische nicht allein als Epochenbegriff verwendet, sondern zugleich für alles, was dunkel, beängstigend und übernatürlich, eben nicht klassisch schön erschien.

Erst die durch Edmund Burke 1757 eingeführte Kategorie des Sublimen ließ es zu, auch am Irregulären und Unheimlichen ästhetischen Genuß zu empfinden. Unregelmäßigkeiten in der Natur oder der Architektur wurden zu einer positiven Qualität. Die Gotik genoß eine entschiedene Aufwertung. In England ließ Horace Walpole mit Umbau und Erweiterung des Landschlosses Strawberry Hill ab 1751 einen gotischen Gegenentwurf zur klassisch-antiken Mode schaffen.

Der gotische, das Mittelalter schlechthin verkörpernde Stil diente als flexible Projektionsfläche nationaler, religiöser und romantischer Vorstellungen. Schauplatz der Wiederbelebung des Mittelalters wurde der englische Landschaftsgarten, in dem im 18. Jahrhundert die unterschiedlichsten szenischen Interpretationsmöglichkeiten gotisierender Staffagebauten innerhalb bildähnlicher Naturkompositionen erprobt wurden.

In Deutschland fand eine betonte Rückbesinnung auf die als deutsch empfundene Leistung der Gotik nach den Befreiungskriegen 1813/14 statt. Für Schinkel vereinten sich im gotischen Dom mittelalterlich-christliche und vaterländische Ideen. In seiner 1811–15 entstandenen Reihe von Gemälden gotischer Kathedralen zielte er in der Vermischung von realer und fiktiver Architektur auf eine verklärte, korrigierende Idealvorstellung vom mittelalterlichen Bauen. Denkmalhaft erheben sich die Gotteshäuser, der profanen Wohn- und Alltagswelt entrückt, über den von tätigen Menschen bevölkerten Städten. Die gotische Formenvielfalt steht für die schöpferischen Leistungen der Nation. Vergleichbar mit der Kunst der Romantiker regten Schinkels Bildwelten mit den gotischen Imaginationsbauten, den in altdeutscher Tracht kostümierten Figuren, der sinnbildhaft engen Beziehung von Architektur und Landschaft geschichtliche, philosophische und religiöse Reflexionen an.

Architektonische Entwürfe von 1814/15 visionieren einen monumentalen Dom als nationales Denkmal der Befreiungskriege und zugleich als religiöses Verheißungsmotiv. Die pathetische Seite des Gotischen zeigt Schinkels Entwurf eines Mausoleums für Königin Luise von 1810. Dem steht die Gotik der Friedrichswerderschen Kirche in Berlin (1824–30) gegenüber, die sich durch rohen Backstein mit geringer Mauerstärke den Bedürfnissen kostengünstigen Bauens und durch straff-stereometrischen Umriß zugleich dem klassizistischen Zeitgeschmack anpaßte.

Einen entscheidenden Anstoß für die Gotik als prädestinierten Kirchenbaustil gab die 1842 begonnene Vollendung des Kölner Domes. Das Vorhaben – befördert durch den Lutheraner Friedrich Wilhelm IV. im von Preußen annektierten katholischen Rheinland – wurde zum gesamtnationalen Symbol eines neuen Reiches. Schon als Kronprinz war er beim Anblick des Domes »entzückt, ganz hin«. »Matt vor Seligkeit« sei gewe-

sen, als er 1815, unter dem Eindruck der Befreiungskriege, die Burgen entlang des Rheins sah. (Dehio 2001, S. 16.) Eindringlicher Ausdruck seiner mittelalterlichen Phantastereien ist der eigenhändige Entwurf einer Sommerresidenz auf dem Kälberwerder nahe der Pfaueninsel. Auf dem Papier erträumte sich der Hohenzoller eine Märchenwelt aus Ritterburg, Stift und Kapelle.

Friedrich Wilhelm IV. überzog Preußen und die Provinzen mit einem Netz persönlicher Quartiermöglichkeiten in umgeformten oder neu gebauten Schlössern und knüpfte damit an die wandernde Hofhaltung des Mittelalters an. Architektonische Vorbilder waren mittelalterliche Bauten und moderne englische Burgengotik. Mit dem Mittelalterbezug stellte der König seinen herrschaftlichen Repräsentationswillen auf die Basis einer langen Tradition. Die Tatsache, daß er seinen Besuch der Burg Stolzenfels 1842 in mittelalterlichem Kostüm absolvierte, unterstreicht die Lust auf Maskerade und den nahezu kindlich-spielerischen Umgang mit der Geschichte.

Seit seinem Regierungsantritt 1840 als oberster Bauherr, maß Friedrich Wilhelm IV. dem Kirchenbau vor allen anderen künstlerischen Aufgaben das größte Gewicht bei. Die Devise: »Ich und mein Haus wollen dem Herrn dienen«, beschreibt sein christliches Herrschaftsideal, mit dem er die Erneuerung von Monarchie und Kirche anstrebte. Den frühchristlichen Baustil empfand er für sakrale Gebäude am geeignetsten, da er auf die Ursprünge des Christentums verwies.

Die Saalkirche St. Peter und Paul, 1834–37 auf einer Anhöhe am Havelufer errichtet und Stülers erster Kirchenbau, ist von mittelalterlicher Kirchenarchitektur inspiriert: frühchristliche Architektur (Apsis, Rundbogenfenster), karolingische Baukunst (Westriegel), oberitalienische Romanik (Blendarkadenfriese) und französische Gotik (Rosette) schließen sich zu einer Komposition zusammen. Auf Wunsch Friedrich Wilhelms III., der den Bau für seine Tochter Charlotte, seit 1825 Zarin Alexandra Feodorowna, initiierte, bekrönt ein Zwiebelturm die Kirche. Einer von Schinkel vorgelegten Skizzen verlieh Stüler in seinem ausgeführten Entwurf andere Proportionen. Riegel und Turm sind schmaler, die Rosette liegt höher, der Vorbau ist verbreitert. Ecklisenen und das um den Westbau herumgeführte Sohlbankgesims der Kirchenschiffsfenster fassen Stülers Bau zusammen.

Der kulissenhaft-pittoreske Neubau der Burg Hohenzollern versetzte die Zeitgenossen in die Welt des mittelalterlichen Rittertums, wie sie der Dichter Friedrich de la Motte Fouqué im *Ritter Toggenburg* (1817) heraufbeschworen hatte: »Eine wunderbare, wie vor der neuern Zeitberührung frei erhalte Welt tat sich den Wandelnden auf. ... und alles mit uralten, in ihrer halben Verloschenheit noch immer deutungsvollen Bildern bemalt, einzelne Waffenstücke dazwischen von den Wänden starrend in altertümlicher Pracht ... und dann ging es wieder kühn-überwölbte Wendelsteigen hinauf, und wie nach einer frommen, mühseligen Wallfahrt gelangtet ihr in eine kleine, abgelegne Kapelle.«

Nach Stülers Entwürfen (1846/47) ließ der König die Stammburg seiner Dynastie als demonstratives Denkmal ihrer Herkunft wiedererrichten. Im Innern herrscht die Gotik. Die Kapelle ist ebenso in mittelalterlicher Manier gestaltet wie die Wohnräume oder die Stammbaumhalle, die von Maßwerkfenstern belichtet werden. Die Wirkung des Grafensaals basiert auf dem Grundriß und dem Zierat hochgotischer Kirchen. Die dreischiffige Halle gliedern Säulen mit Blattkapitellen, Arkaden und Kreuzrippengewölbe. Der unregelmäßig-verschachtelte Grundriß, die steilen Turmdächer und Zinnen verleihen dem eindrucksvollen Bau auf bewaldeter Höhe die Gestalt einer altertümlichen Festung. Im Tympanon des Adlertors begrüßt den Eintretenden der Begründer der Hohenzollerndynastie, Kurfürst und Markgraf Friedrich I. von Brandenburg – ritterlich gekleidet und mit erhobenem Schwert auf heransprengendem Roß.

Stülers 1855 entworfene Marienquelle am Weg nach Caputh – ein als Wildtränke dienendes Wasserbecken mit Ziegelmauer und Stufenportal – fügt sich harmonisch in das geböschte Gelände am Templiner See. Zwei gedrungene Spitzbögen auf weit auseinandergerückten, mit einem Gesims verbundenen korinthischen Säulen überfangen die Toröffnung. Ein Gebälk schließt die Mauer nach oben hin ab.

Stüler vereinnahmte mittelalterliche Vorbilder als Architekt, der an zeitgenössische Leitbilder gebunden war: einfach umrissene, eurhythmisch gruppierte Baukörper, klar strukturierte Wandaufrisse, Bezug zur Landschaft. Historischen Stilcharakteristika wie den massig-additiven Baukörpern der romanischen Architektur, dem Vertikalzug und der Auflösung der Wand in der Gotik können seine Bauten dabei durchaus widersprechen.

Wie wichtig Gestaltungsprinzipien des Landschaftsgartens für Stüler waren, verdeutlicht der Bericht seiner Englandreise: »Außerdem ist sehr nachahmungswerth: die sorgfältige und schöne Anordnung des Kirchenplatzes, mit sehr sauber gehaltenen Wegen, vortrefflichem Rasen, malerischen Pflanzungen und einem eleganten Abschlusse durch Eisengitter oder niedere Mauern. Auch ist die Anlage einer wohlgepflegten Terrasse um die Kirche immer von guter Wirkung.« (Stüler 1858, Sp. 381.)

Im Bericht über die Reise nach Breslau beschreibt er, wie man die Grenze von der gestalteten zur ungestalteten Landschaft optisch kaschieren könne, und greift damit die Idee des sogenannten Ha-ha der englischen Gartenkunst auf. Ein Graben, der erst aus nächster Nähe – dem überraschten Betrachter den Ausruf »Aha« (engl. ha-ha) entlockend – sichtbar ist, markiert den Übergang vom Garten zur »wilden« Natur: »Ländliche Gebäude kommen bekanntlich erst durch geschickte Anordnung der nächsten Umgebung und durch Pflanzungen, die den Anschluß an die freie Natur vermitteln, zur vollkommenen Wirkung, die durch malerische Zufälligkeiten noch besonders erhöht wird.« (Stüler 1855, Sp. 552.)

Das für den Landschaftsgarten geprägte Schlagwort der schönen Unregelmäßigkeit übertrug Stüler auf die Aneignung mittelalterlicher Bauten: »Durch die seitliche Stellung des Thurmes erhalten die englischen Kirchen mehr den Charakter des Malerischen ... Anbaue und unregelmäßige Anordnungen werden daher eher gesucht als vermieden.« (Stüler 1858, Sp. 386.) Einen Höhepunkt landschaftsbezogenen, unregelmäßig gruppierten Bauens stellt der unter Stüler vollendete frühchristlich-basilikale Komplex der Friedenskirche in Potsdam dar. Ihm lagen Ideenskizzen Friedrich Wilhelms IV. und ein Entwurf von Persius zugrunde. Sichtbezüge, offene und geschlossene, helle und dunkle Partien, Durch- und Ausblicke strukturieren Kirche, Gänge, Nebengebäude, Höfe, umgebenden Garten und Gewässer wie in einem Miniaturlandschaftspark.

Friedrich Wilhelm IV., Persius und Stüler scheinen Hermann Fürst von Pückler-Muskaus Rat aufs Wort gefolgt zu sein: »Gebäude sollten nie ganz frei gezeigt werden, sonst wirken sie wie Flecken, und stehen als Fremdlinge, mit der Natur nicht verwachsen da. Das halb Verdeckte ist ohnehin jeder Schönheit vorteilhaft, und es bleibe in diesem Gebiete immer der Phantasie noch etwas zu erraten übrig.« (*Andeutungen über Landschaftsgärtnerei*, 1834, I, 4.)

Bauten der Vergangenheit präsentierten sich Stüler oftmals von Vegetation überwuchert und von hohen Bäumen umstanden. Der Blick für zum Bestandteil der Landschaft gewordene Bauten basiert auf romantischem Empfinden. Stülers Sinn für pittoreske Architekturaufnahmen verrät die von Bäumen gerahmte Ansicht auf die Klosterkirche Chorin. Die Tränke bei Caputh ist auf Stülers aquarelliertem Entwurf stellenweise von Pflanzen überwachsen. St. Peter und Paul skizzierte er in den Wald gefügt, und an der Terrasse arbeiten sich Ranken empor.

Die unscheinbaren Details zeugen von einem Gestaltungswillen, der die Geschichtlichkeit eines Bauwerks berücksichtigt und sie schon im Entwurf vorwegnimmt. Das historisierende Moment ist keine zufällige Laune des Architekten. Mehrmals riet er, neue Gebäude von »Schlingpflanzen« bewachsen zu lassen, »welche zur Darstellung eines ländlichen friedlichen Charakters als unerläßlich erscheinen«. (Stüler 1855, Sp. 553.) Fürst Pücklers Empfehlung, »daß Gebäude immer im Charakter der Landschaft erscheinen, mit der sie verwebt sind« (*Andeutungen über Landschaftsgärtnerei*, 1834, I, 4), entsprach Stüler, indem er das Klima, ortstypische Baustoffe und den Charakter des Gebäudes berücksichtigte.

Das stilpuristische Dilemma, sich zwischen den Stilen – hier: den ungleichen Vorbildern klassisch-antiken und mittelalterlichen Kunstschaffens – entscheiden zu müssen, fand seit dem 18. Jahrhundert unterschiedliche Lösungen.

Antike und Mittelalter antithetisch gegenüberzustellen, war eine Möglichkeit. So antworten im Potsdamer Neuen Garten frühklassizistisches Marmorpalais und gotische Bibliothek einander.

Die Alternative war die Übertragung des Stilpluralismus in eine neue, zeitgemäße Formensprache. Durch ein flexibles, rahmenartiges Wandgliederungssystem, dessen bestimmendes Element rundbogige Öffnungen sind, erreichte Schinkel eine klassizistische Synthese von antiker, frühchristlicher, romanischer und renaissancezeitlicher Architektur. Die Anpassungsfähigkeit seines Rundbogenstils qualifizierte ihn gleichermaßen für sakrale und profane Bauaufgaben.

Auch für Stüler bildeten mittelalterliche und antike Formen keinen Gegensatz. Im Saalwandentwurf begegnen sie sich direkt. Inmitten der gotischen Ausstattung scheint als gemalte Tympanonszene das Thema der Krankenpflege durch Deutschordensritter in antiker Formulierung auf. Einem Mann, der in klassischer Symposionshaltung auf einer Kline lagert, wird ein Kelch gereicht. Nochmals klingt die Antike mit dem pompejanischen Rot der Tür an. Stüler nutzte Erzählung und Kolorit, um Mittelalter und Antike Seite an Seite zu stellen. Realien der Gotik – das Maßwerk der Tür wiederholt die Schnitzwerkformen von Stefan Lochners Dreikönigsaltar – verbinden sich mit antiken Elementen.

Obwohl auf den ersten Blick mittelalterlich, haben sich auch in die Architektur der Marienquelle mit Tondi, Gebälkabschluß und korinthischen Kapitellen klassische Formen eingeschlichen. Stüler hatte sie zunächst als antikisierende Ädikula entworfen, bevor ihn der König beauftragte, sich an ein mittelalterliches Vorbild zu halten: das Grab der Maria im Kidrontal bei Jerusalem.

Gleichzeitig mit dem gotisierenden Saalwandentwurf legte Stüler eine Renaissancevariante vor. Die Mühelosigkeit, mit der er Stile mischte oder innerhalb einer Aufgabe zwischen ihnen wechselte, gleicht der Verwendung der verschiedenen Säulenordnungen.

Jene sind nicht stildeterminierend, vielmehr der tragenden Stütze wie ein Ornament und ohne Auswirkung auf die konstruktive Grundstruktur appliziert. Im Sinne von Vitruv richtet sich ihre Wahl nach der inhaltlichen Bestimmung eines Gebäudes. Am Beispiel der für Säulenordnungen postulierten unterschiedlichen Eigenschaften – etwa die Dorica als männlich-herb oder die Corinthia als weiblich-zart – prägte der antike Architekt den Begriff Dekor. Er forderte eine an Stellung und Bedürfnisse ihrer Bewohner angepaßte Architektur, letztlich die Angemessenheit des Erscheinungsbilds an eine bestimmte Funktion.

Architekturstile der Vergangenheit bedeuteten für Stüler thematisch motivierte Ordnungen jenseits stilgeschichtlicher Definitionen, die innerhalb eines klassizistischen Grundmusters austauschbar sind. Je nach Bauaufgabe, landschaftlich-klimatischen Bedingungen und ikonographischem Anliegen konnten sie variabel eingesetzt werden. Um der geforderten Angemessenheit zu entsprechen, bot sich dem orthodoxen Klassizisten allein das Vorbild der Antike. Dem historistischen Zugriff standen dagegen die Stile sämtlicher Kulturepochen zur Verfügung, die durch ihre antiquarische Erforschung im 19. Jahrhundert überblickbar geworden waren wie nie zuvor.

Unter allen Optionen stellte das Mittelalter die Wahlmöglichkeit dar, mit der die größtmögliche historische Distanz – als Alternative zur zeitgenössisch-klassizistischen, an der Antike orientierten Architektursprache – formuliert werden konnte. Den Wünschen Friedrich Wilhelms IV., an das frühe Christentum anzuknüpfen oder eine dynastisch weit zurückreichende Vergangenheit zu veranschaulichen, konnte Stüler damit am besten entsprechen.

Indem er bestimmte Architekturen mittelalterlich einkleidete, lag Stüler im Trend zeitgenössischer Mittelalterbegeisterung. Hinter seiner ideologisierten Rezeption des Mittelalters stand der König. Persönlich reizten Stüler mittelalterliche Bauten als Quelle dekorativer Motive. Vom Dogma der Stilreinheit unberührt, schöpfte er aus dem reichen Angebot frühchristlicher, altrussischer, romanischer und gotischer Architektur. Innerhalb der grundsätzlichen Entscheidung für das Mittelalter folgte Stülers Auswahl einzelner Vorbilder und ihrer Schmuckformen aus unterschiedlichen Epochen und Gegenden ästhetisch-dekorativen Gesichtspunkten. Sie erinnern an Leon Battista Albertis Verständnis von Ornament: »Schmuck wird ein gleichsam die Schönheit unterstützender Schimmer und etwa deren Ergänzung sein« – nicht integraler Bestandteil der Architektur, sondern »erdichteter Schein«. (*De re aedificatoria*, 1485, VI, 2.)

Anke Fritzsch
Die Museen

Zu Beginn des 19. Jahrhunderts stellte sich den Architekten mit dem Museumsbau eine neue Bauaufgabe, die durch die Forderung nach einem eigenständigen und öffentlich zugänglichen Gebäude für die wissenschaftlich geordnete Aufnahme von Kunstsammlungen geprägt war und durch die internatonale Konkurrenz der großen europäischen Städte an Bedeutung gewann. So entstanden mit Schinkels Altem Museum in Berlin, Klenzes Glyptothek in München und Smirkes Britischem Museum in London die ersten autonomen Kunstmuseen in Europa, gefolgt u. a. von Klenzes Eremitage in St. Petersburg und Polacks Ungarischem Nationalmuseum in Budapest.

Auch im Werk Friedrich August Stülers finden sich mit dem Neuen Museum in Berlin und dem Nationalmuseum in Stockholm zwei Museumsbauten, die er selbst als zwei seiner Hauptwerke bezeichnete. Seine grundsätzlichen Überlegungen zu dieser Aufgabe formulierte er 1847 in seinem Gutachten zu den bis dahin erarbeiteten Entwürfen für das Nationalmuseum in Stockholm wie folgt: »Ein Gebäude, das zur Aufnahme von Kunstwerken bestimmt ist, muß in sich selbst ein Kunstwerk sein. Die Architektur muß in höchstem Maße klar, sorgfältig, fein gebildet und bisweilen ausgeschmückt sein. Bildhauerischer Schmuck gehört zu ihrer Charakteristik. Ihr Stil dürfte am besten darinnen ausgestellten Kunstwerken entsprechen, wenn er sich einer der herrschenden Blütezeiten der Kunst anschließt, somit der schönsten Zeit der Antike und der reinsten, originellsten Periode der italienischen Kunst. Diese reicht nur bis zu den ersten Jahrzehnten des 16. Jahrhunderts, während sich später Mangel an Regelmäßigkeit oder auch schulmeisterliche Pedanterie in mannigfaltiger Vereinigung in unwahren und willkürlichen Anordnungen, in Mißbrauch von Pfeilern wie auch in einer oft allzu ängstlichen Durchführung der Linien und analoger Anordnung äußert. Das dabei auch unsere Zeit mit Ihren fast neuen Materialien und einer ihr eigenen Technik sich geltend zu machen hat, soll niemand bestreiten.« (Kommer 1965, S. 41.) Dieses Postulat soll der Fokus für die folgende Betrachtung der beiden Museen sein.

Das Neue Museum in Berlin

Bereits zehn Jahre nach Fertigstellung des Alten Museums bemühte sich Ignaz von Olfers, Generaldirektor des königlichen Museums, erfolgreich um einen zweiten Museumsbau für die Aufnahme aller »übrigen« Sammlungen. Im März 1841 beauftragte der preußische König Friedrich Wilhelm IV. seinen Architekten Stüler, ein Neues Museum im direkten Anschluß an das Schinkelsche Museum zu bauen.

Den Grundrißtyp des Alten Museums aufnehmend und den ungünstigen Bauplatzgegebenheiten Rechnung tragend, entwickelte er eine längsgerichtete, nahezu rechteckige Doppelhofanlage. Das architektonische und programmatische Zentrum des dreigeschossigen Baues bildet der Mitteltrakt, der sich mit je einem Tempelgiebel auf der Ost- und Westseite über die sonst sehr gleichförmigen Fassaden erhebt. Für die Gestaltung des Äußeren nutzte er die Architekturformen und die Elemente des klassizistischen Stils. Damit nicht nur seinem eigenen Anspruch in bezug auf den zu wählenden Stil

gerecht werdend, reagierte er auf die räumlichen Nähe zum Alten Museum – »Ähnlichkeit des Stils und der Abmessungen der Details« (E. Börsch-Supan und Müller-Stüler 1997, S. 68) und die »Hintergrundstellung« innerhalb eines Forums, welches sich nach dem Idealplan von 1841 an das Museum noch anschließen sollte.

Auch wenn das Neue Museum durch einen Übergang mit dem Alten Museum verbunden war und ihm im »Stil ähnelte«, war es doch keine Erweiterung oder Fortsetzung des Schinkelschen Baus. (Messling 1995, S. 51.) Denn mit der Präsentation von antiken Skulpturen, Gemälden, Gemmen und Münzen war das Alte Museum noch darauf ausgerichtet, »den Sinn für die bildende Kunst, als einen der wichtigsten Zweige menschlicher Kultur ... zu wecken« (v. Wezel 2003, S. 7), wogegen im Neuen Museum dem Besucher vor allem die Entwicklung der Kunst- und Kulturgeschichte vermittelt werden sollte. So wurden die Ausstellungsräume im Erdgeschoß für die Aufnahme der ägyptischen, ethnographischen und »vaterländischen« Altertümer, die im Hauptgeschoß für die Aufstellung der Gipsabgußsammlung und die im Obergeschoß für die Objekte des Kupferstichkabinetts und der Kunstkammer bestimmt. Den Mittelpunkt dieser chronologisch aufsteigend geordneten Sammlungen bildete die repräsentative – heute leere – Treppenhalle, die, nahezu den gesamten Raum des Mitteltrakts einnehmend, sowohl den Rundgang durch die Sammlungen organisierte als auch den Aufstieg durch die Kulturgeschichte mit einer freien Kopie der Karyatiden-Halle des Erechtheions in Athen und dem Kaulbachschen Bildzyklus krönte.

Bereits die Treppenhalle verdeutlicht Stülers Intention im Innern, neben dem Streben nach »größtmöglicher Harmonie mit den aufzustellenden Gegenständen« und dem Wunsch, »die Sammlungen so viel als möglich (zu) ergänzen« (Stüler 1862), sollte die Baukunst entwicklungsgeschichtlich vermittelt werden. So stellt das Erdgeschoß mit der ägyptischen Architektur und der griechisch-dorischen Säulenordnung den Beginn der Baukunst dar, die sich über ionische Marmorsäulen, Mosaikfußböden und klassizistisch ornamentierte eiserne Bogenkonstruktionen im Hauptgeschoß bis zur Blüte des Klassizismus entwickelt, symbolisiert durch korinthische Säulen und die Verwendung des »modernen« Baustoffs Eisen für die Stützenstellungen. (v. Wezel 2003, S.164.)

Für die »Harmonie« und das »Ergänzen« nahm er mit der Dreiteilung der Wandflächen im unteren Bereich die Höhe der Postamente bzw. Vitrinen auf, gab im Mittelwandbereich den Exponaten einen einfarbigen, kräftigen Hintergrund und komplettierte den Raum mit einer erläuternden Malerei im oberen Wandbereich.

In dieser engen Verknüpfung von Architektur, Bildhauerei, Malerei und Sammlung, basierend auf einem vielschichtigen Geschichtsbild, scheint Stülers Verständnis von einem Kunstwerk begründet zu sein. »Es ist stets die Aufgabe der Architektur in ihren besten Vorwürfen gewesen, alle bildenden Künste zu vereinen, jeder derselben ein angemessenes Feld zu reicher Entfaltung zu eröffnen. Es wird nur dann ein Gebäude Ansprüche auf Vollendung machen können, wenn es die Schwesterkünste der Architektur geschickt in sich aufnahm.« (Stüler 1862.)

Nach der Sicht auf »Stil« und Kunstwerke verbleibt noch die Betrachtung der Materialien und der »zeitgemäßen Technik«, welche eng mit den bautechnischen Anforderungen verknüpft ist. So bot das Gelände der

Spreeinsel einen sehr schwierigen Baugrund, auf dem ein feuersicheres Gebäude für die Aufnahme von teilweise schweren Exponaten errichtet werden sollte. Es sollte ein zusätzliches Ausstellungsgeschoß erhalten, ohne aber die Gesamthöhe des Alten Museums zu überschreiten. Es bedurfte somit einer Gebäudekonstruktion mit möglichst geringen Eigenlasten und Deckenkonstruktionen für große Spannweiten mit einer möglichst geringen Konstruktionshöhe.

Für die Lösung dieser Aufgabe nutzte Stüler die neuen Möglichkeiten der Eisenbauweise, indem er den gesamten Baukörper für die Lastabtragung und Stabilisierung mit »guß- und schmiedeeisernen Traggliedern durchzog« (Lorenz 1994, S. 101) und für die Herstellung der Elemente zwischen den Traggliedern, speziell für die massiven Geschoßdecken, Leichtziegel und Tontöpfe verwendete.

Die eingesetzten eisernen Elemente reichten von einfachen Ankern über T-förmige Balken, runde Hohlstützen, mehrteilige Gurt- und Entlastungsbögen bis hin zu weitgespannten Bogensehnenbindern. Erwähnt seien, wenn auch nicht mehr erhalten, sowohl die Gewölbekonstruktion des Sternensaals, bestehend aus einem leichten schmiedeeisernen Traggerüst und einem dazwischen gespannten Drahtgeflecht als Putzträger als auch »das feingliedrige Glasdach, das stützenfrei den gesamten Ägyptischen Hof mit einer Grundfläche von etwa 380 qm überdeckte«. (Lorenz 1994, S. 101.) Im Gegensatz dazu sind die Bogensehnenbinder noch erhalten. Jeder Binder besteht aus einem gußeisernen Bogen und einem schmiedeeisernen Sehnenpaar. Mit der Kombination der beiden Materialien gelang es, eine Spannweite von etwa 10 m zu realisieren, ohne zusätzliche Schubkräfte in den Umfassungswänden kompensieren zu müssen. Dieser Vorteil gegenüber den bisher üblichen Eisenträgern erforderte aber auch eine besonders gute Materialqualität speziell für die zugbeanspruchten Sehnen, da diese die Tragsicherheit des Binders maßgeblich bestimmten. Zur Sicherstellung dieses Güteanspruchs wurde jede Sehne mit Hilfe einer hydraulischen Presse bereits in der Borsigschen Fabrik getestet.

Die bereits erwähnten »massiven« Baustoffe sind zum einen Ziegel, deren Tonmischung mit Braunkohlestückchen als »Porenbildner« versetzt wurde (Leichtziegel) und zum anderen dünnwandige, handgedrehte Zylinder, die sowohl unten als auch oben geschlossen sind (Tontöpfe). Die Verwendung von Leichtziegeln und Tontöpfen für die Fertigung von Gewölben bzw. Massivdecken in Verbindung mit eisernen Balken war nicht neu. Verwiesen sei nur auf John Soanes Topfgewölbe in der 1796–1818 entstandenen Bank of England oder die Deckenkonstruktion aus Blechträgern und Topfsteinen des ausgebrannten Winterpalasts in St. Petersburg von 1838. (Lorenz 2005, S. 140.) Auch gab es erste Publikationen und Beiträge in Mustersammlungen wie die vermutlich von Schinkel verfaßten *Vorlegeblätter für Maurer*. Es ist anzunehmen, daß ebendiese Stüler als Vorlage dienten, denn auf dem zugehörigen Tafelwerk sind nahezu alle Tontopfgewölbe zu finden, die im Neuen Museum zur Anwendung kamen. Aber es fehlte an Berechnungsverfahren und Erfahrungswerten speziell für die Dimensionierung weit gespannter, flach geneigter Tonnengewölbe aus diesen Leichtbaustoffen. Hier konnte die nötige Tragsicherheit nur durch Erprobung nachgewiesen werden. So berichtete Carl Wilhelm Hoffmann, der als Bauleiter wesentlichen Anteil an der technischen Umsetzung der Planung hatte, in dem *Notizblatt des Architek-*

tenvereins über die Durchführung und die Ergebnisse eines Belastungsversuchs an einem Probegewölbe. (Hoffmann 1846, S.167.)

Bereits der kurze Einblick in diese sehr spezielle Gebäudekonstruktion verdeutlicht, daß Stüler sowohl die »fast neuen Materialien« als auch die »zeitgemäße Technik« nicht nur anwendete, sondern das Bauvorhaben für deren Weiterentwicklung nutzte. Es ist aber auch zu vermerken, daß er die Eisenkonstruktionen selbst nicht zeigte, sondern die eisernen Tragglieder als Träger für Be- und Verkleidungen nutzte, die zum Teil die Konstruktion idealisiert abbildeten, aber vordergründig Dekorationselemente aufnahmen, die der Verbindung von Architektur und Exponat dienten.

Infolge der Kriegszerstörungen von 1943–45 und den sich daran anschließenden Jahre der Nichtbeachtung, in denen die Raumoberflächen mehr oder weniger ungeschützt den Witterungseinflüssen ausgesetzt waren, liegt die Tragkonstruktion jetzt in verschiedenen Teilen frei. Die Aufnahmen des Bildteils vermitteln einen exemplarischen Eindruck von der Vielfalt der Konstruktionen und ermöglichen einen »bautechnischen« Rundgang durch das Gebäude. So trägt die Stützenstellung der südlichen Sammlungsräume zwei unterschiedliche Tontopfgewölbe, die sich in der Vertikalen wiederholen. Die langgestreckten Sammlungsräume dieser Gebäudehälfte besitzen bzw. besaßen flache, nur wenig gekrümmte Tonnengewölbe. Die dazwischen liegenden, nahezu quadratischen Räume, die den Hof im Süden begrenzen, überspannen ebenso flache Pendentifkuppeln. (Bei dieser Gewölbeform bestehen lediglich die Kalotten aus Tontöpfen, Fußkreis und Pendentifs wurden aus Leichtziegeln gefertigt.)

Das Vestibül im Mitteltrakt besitzt eine Kassettendecke. Diese besteht aus gußeisernen Balken, deren Zwischenräume mit Leichtziegeln und Tontöpfen ausgemauert sind, welche auf massiven, von Marmorsäulen getragenen Architraven ruhen. Die Form der Kassettendecke wiederholt sich in der höheren Raumhälfte des darüber liegenden Bacchussaals.

Die Deckenkonstruktionen des noch verbliebenen nördlichen, stützenfreien Gebäudeteils bestehen aus den oben bereits erwähnten Bogensehnenbindern, die das Auflager für eiserne Balken mit dazwischen gespannten kleineren Gewölben aus Leichtziegeln bzw. Tontöpfen bilden. Auch hier wiederholt sich die Konstruktion in der Vertikalen. Doch ist dies infolge der Ver- bzw. Bekleidung nicht sofort ersichtlich. So sind die Bogensehnenbinder im Erdgeschoß massiv ummauert und werden so zu einem mächtigen Architrav. In dem darüber liegenden Raum des Hauptgeschosses wurden die Binder mit Zink- bzw. Messingzierblechen umfaßt, und die Konstruktion wurde idealisiert, indem der Bogen zur Rippe, die Sehnen zu Seilen wurden und die Auflager eine statisch funktionslose Konsole erhielten. Die Figurengruppen im Stich des Bogens erinnern an den Sammlungsschwerpunkt dieses Saales. Die Bogensehnenbinder des zugehörigen Raumes im Obergeschoß besitzen ebenfalls eine Zierblechverkleidung und Konsolen, wobei die Fassung weitaus schlichter ist. Nicht unerwähnt sollen die beiden Sondertypen in dieser Gebäudehälfte bleiben. Der Gräbersaal besitzt eine preußische Kappendecke, die von ebenfalls ummauerten eisernen Bogenträgern und vier massiven Pfeilern getragen wird, und der darüber befindliche Saal wird von einer achteckigen kassettierten Kuppel aus Normal- und Leichtziegeln bekrönt.

Mit der Konzeption für das Neue Museum, dessen Bau im Juni 1841 begonnen und der nach einer längeren Unterbrechung infolge der Revolution von 1848 erst 1855 fertiggestellt wurde, schuf Stüler seinen ersten Monumentalbau, den er »als Hauptwerk und Beispiel seiner architektonischen Meisterschaft ansah«. (E. Börsch-Supan und Müller-Stüler 1997, S. 68.)

Das Nationalmuseum in Stockholm

Im August 1847 wurden Stüler drei Entwürfe für den Bau eines Nationalmuseums in Stockholm zur Begutachtung zugesandt. In seinem Gutachten wies er speziell auf die Qualitäten des von Frederik Wilhelm Scholander erstellten Planes hin, ließ aber auch diesen nicht ohne Kritik. Als Ergebnis dieses Verfahrens erhielt Stüler den Auftrag, das Museum selbst zu entwerfen. Noch im Herbst reiste er nach Stockholm, um sich mit den örtlichen Gegebenheiten vertraut zu machen und mit der Erstellung seiner Pläne zu beginnen. Als Bauplatz hatte der König Kyrkholmen (heute Blasiholmen), eine gegenüber dem Schloß liegende Landzunge, bestimmt. Dies bot Stüler die Möglichkeit, das Museum als ein frei stehendes, unabhängiges Gebäude zu konzipieren. Und doch war er auch hier nicht ganz ohne Einschränkungen, denn man hatte schon vor dem Gutachterverfahren Fundamente nach Scholanders Entwurf erstellen lassen und somit Grundform und Ausdehnung des Gebäudes festgelegt.

Die Grundform einer Doppelhofanlage übernehmend, plante Stüler einen dreigeschossigen Museumsbau, der weitaus regelmäßiger und kompakter als das Neue Museum ist. Für die allseitige Ansicht erhielt nicht nur der Mitteltrakt auf der Vorderseite einen rechteckigen und auf der Rückseite einen polygonalen Risalit, sondern auch die beiden Schmalseiten wurden mit einem flachen Mittelrisalit versehen – wobei Stüler speziell die Vorderseite des Mitteltrakts mit einem reichen Dekorationsprogramm versah und damit maßgeblich das Erscheinungsbild der Vorderfront prägte. Den Innenraum des Mitteltrakts nutzte er wiederum als Treppenhaus und gestaltete sowohl den oberen Teil als auch das Vestibül als die repräsentativsten Räume der Anlage. Erwähnt sei auch der sich im oberen Teil anschließende Kuppelsaal. In diesem gestaltete er den polygonalen rückseitigen Anbau als Apsis mit Säulenumgang – das Motiv der Apsis ist ebenfalls bereits im Neuen Museum zu finden. Anders als im Neuen Museum wandte er aber in Stockholm die Stilformen der italienischen Renaissance an. Damit folgte er dem vorausgegangenen Plan Scholanders.

Da die aufzunehmenden Sammlungen sehr unterschiedlich waren, schlug Stüler eine horizontale, geschoßweise Organisation vor und griff das bereits für das Neue Museum konzipierte Rundgangsprinzip auf. Die historische Waffensammlung und die königliche Kleiderkammer wurden im Erdgeschoß vorgesehen, die Bibliothek im Hauptgeschoß und die Gemälde- und Skulpturensammlung im Obergeschoß. Hierfür gliederte Stüler die beiden an den Mitteltrakt anschließenden Gebäudehälften in jeweils zwei langgestreckte Säle und einen mehrfach unterteilten Zwischentrakt. Augenfällig ist, daß der gesamte Grundriß auf einem Raster aus Quadraten basiert und die beiden Hälften bis auf kleinere Abweichungen spiegelsymmetrisch sind.

Die Raumstruktur der Säle des Erd- und Hauptgeschosses wird analog der südlichen Gebäudehälfte des

Neuen Museums durch ihre Stützenstellung bestimmt, wobei Stüler im Erdgeschoß die hofseitige Achse zur Schaffung kleinerer Kabinette abtrennte und erst im Hauptgeschoß die Dreischiffigkeit erlebbar machte. Im Erdgeschoß finden sich flache Kreuzgratgewölbe, und in dem darüber liegenden Geschoß spannen sich flach gekrümmte Pendentifkuppeln zwischen halbkreisförmigen Gurtbögen. Das Obergeschoß beließ Stüler stützenfrei und kehrte hier die Erdgeschoßgliederung um, das heißt, er ordnete entlang der Außenwände kleinere Kabinette an, die er wiederum mit einem Kreuzgratgewölbe abschloß, und nutzte den verbleibenden Raum für die Schaffung von insgesamt vier Oberlichtsälen. Für derartige Räume gibt es im Neuen Museum kein Äquivalent, aber »zweifellos haben Stüler hier die Räume der Alten Pinakothek beeinflußt«. (E. Börsch-Supan und Müller-Stüler 1997, S. 229.) Als oberen Abschluß für diese Säle wählte Stüler Spiegelgewölbe und nutzte die Spiegel für die Integration der Oberlichter.

Wie bereits im Neuen Museum kam auch in diesem Bau der Dekoration die Rolle des »Vermittlers« zu, der Stüler sehr große Aufmerksamkeit schenkte. So erstellte er zahlreiche farbige Entwürfe für die Gestaltung der Innenräume und versah diese mit detaillierten Erläuterungen hinsichtlich der zu wählenden Proportionen, der gewünschten Materialien und der anzustrebenden Oberflächenqualitäten. Materialien, die sich in Berlin bereits bewährt hatten, wurden von ihm dringend empfohlen. Die Pläne zeigen, daß er die bereits für das Neue Museum beschriebene Dreiteilung der Wandflächen auch hier wünschte, wobei die erläuternde Malerei nur im Oberwandbereich des Vestibüls und im oberen Teil der Treppenhalle zur Anwendung kam.

Auch die im Neuen Museum gesammelten Erfahrungen mit den »fast neuen Materialien« blieben nicht ungenutzt. Bei der Durchsicht der erhaltenen historischen Pläne stößt man auf bereits vom Neuen Museum vertraute, blau angelegte Konstruktionselemente, Kennzeichnung für eiserne Bauteile und den stets wiederkehrenden Hinweistext »Topfgewölbe«. Es ist zu erkennen, daß Stüler auch diesen Baukörper für die Lastabtragung und Stabilisierung mit eisernen Traggliedern durchzog. So tragen eiserne Balken die Deckengewölbe im Vestibül, und in dem darüber liegenden Hörsaal »wiederholte« er die eiserne Stützenstellung des Obergeschosses im Neuen Museum. Für die Oberlichter der Säle im Obergeschoß kombinierte er T- und doppel-T-förmige Träger miteinander, und im Dachgeschoß spannte er große Blechträger in Querrichtung. Aber auch diese Konstruktionen verschwanden hinter Verkleidungen aus Gips oder Ziermetall. Der Vergleich mit dem Neuen Museum verdeutlicht, daß er die »fast neuen Materialien« und die »zeitgemäße Technik« in bewährter Weise einsetzte, aber nicht weiterentwickelte. Im Umkehrschluß könnte dies bedeuten, daß die schwierigen Bedingungen in Berlin die Entwicklung neuer Konstruktionen erforderten, dies aber nicht ein grundlegender Anspruch Stülers war.

Heinz Schönemann
Der Architekt und die fürstlichen Reiter

Als Friedrich Wilhelm IV. 1840 seine Regierung antrat, lag Schinkel im Sterben. Die ihm einstmals vom Kronprinzen verheißene Euphorie des Bauens wurde nun unter zwei «Architekten des Königs» aufgeteilt. Während Ludwig Persius die Italienträume in Potsdam zu erfüllen hatte, erhielt Friedrich August Stüler Residenzbauten und Staatsaufgaben zugewiesen.

Der neue König beauftragte seinen Architekten sogleich mit dem majestätischen Kuppelbau über einer neuen Schloßkapelle auf dem Hauptportal des Berliner Schlosses, für die bereits der Kronprinz mit Schinkel die Pläne vorgearbeitet hatte. Von Schinkel stammten auch Überlegungen, in der Sicht auf dieses Portal eine bessere Verbindung des Schlosses mit der Friedrichstadt zu erreichen. 1831/32 erneuerte er seinen Vorschlag zum Bau eines «schönen Kaufhauses» auf der Schleusenbrücke anstelle der Mühlen des Friedrichswerders. Peter Joseph Lenné hielt das Interesse des Königs daran wach und war im März 1852 im Zusammenhang mit Stülers Kuppelbau darauf zurückgekommen. Seinem Plan für Einkaufspassagen zwischen Schloßportal und Kupfergraben folgte eine Zeichnung Friedrich Wilhelms IV., auf der hinter den Passagen das Schloß auftaucht. Doch die Möglichkeit einer neuen Bindung des Schlosses an die Stadt kam nicht zustande; die Ausführung der Passagen wurde um 1855 endgültig aufgegeben.

Als aber später an gleicher Stelle das Reiterdenkmal Kaiser Wilhelms I. entstand, übernahm Gustav Halmgruber die von Lenné konzipierte Ausbuchtung der Ufermauer für das Fundament seiner 1892–97 entworfenen Säulenhallen, die das Denkmal von Reinhold Begas gegen den Spreearm abschließen. Die Form, dazu erdacht, die Brücke über das Werder zu öffnen und zwischen Schloß und Stadt zu vermitteln, versperrte nun den Übergang. Das Schloßtor bekam damit ein gleichsam fortifikatorisches Gegenüber, und der Kaiser ritt als übermächtiger fürstlicher Reiter darauf zu.

Bald nach seiner Thronbesteigung hatte sich Friedrich Wilhelm IV. mit den Fürsten von Hechingen und Sigmaringen über die Erneuerung ihrer alten Stammburg Hohenzollern verständigt, um damit ein Denkmal der Hausgeschichte zu schaffen. Auch hier wurde Stüler der planende und ausführende Architekt.

Er legte dem König bereits im März 1845 einen ersten Entwurf für den Wiederaufbau des Burghofs vor und erhielt daraufhin, im Juli 1846, Weisung, nach Hechingen zu reisen und den Ausführungsplan anzufertigen.

In Übereinstimmung mit der Auffassung des Königs folgte die von Stüler vorgeschlagene Bebauung den Ruinen der Burg und orientierte sich in der architektonischen Gestaltung der Türme, mit den flachen Dächern der Gebäude und dem gleichmäßig umlaufenden Zinnenkranz am Vorbild neugotischer Castles, wie sie im England des 18. Jahrhunderts als Gegenbilder des Neopalladianismus aufgekommen waren. Hatte doch Friedrich Wilhelm IV. als Kronprinz die anglophilen Wünsche seiner Schwägerin Augusta darin unterstützt, das Sommerhaus in Babelsberg durch Schinkel wie ein englisches Cottage als Echo auf die Plinius-Villa des jüngeren Bruders Carl in Glienicke entwerfen zu lassen.

Galt es in der Umgebung von Potsdam noch, die Polarität der Welt zu fassen, Norden und Süden in ein einheitliches Bild zu bringen, herrschten nun andere Prioritäten: Um einen Beweis für die weit in die Geschichte

zurückreichenden Anfänge des preußischen Königshauses und seine Herkunft aus den Stammlanden des alten Reiches zu erbringen, um aus der geographischen Nachbarschaft der Hausburgen auch eine dynastische Nähe zu den Staufern zu suggerieren, bedurfte es in der Nachfolge Schinkels ungewohnter Architekturformen. Aus dem regionalen Spätmittelalter abgeleitete steile Dächer, aufragende spitze Türme, hohe Giebel und Erker, Dachreiter und Fialen sollten die Illusion ungebrochener Geschichtlichkeit vermitteln; Anregungen waren weit eher bei Viollet-le-Duc zu suchen als bei Vanbrugh oder Nash.

Doch unter dem Druck der revolutionären Ereignisse von 1848 wurde der Weiterbau der Burg vorläufig eingestellt. Die Hohenzollernfürsten entschlossen sich, zurückzutreten und ihre Herrschaft der preußischen Krone zu übertragen. Zur gleichen Zeit rückten preußische Truppen unter Prinz Wilhelm in der Pfalz und in Baden ein und schlugen die dortigen Erhebungen nieder. Bei Wiederaufnahme der Arbeiten nach 1850 beschloß man daher, die Burg Hohenzollern in eine Festung mit ständiger Truppenpräsenz auszubauen.

Für diese militärische Nutzung mußte eine neue Zufahrtsstraße unter der Südseite der Burg gebaut werden, die sich schließlich in engen Schleifen durch Tore und Bastionen nach oben windet. Stüler, der auch bei den Militärbauten das Mitspracherecht behielt, führte deren ersten kühnen Schwung durch ein repräsentatives Torgebäude. Es trägt auf der Mittelzinne den preußischen Adler samt Zollernschild mit der Devise des königlich-hohenzollerischen Hausordens »Vom Fels zum Meer«. Auf Anordnung Friedrich Wilhelms IV. hatte Stüler für dieses Einfahrtstor ein Reiterbildnis zu entwerfen. Der Reiter sollte die Herkunft der Dynastie seit den Grafen von Zollern über die Burggrafen von Nürnberg zu den Kurfürsten von Brandenburg personifizieren: Man einigte sich auf den Burggrafen Friedrich V., der 1417 als Friedrich I. die brandenburgische Kurwürde erhalten hatte. Auf einem überdimensionierten Tympanonrelief über dem Tor sprengt der nach seinem Reitersiegel Dargestellte als streitbarer fürstlicher Reiter den Ankommenden mit geschwungenem Schwert entgegen. Er sollte die Stammburg des hohenzollerischen Hauses wie ein Bollwerk der Monarchie gegen alle aufrührerischen Umtriebe erscheinen lassen.

Unter dem Einfluß seines königlichen Onkels entschloß sich auch der junge Großherzog Friedrich Franz II. von Mecklenburg-Schwerin 1842, das alte Stammschloß der sagenhaften Obotriten wiederzubeleben. Er verwarf den Plan seines verstorbenen Vaters zu einem modernen Palais am Schweriner Alten Garten und beauftragte den Hofbaumeister Georg Adolph Demmler mit dem Ausbau des Schlosses auf der vorgelagerten Insel zu »einem dauernden Fürstensitz«.

Demmler legte schon im Juni 1842 einen ersten Entwurf in den damals in ganz Europa für Schloßneubauten richtungsweisend gewordenen Formen englischer Neogotik vor. Er folgte darin Schinkels Plan für Babelsberg (wie dann Stüler anfangs ebenso auf Hohenzollern) und baute gleichzeitig nach englischen Musterbüchern in Heiligendamm Cottages als Familienunterkünfte, darunter das Sommerhaus der Großherzoginwitwe Alexandrine, der Schwester des Prinzen Wilhelm von Preußen. Ebenfalls in Heiligendamm entstand bis 1844 ein Logierhaus für Familien, genannt die »Burg«, dessen Fronten die gleichen Elemente aufweisen wie die Schloßentwürfe.

Alternativ zu den neugotischen Entwürfen versuchte sich Demmler nach landesherrlicher Vorgabe auch mit

einer Anlehnung an die Formen des Schloßbaus von Ghert Evert Piloot aus dem 17. Jahrhundert.

Demmlers Pläne waren schon im Mai 1843 dem preußischen König gezeigt worden; im Januar 1844 wurden die Entwürfe gemeinsam mit einem eilig angefertigten Gegenentwurf Stülers erneut in Berlin zwischen Friedrich Wilhelm IV. und dem Großherzog beraten. Von Beginn an scheint in Berlin heftig Stimmung gegen die Schweriner Schloßpläne gemacht worden zu sein, denn Demmler geriet ahnungslos in den Paradigmenwechsel Friedrich Wilhelms IV. von der englischen Neogotik zum Burgen-Mittelalter.

In der Folge schickte der Großherzog Demmler im Mai 1844 auf Studienreise nach England und Frankreich – vorzüglich um die französische Schloßbaukunst der Zeit von Franz I. kennenzulernen. Als Ergebnis entstanden ab Oktober 1844 neue Pläne, die im März 1845 vom Großherzog genehmigt wurden. Danach ließ Demmler ein Modell des Neubaus anfertigen, das ebenfalls Friedrich Wilhelm IV. vorgestellt werden mußte und im März 1846 im Berliner Schloß ausgestellt wurde.

Demmler hatte entscheidende Anregungen für die endgültige Gestalt seines Bauwerks durch das Schloß Chambord an der Loire erfahren. Er zitierte in seinem Entwurf die Teilung der Hauptfassade von Chambord fast wörtlich. Den von Fenstern aufgelösten Mittelblock behielt er bei, erhöhte aber dessen Achsenzahl auf vier, während die seitlichen Achsen auf jeweils eine reduziert wurden, dafür aber doppelte Mauerbreite erhielten; so erreichte er eine gerade Zahl von sechs Achsen und nahm der Fassade dadurch ihre dominante Mitte.

Die besonderen Voraussetzungen in Schwerin erforderten ein zusätzliches Stockwerk, das als Kolonnade zwischen den Türmen ausgebildet wurde. Auf den Block der vier Rundbogenöffnungen im zweiten und dritten Obergeschoß gestützt, aus deren Breite sich auch ihre Interkolumnien ergaben, lief sie achtachsig ohne jegliche Akzentuierung über die gesamte Front.

Demmler hatte es im Verzicht auf die Mittelachse gewagt, das traditionelle Bild monarchischer Struktur, der dynastischen Beziehung zwischen Thron und Untertanen, durch eine Architekturform der Betrachtung und des Austauschs zu ersetzen. Seine Wandelhalle im obersten Geschoß des Schlosses, hoch über der Stadt, entstammte den philosophischen Vorstellungen der antiken Demokratie; für den Demokraten Demmler war sie wohl sein Gleichnis für eine konstitutionelle Bindung der Landesherrschaft. Denn die richtungslose Kolonnade entsprach als Blickpunkt der Schloßstraße Demmlers städtebaulichem Konzept für den Alten Garten. Sein letzter Entwurf für diesen Ort, ein Museumsbau, dessen Säulenreihe die Ecke zur Schloßstraße umgreift und sich über die gesamte Westseite des Platzes erstreckt, schien die Schloßkolonnade wie eine Spiegelung aufzunehmen.

Es muß offen bleiben, ob Demmlers Schloßfassade jemals existiert hat. Denn als zu Beginn des Jahres 1850 das 1849 zustande gekommene Staatsgrundgesetz für Mecklenburg-Schwerin bedroht war und im September aufgehoben wurde, agierte Demmler unter seinen entschiedenen Verteidigern. Daher erhielt er Ende des Jahres seinen Abschied und wurde bereits im Januar 1851 aufgefordert, den Schloßbau abzugeben. Sein Bestreben ist es immerhin gewesen, namentlich die Seite nach der Stadt soweit zu bringen, daß ein Nachfolger dadurch gezwungen sein sollte, den Vorgaben zu folgen.

Nach Konsultation mit Friedrich Wilhelm IV. wurde Stüler mit der Fortführung des Schweriner Schloßbaus beauftragt. Er hatte den rundum bis zum Hauptgesims gebrachten Bau im wesentlichen nach Demmlers Plänen zu vollenden. Doch der gesamte Innenausbau bis 1857 ist als Stülers eigenständiges Werk anzusehen.

Seine einschneidende Veränderung traf die Stadtseite des Schlosses. Sie erhielt die von Demmler überwundene monarchische Struktur zurück, indem Stüler ihre gerade Achsenzahl wieder in eine ungerade überführte. Dazu bekam der vierachsige Mittelteil von Demmlers Fassade einen fünfachsigen Risalit wie einen Kasten vorgesetzt, im Haupt- und Festgeschoß mit neuen rundbogigen Drillingsfenstern innen und zu Statuennischen vermauerten Wandflächen außen. Im obersten Geschoß wurde die achtachsige Kolonnade vollständig beseitigt; der neue Risalit ist hier als dreischiffiger, offener Raum ausgebildet, außen mit geschoßhohen Rundbogenöffnungen und einem Tonnengewölbe in der Mitte, welches das Hauptgesims durchbricht. Der baldachinartige Aufbau über diesem Gewölbe trägt zwischen zwei Hellebardieren das mecklenburgische Wappen. Darunter reitet Niclot, Fürst der Obotriten, der sagenhafte Stammvater des mecklenburgischen Herrschergeschlechts, als kolossales Reiterstandbild, das der Rostocker Bildhauer Christian Friedrich Genschow »an Ort und Stelle in Stuck ausgeführt« hat. Unter ihm sind in den neuen Nischen die Statuen der Schweriner Grafen und Herzöge Gunzelin, Heinrich, Albrecht und Magnus aufgestellt. Demmlers Vorstellung, das Schloß mit einer Säulenhalle zur Stadt zu wenden, hat Stüler durch die triumphierend aufgerichtete Stammtafel des regierenden Hauses verdrängt.

Die quadratische «Niclot-Halle» wurde quer durch den Bau mit dem achteckigen Turm über der Schloßeinfahrt verbunden, der anstelle von Demmlers geplanter transparenter Laterne eine Kuppel erhielt, über der sich die Statue des Erzengels Michael von August Kiß erhebt.

Zu solchen grundsätzlichen Eingriffen, die zudem erheblichen Aufwand an Kosten und Bauzeit verursachten, bietet der Architektenehrgeiz Stülers keine ausreichende Begründung; es war dazu der Wille und Auftrag des großherzoglichen Bauherrn maßgeblich. Dieser aber befand sich – wie in Verfassungsangelegenheiten – völlig unter dem Einfluß des preußischen Königs; Stüler hatte wohl vor allem nach dessen Willen zu handeln. Nun existieren aber zu beiden einschneidenden Veränderungen an der Schweriner Schloßfassade im unmittelbaren Umfeld Friedrich Wilhelms IV. bedenkenswerte Voraussetzungen:

Karl Friedrich Schinkel hatte 1817 für den Kronprinzen das Bild eines Triumphbogens gemalt, das Friedrich Wilhelm IV. in hohen Ehren in seiner Wohnung im Berliner Schloß behielt. Hier mag es Stüler gesehen haben; wahrscheinlicher ist jedoch, daß er vom König ausdrücklich auf das Motiv und seinen Symbolgehalt hingewiesen worden war. Denn die Reiterstandbilder unter Schinkels Triumphbogen nehmen eine Wirkung vorweg, wie sie auch mit dem Bild Niclots in Schwerin angestrebt wurde – nur hatten sich eben die Zeiten geändert. Vierzig Jahre zuvor setzte Schinkel in seinem Bild für den künftigen preußischen Regenten die Verdienste der großen Vorfahren in Beziehung zum Freiheitskrieg und empfahl dem Kronprinzen als Vorbilder für seine Regierung hervorragende Staatsmänner und Feldherren der Antike und des Mittelalters.

In Mecklenburg-Schwerin beschwor man dagegen – nachdem die Verfassung von 1849 wieder aufgehoben war – nur die eigene Ahnenreihe als landesherrliche Selbstbehauptung.

Dazu bedurfte es noch des Zeichens auf der Kuppel: Michael, der den Drachen überwindet. Auch das war ein Bild Friedrich Wilhelms IV. Denn in seinem Auftrag hatte 1849 August Kiß die überlebensgroße Figur eines heiligen Michael im Kampf gegen den «Lindwurm der Revolution» modelliert, die der König dem Prinzen von Preußen für die Niederschlagung des Badischen Aufstands als Denkmal im Park von Babelsberg widmete. Johann Heinrich Strack entwarf dazu eine neugotische Fassung. Ein zweites Exemplar hat der König für den Friedhof der in den Badischen Kämpfen gefallenen preußischen Soldaten in Karlsruhe gestiftet, wo es 1852 am dritten Jahrestag der Kapitulation von Rastatt enthüllt wurde; der Entwurf dieses Denkmals stammt von Stüler. Gleichzeitig hat Stüler ein drittes Exemplar der Figur in einer festen Mauernische des Michaelsturms der Burg Hohenzollern aufgestellt.

Darf man also den preußischen König als den eigentlichen Widersacher Demmlers beim Schweriner Schloßbau ansehen, so waren doch Demmlers Entlassung und die Zerstörung seiner Schloßfassade nur Teil der umfassenden Restaurierung alter Zustände in den von Preußen abhängigen kleinen deutschen Staaten. In diesem Zusammenhang mochte Friedrich Wilhelm mit seinem Architekten Stüler die Entwürfe des Schweriner Hofbaumeisters «scheußlich» finden. Der Baukünstler «auf dem Thron der Caesaren» jedoch hatte durchaus ein untrügliches Empfinden für bestechende architektonische Innovationen. Es zeigte sich, daß er die ästhetische Qualität von Demmlers Vorschlag für eine Säulenhalle zum zwanglosen Herumgehen und kontemplativen Betrachten trotz der gebotenen Abneigung gegen derartige Elemente an einem Herrschersitz durchaus zu erkennen und zu würdigen wußte. Er ging so weit, da, wo er frei war, die in Schwerin auf sein Betreiben verhinderte oder sogar wieder abgerissene achtachsige Kolonnade in ein eigenes, seit Jugendtagen betriebenes Vorhaben aufzunehmen.

Über dem Park Sanssouci sollte eine Höhenstraße als Via triumphalis dem Garten Friedrich des Großen folgen. Für die Planungen zur großen Orangerie war daher von Beginn an die Längserstreckung des Gebäudes von Bedeutung, nicht seine Mittelachse. Dennoch blieben sowohl die Skizzen Friedrich Wilhelms wie die Entwürfe seiner Architekten in konventionellen Formulierungen mit drei, fünf oder sieben Achsen befangen. Erst bei der letzten Ausführungsplanung, 1855, kam es durch Ludwig Ferdinand Hesse zu der entscheidenden Änderung: Das Aussichtsgeschoß zwischen den Türmen wurde als achtachsige, langgestreckte Säulenhalle ohne Zentrum ausgebildet, als ein fließender Raum, in dem man sich wie in einer antiken Stoa bewegt.

1856 entwarf Stüler für Friedrich II. in dessen 70. Todesjahr ein Denkmal, bei dem er vorschlug, die große Wappenkartusche zwischen Mars und Herkules auf dem 1770 von Carl von Gontard und Georg Christian Unger errichteten Triumphbogen des Brandenburger Tors in Potsdam durch ein Reiterstandbild des großen Königs auf hohem Sockel über gestuftem Unterbau zu ersetzen. Von Schinkels Zeichnung um 1829 für «eine kolossale Reiterstatue mit architektonischen Portiken» zu einem Denkmal Friedrichs hatte er sich damit weit entfernt.

Nahe an Schinkel suchte er sich dagegen stets bei seinem wohl wichtigsten und bedeutendsten Werk zu halten, der Gesamtplanung der Spree-Insel hinter dem Museum am Berliner Lustgarten. Schinkels vom Kronprinzen angeregte Entwürfe für einen Königspalast auf der Akropolis zu Athen und für eine ideale Fürstenresidenz hatten des Thronfolgers eigene Überlegungen be-

stärkt, in der Mitte Berlins «eine Freistätte für Kunst und Wissenschaft» zu planen. Als König beauftragte er 1841 Stüler, nach diesen Ideen auf der Insel Gebäude für die Museen und eine Festhalle für die Universität anzuordnen.

Das zuerst zur Ausführung vorgesehene »Neue Museum« wurde als Erweiterungs- und Ergänzungsbau parallel zum Kupfergraben direkt an Schinkels Museum angeschlossen und sogleich begonnen. Die ganze Fläche der Insel dahinter wollte Stüler durch drei unterschiedliche Höfe gliedern. Ein großer, fast quadratischer Hof erstreckte sich über die gesamte Rückfront des Neuen Museums bis zum Spree-Ufer; in seiner Mitte sollte ein »Tempel des Geistes und der Wissenschaften« als Aula maxima der Universität alle anderen Bauten überragen. Die beiden kleineren Höfe sollten jeweils in Halbzirkeln enden; das Halbrund des hinteren auf der nördlichen Inselspitze war mit monumentaler Treppenanlage und oberer Säulenstellung als Sockel für ein dominantes königliches Reiterdenkmal vorgesehen.

Als Leitbild des hochragenden Tempels wirkte Friedrich Gillys Entwurf für ein Denkmal Friedrich des Großen aus dem Jahr 1797. Gilly hatte einen hellen Tempel vorgeschlagen, der sich auf dunklem, von monumentalen gegenläufigen Treppenanlagen flankiertem Unterbau über der Stadt erhebt. Dahinter stand die durch Carsten Niebuhr aus seinen persischen Reisen 1761–66 vermittelte Kenntnis vom Grabmal des Perserkönigs Kyros, eines klassischen Tempelmotivs über orientalischer Stufenpyramide. Überliefert ist die Wirkung auf den jungen Schinkel; Carl Haller von Hallerstein und Leo von Klenze sind ihr im architektonischen Programm der Walhalla gefolgt; Klenze hatte zuvor am Ende der Freiheitskriege 1814 ein «Monument à la Pacification de l'Europe» als Tempel mit gestuftem Unterbau vorgeschlagen. Eingegangen ist die Idee auch in Schinkels Vorschläge für ein Friedrichsdenkmal auf dem Mühlenberg neben Sanssouci. Von dort kehrte die Vision als Anregung Friedrich Wilhelms IV. für den Ausbau der Spree-Insel nach Berlin zurück. In Reaktion auf den Memorialcharakter der bei Regensburg im Bau befindlichen, 1842 eröffneten Walhalla erwartete der preußische König – und mit ihm das gebildete Bürgertum Berlins – hier ein Forum der lebendigen Wissenschaft.

Während das Neue Museum bis 1846 im Außenbau fertiggestellt wurde, blieben die übrigen Teile des Projektes unausgeführt. Erst 1862 erzwang eine dauerhafte Unterbringung der Nationalgalerie die Rückkehr zu Stülers Forumsplanung von 1841.

Stüler modifizierte das ursprünglich für Hörsäle im Sockel und die Aula im Tempel vorgesehene Bauwerk zu einem Galeriegebäude und rückte die gewaltige Treppenanlage von dem nun aufgegebenen nördlichen Halbrund als Eingangsbauwerk vor die Galerie. Obwohl die Treppen dabei Gillys Vision und der Walhalla immer ähnlicher wurden, dienten sie nur noch als Sockel für das 1886 von Alexander Calandrelli geschaffene Reiterdenkmal Friedrich Wilhelms IV.

Mit der Forumsplanung der Spree-Insel zu einem Museumsquartier durch Friedrich August Stüler und der Ausführung der Nationalgalerie nach dessen Tod 1865 durch Johann Heinrich Strack erfüllten sich große Teile von Schinkels Vorstellung einer idealen Residenz. Aber als fürstlicher Reiter war dessen Traumfigur «eines Herrschers, der überall auf der Höhe der Bildung seiner Zeit steht und sich demgemäß umgibt», nicht vorstellbar.

Barry Bergdoll

»... das letzte große, allumfassende Genie, das die Architektur hervorbrachte.« Karl Friedrich Schinkel und seine Schüler im Angesicht der modernen Bewegung

Nur wenige Entwicklungen der Architektur des 19. Jahrhunderts provozierten unterschiedlichere Auffassungen in der Architekturrezeption als die der Berliner Schule von Schinkel und seinen unmittelbaren Nachfolgern, unter denen der frühverstorbene Ludwig Persius und der überaus produktive Friedrich August Stüler eine herausragende Position einnehmen. Nun, da das Werk dieses Trios, das in der Berliner Architektur für mehr als ein halbes Jahrhundert den Ton angab, durch die Erkundungen von Hillert Ibbeken zusammengestellt wurde, steht vor uns das Schwarzweißbild einer jahrzehntelangen stilistischen Tradition, die um die Mitte des 19. Jahrhunderts internationale Aufmerksamkeit auf Berlin lenkte, jener Stadt, die dank ihrer spezifischen Baukultur mit Paris, dessen Beaux-Arts-Tradition ebenfalls Einfluß auf das internationale Baugeschehen ausübte, durchaus rivalisieren konnte. Wurde im frühen 20. Jahrhundert das Erbe der École des Beaux-Arts jedoch als akademisch angegriffen – ebenso wie die englische Neogotik wegen ihres Historismus –, blieb das Vermächtnis von Schinkel und seinen Nachfolgern von dieser allgemeinen Ablehnung der Baukultur des 19. Jahrhunderts meist ausgenommen. Für Hermann Muthesius, der in seiner *Stilarchitektur und Baukunst* 1902 die Übel des Eklektizismus diagnostizierte, der vieles von der Architektur des 19. Jahrhunderts bedrohe, war Schinkel »das letzte umfassende Genie, das die Architektur hervorgebracht hatte, sozusagen der letzte Großarchitekt« (Muthesius 1902, S. 15), ein klarer Ausgangspunkt für die Reform moderner Baupraxis. Muthesius betrachtete die Stadt Berlin als die große Ausnahme in der Entwicklung der Architektur des 19. Jahrhunderts, wobei die Schinkelschule ein wahres Bollwerk gegen stilistischen Eklektizismus und Oberflächlichkeit bilde.

Diese Sichtweise stellte im Vergleich zur Rezeption der Werke, wie sie noch zu Lebzeiten der Architekten vorherrschend gewesen war, eine radikale Umkehr dar. Denn in der Mitte des 19. Jahrhunderts erfreuten sich sowohl die klassizistischen öffentlichen Gebäude von Schinkel und Stüler als auch der von Schinkel und Persius perfektionierte asymmetrische Villentyp internationalen Einflusses als hochentwickelte Modelle der Übernahme historischer Stile für moderne Nutzungen. Besonders in der Mode der asymmetrischen italienisierenden Villa um die Jahrhundertmitte war der Einfluß der Berliner Schule weithin zu erkennen. Schinkel genoß internationale Anerkennung durch die Kupferstiche seiner *Sammlung Architektonischer Entwürfe*, die ihren Weg weit in den Norden, bis nach Schottland fand. Hier ließ sich Alexander »der Grieche« Thomson nicht nur von Schinkels strenger, rasterähnlicher Durchfensterung einiger seiner Kirchen und kommerziellen Gebäude inspirieren, sondern auch von der pittoresken Massierung des Hofgärtnerhauses von Schinkel und Persius bei seiner meisterhaften Villa Holmwood in Glasgow, 1857/58, die kürzlich restauriert wurde. Einige Jahre später vermachte Thomson seine Ausgabe von Schinkels großer Mappe der Glasgow Architectural Society. Während jedoch Schinkels Einfluß in den Details vieler strenger Zeichnungen von Thomson im modernen neogriechischen Stil, besonders in Holmwood, offensichtlich ist, verschmolz er ihn gründlich mit

der althergebrachten britischen Liebe zur Tradition der pittoresken, italienisierenden Villa – was sich zumindest bis zum Werk von John Nash zu Beginn des Jahrhunderts zurückverfolgen läßt. (Stamp 1938.)

Der Einfluß der Potsdamer Villen von Persius ist bis hin zu den Details unverkennbar in dem oft dem Architekten Ithiel Town zugeschriebenen Haus Alsop (1838 bis 1840) in Wesleyan, Connecticut, zu erkennen, wobei es sich dort um den seltenen Fall einer unverfälschten Einwirkung handelt. Mitte der 1850er Jahre – als der amerikanische Architekt Henry van Brunt einen weitverbreiteten Einfluß deutscher Architektur-Periodika auf die Bauplanung in Amerika feststellte – wurden die Bände jener beiden großen Kompendien, welche die neuen asymmetrischen Kompositionen und die Abkehr von landestypischen Details in Berlin und Potsdam perfektionierten, nämlich das *Architektonische Album* (1840–62) und besonders das weitverbreitete *Architektonische Skizzenbuch* (1852–66), in den fortschrittlichen New Yorker Architekturbüros intensiv konsultiert. Exemplare dieser Werke, wie auch der *Entwürfe zu Kirchen, Pfarr- und Schulbauten*, die die Bauformen amerikanischer protestantischer Kirchen eindeutig mitbestimmt hatten, fanden sich nicht nur in der Astor Library in New York, sondern auch als Standardquellen in einigen der bedeutendsten New Yorker Büros, so bei P. B. Wight, Edward T. Potter und wahrscheinlich auch bei Russel Sturgis. (Landau 1983, S. 273.) Die Tradition des Trios Schinkel / Persius / Stüler war ein nicht wegzudenkender Bestandteil der pittoresken Komposition und zwanglosen Raumgestaltung, die mit der Entstehung der amerikanischen Bäderarchitektur verbunden werden, besonders mit den frühen Villen in Newport von Richard Morris Hunt und seinen Nachfolgern – einer Entwicklung, die lange als wichtiger Ausgangspunkt für die Erprobung neuer Planungs- und Entwurfsmethoden im Frühwerk von Frank Lloyd Wright betrachtet wurde.

Die Wandlung des Schinkel-Vermächtnisses von einer Entwurfsquelle zum kämpferischen Eintreten für die Authentizität des Ausdrucks und die Überwindung der historischen Formensprache wurde in Amerika ebenfalls vorangetrieben, sogar noch bevor sie sich zum wahren Leitmotiv der Reformergeneration der deutschen Moderne um die Wende zum 20. Jahrhundert entwickelte. Vor allem in Chicago, das nicht nur zur Wiege der modernen amerikanischen Architektur wurde, sondern dessen Kultur im 19. Jahrhundert auch eine der am stärksten von Deutschen geprägten in Amerika war, bestimmte Schinkels Erbe die lokale Architekturdiskussion. Nur vier Jahre nach Stülers Tod begann der deutsche Auswanderer Frederick Baumann (1826–1921) von seiner Ankunft in Chicago im Jahr 1850 bis zur Entwicklung der technischen Innovationen für den Hochhausbau (besonders der Einzelgründung, die sich zumindest bis zu Schinkels Altem Museum als preußische Lösung für das Bauen auf sandigem Boden zurückführen läßt) aktiv das Erbe der Schinkelschen Suche nach tektonischer Reinheit als wegweisende Kraft bei der Gestaltung der Architektur der Gegenwart zu pflegen. 1869 veröffentlichte Baumann eine gekürzte Übersetzung der »Schinkelfestrede« von Friedrich Adler aus demselben Jahr. Es war der erste von mehreren Texten, die in den Architekturzeitschriften Chicagos erschienen und Schinkel als einen Vorläufer der Architektur der Moderne priesen, in der Tat als den Vertreter architektonischer Nüchternheit und Sachlichkeit, die den pragmatischen Geist in der Errichtung von Geschäftshäusern verkörperten, welcher bei der

Bebauung von Chicagos Downtown vorherrschen sollte. Adler wies besonders auf den Umstand hin, daß Schinkels Bauakademie frei von historischen Bezügen sei, und bewunderte seine »stilreine Strenge, nüchterne Schönheit ... und fesselnde Originalität«, die es einem »Samen vergleichbar macht, der weiteres organisches Wachstum verspricht.« (Adler 1869, S. 199.) Indem Adler und Baumann das von Muthesius entwickelte Thema um beinahe zwei Jahrzehnte vorwegnahmen, prägten sie die Vorstellung von Schinkel als einem Vorläufer ehrlichen und sachlichen Bauens, der mit den Gegebenheiten des Materials und modernen räumlichen Bedürfnissen umzugehen verstand und wenig Sinn für die Nostalgie der Wiederbelebung historischer Stile hatte.

In Deutschland wurden die ersten Jahre des 20. Jahrhunderts, geprägt von einer intensiven Erneuerung des Interesses an Schinkels Architektur, in erster Linie von dem Glauben geleitet, daß, sobald man die letzten Funken des preußischen Klassizismus entfacht habe, der Weg zu einem wahren kulturellen Ausdruck für das moderne Deutschland geebnet werden könne. Wohl keiner hat Schinkels Bedeutung als Wegweiser zur Abkehr von der historistischen Kultur so klar formuliert wie Adolf Loos, als er 1910 von ihm sagte: »Wir haben ihn vergessen. Möge das Licht dieser überragenden Gestalt auf unsere kommende Baukünstlergeneration fallen.« (Loos 1910, S. 317.) Vielleicht traf dies auf das Wien von Loos zu, aber in der deutschen Hauptstadt war Schinkel zu keiner Zeit vom Thron gestoßen worden, wie der Kritiker Paul Westheim 1913 in einem Leitartikel »Schinkel und die Gegenwart« schrieb. Die Gefahr lag, wie Westheim meinte, nicht darin, daß die Architekten Schinkel vergessen hätten, sondern darin, daß sein Andenken durch Nachahmung verunglimpft würde. »Aber ist es mehr als architektonische Künstelei, was da unter der Marke ›Schinkel‹ in Berlin als *dernier cri* an die Straßen gestellt wird?«, spottete er. (Westheim 1913, S. B 83.)

1913 stimmte Westheim außerdem in einen Chor von Stimmen ein, die die ideologische Uneinigkeit in den laufenden Debatten zu überdecken suchten. Eine ganze, von Friedrich Nietzsches Angriff auf den Historismus und der anhaltenden Begeisterung für Julius Langbehns *Rembrandt als Erzieher* (1890) inspirierte Generation blickte auf Schinkel als Teil dessen, was Paul Mebes 1908 als »Architektur und Kunstgewerbe im letzten Jahrhundert ihrer natürlichen Entwicklung« bezeichnete. Sein Buch *Um 1800*, 1908 erstmals publiziert, aber bis 1925 dreimal wieder aufgelegt, diente als bester Vermittler dafür. Es war Mebes' Ziel, die Aufmerksamkeit auf die anonyme Architektur der vorigen Jahrhundertwende zu lenken: als Anker in dem Verwirrung stiftenden Sturm der laufenden Debatte, um gegenüberzustellen, was er als Krise der Authentizität bei der sich modernisierenden bürgerlichen Kultur zu erkennen glaubte. Ihm genügte es, durch irgendeines der neuen Viertel deutscher Städte zu spazieren, um die volle Wirkung der Krise zu spüren, die sich nicht nur im totalen Verlust architektonischen Ausdrucks äußerte, sondern auch im Verlust einer ganzen Geisteshaltung, die genauso das Vermächtnis einer Kultur darstellt wie ihre Monumente. Für Mebes, wie auch für Muthesius, lag eine der großen Gefahren der Beschleunigung der industriellen Revolution in der Fähigkeit, Stile zu imitieren, ohne die konstruktiven Systeme und die gesellschaftliche Bedeutung zu verstehen, die ihren Formen innewohnen. Die Lösung für die Architekten bestehe darin, die im frühen 19. Jahrhunderts gebrochene Tradition der Architektur zu erneuern.

In den meisten Fällen erfolgte dies in Form unprätentiöser, regional gestalteter Bauten, aber Schinkels Name war der einzige, den Mebes in ein Kompendium von mehreren hundert Beispielen für nicht eindeutig unprätentiöses »bürgerliches« Bauen des späten 18. und frühen 19. Jahrhunderts aufnahm. 1918, als Mebes eine zweite, erweiterte Edition herausgab, tat er sich mit Walter Curt Behrendt zusammen, der zu einem der großen Bauhaus-Protagonisten der 1920er Jahre wurde. Behrendt stellte fest, daß das allgemeine Interesse am Neoklassizismus im Begriff sei, zu einer neuen Art von »Internationalem Stil« zu werden, und daß »es etwas in der geistigen Planung geben muß, das die zeitgenössische Architektur mit der Zeit um 1800 so verbindet, daß wir dort einen natürlichen Anfangspunkt finden für die Konfrontation mit den Herausforderungen unserer modernen Welt.« (Mebes 1918.)

Niemand erfüllte diese Forderung vor dem Ersten Weltkrieg besser als Peter Behrens, in dessen Büro in Neubabelsberg Ludwig Mies van der Rohe, Charles Edouard Jeanneret (der spätere Le Corbusier) und Walter Gropius in den Jahren zwischen 1908 und 1912 zeitweilig arbeiteten. Noch bevor Behrens 1907 von Düsseldorf nach Berlin ging, um den berühmten Auftrag anzunehmen, die Gebäude, die Produkte und das Erscheinungsbild der AEG umzugestalten, pries der führende Kunstkritiker Julius Meier-Graefe den von Behrens vertretenen Klassizismus und wünschte, er würde allgemein verbreitet werden, um eine weitergehende Erneuerung der Architektur zu befördern. »Sollte es nicht möglich sein, so zu bauen, daß keinerlei Form, sondern nur der kühle Geist der Griechen dabei entsteht, der Andacht wert?« (Anderson 2001, S. 118.) Fritz Schumacher, der 1901 einen wichtigen Beitrag über Tradition und Innovation geschrieben hatte, erinnerte sich Jahre später an einen Besuch bei Behrens in Neubabelsberg und erwähnte, daß dieser ihn mitgenommen hatte, um »seine geliebten kleinen Schinkel-Gebäude zu zeigen.« (Schumacher 1944, S. 22, zitiert auf Englisch von Anderson 2001, S. 116.) Die stärkste Verbundenheit von Behrens mit der Berliner klassizistischen Tradition zeigte sich 1911/12. Es war in der Tat auch der Höhepunkt der Verherrlichung Schinkels in Berliner Architekturkreisen. Zu dieser Zeit errichtete Behrens gleichzeitig zwei größere Gebäude, deren formale und räumliche Qualitäten sich direkt auf Schinkels Ideen bezogen, und zwar in der Suche nach einer architektonischen Sprache innerhalb der Tradition anstelle der Imitation von Bauformen eines ganzen Schinkelgebäudes oder seiner Teile. Sowohl beim Haus Wiegand in Berlin-Dahlem als auch beim Mannesmann-Verwaltungsgebäude in Düsseldorf orientierte sich Behrens an Schinkels Suche nach einem abstrakten und grundlegenden Ordnungssystem, das sich zwar an den Ordnungen ausrichten, aber jeden eindeutigen Klassizismus vermeiden sollte. Beim Haus Wiegand zeigt sich Behrens' intensive Suche nach einer elementaren Ordnung in der einem Schottenmuster ähnlichen Verflechtung von Innen- und Außenräumen, von Haus und Garten, wie sie Schinkel und Persius beim Hofgärtnerhaus von Schloß Charlottenburg in Sanssouci (1829–33) gelungen war. Schon 1861 pries Stüler Charlottenhof als etwas, »das zum Originellsten gehört, was je im Sinne vergangener Zeit vom Standpunkt der jetzigen Kunst aus erdacht und ausgeführt wurde.« (Stüler 1861, S. 19.) In einer Rezension des Hauses Wiegand, die in der einflußreichen Zeitschrift *Innendekoration* erschien, sieht der Architekturkritiker Robert Breuer Behrens im Gleichgewicht mit der Vergangenheit und der Zukunft der Architektur und gleichzeitig als einen »Prophet[en] der Form« und den »Erfüller von Schinkel.« (Breuer 1913, zitiert in Anderson 2001, S. 119.) Als sich die Gebäude der Vollendung näherten, erschien die erste Monographie über Schinkel seit dem 19. Jahrhundert im bedeutenden Berliner Verlag Wasmuth, gezeichnet mit Fritz Stahl, dem gerade angenommenen Pseudonym des Kritikers Siegfried Lilienthal. »Diese Schrift ist aus der Überzeugung entstanden, daß Carl Friedrich Schinkel der ›kommende Mann‹ unserer Baukunst ist, und daß es für den Architekten keine dringendere Angelegenheit gibt, als ihn und seine Werke recht zu kennen. Ruhm und Einfluß, die er im Leben und noch fünfzig Jahre nach seinem Tode gehabt hat, so groß sie waren, sind nichts im Vergleich zu dem Ruhm und dem Einfluß, die er noch haben wird. Wie alle Genies war er der Menschheit um ein Jahrhundert voraus. Die mit und unmittelbar nach ihm lebten, konnten sich nur ein Teil von ihm wirklich aneignen. Bis wir sein ganzes Wesen von seinem Kern aus begreifen konnten, mußten wir durch viele Schulen gehen. Wer weiß, wie spät die Deutschen goethereif geworden sind, wird sich nicht darüber wundern, daß erst wir schinkelreif geworden sein sollen.« (Stahl 1911, S. 3.) 1927 lobte Behrens bei der jährlichen Schinkelfestrede mit dem Titel »Zum Problem der technischen und tektonischen Beziehungen« Le Corbusier und sagte abschließend: »Hierin spricht ein moderner Geist, der sich selbst dem Idealismus anvertraut, und hierbei sind wir zu dem Mann zurückgekehrt, der Schönheit suchte und Sachlichkeit stiftete, zu Carl Friedrich Schinkel.« (Posener 1981, S. 290.)

Obwohl Mies diesem Programm auch in seinen Vorkriegsgebäuden wie dem Haus Perls in Zehlendorf von 1911, das eindeutig auf den Schinkelpavillon in Charlottenburg zurückgeht, unmittelbar folgte, bewegte er sich dennoch unmerklich im Strom der von Paul Westheim 1913 ausgelösten Schinkel-Renaissance, wobei dieser die Architekten aufgefordert hatte, mehr in das Wesen des Schinkelschen Formempfindens einzudringen, anstatt die äußeren Merkmale seines Baustils zu übernehmen. Vierzehn Jahre später griff Westheim in einem Mies van der Rohe gewidmeten Artikel, der ersten jemals publizierten Untersuchung über die Bauten der sich formierenden Architektur-Avantgarde, das Thema von Schinkels anhaltendem Einfluß in der inzwischen stark veränderten Berliner Architekturszene wieder auf. Auch wenn Mies damals, 1927, sowohl sich als auch seinen Stil radikal umgeformt hatte – er schloß gerade seine Aufgabe als Direktor der Ausstellung in der Weißenhofsiedlung in Stuttgart ab –, kam Westheim auf Mies' Ankunft 1905 in Berlin zurück – das Berlin der Schinkel-Renaissance – und argumentierte, daß, obwohl »Mies von einem Schinkelstil gar nichts mehr hat«, er aber dennoch »einer der begabtesten weil ursprünglichsten Schinkelschüler« (Westheim 1927, S. 57) sei, eben weil er erfülle, was er, Westheim, schon 1913 gefordert habe, nämlich keine Nachahmung von Schinkels Formenrepertoire, sondern eher eine Verpflichtung für Schinkels »erstaunliches Gefühl für Masse, Verhältnisse, Rhythmen und Formenwohllaut.« (Westheim 1927, S. 53.) 1927 stellte Westheim in dieser Analyse fest: »Mies, der sich Schinkel nähert und ihn zunächst wie üblich auffaßt als Mittler einer bestimmten Formensprache, entdeckt für sich hinter diesem klassizistischen Schinkel jenen anderen Schinkel, der im Sinne und mit den technischen und handwerklichen Mitteln seiner Zeit ein eminent sachlicher

Baumeister gewesen ist. ... Das ist es, was das Alte Museum von Schinkel zu einem so ausgezeichneten Museumsbau gemacht hat, und was die Nationalgalerie als Bau eines sogenannten Schinkel-Schülers, dem der Stil und nicht die Sache das Entscheidende war, zu einem so unrettbar verpfuschten Museumsbau macht.« (Westheim 1927, S. 56.)

Als Muthesius in seiner *Stilarchitektur* Schinkel als »das letzte, umfassende Genie, das die Architektur hervorbrachte«, bezeichnete, fügte er noch schnell hinzu, daß es damit auch ein Ende gehabt habe. »Nach Schinkels Tode wirkten seine Schüler Persius, Stüler und Strack in seinem Sinne, freilich ohne an die Genialität des Meisters heranzureichen.« (Muthesius 1902, S. 16; Anderson 1994, S. 55.) Während konservative Kritiker wie Fritz Stahl und Arthur Moeller van den Bruck Potsdam in den veritablen Status eines Kultorts für die vereinigte deutsche Nationalkultur erhoben, sahen sie keinerlei Veranlassung, in Schinkels Meisterwerken nach allgemeinverbindlichen Maßstäben zu suchen. All dies änderte sich ganz plötzlich Mitte der 1920er Jahre. Gezeichnet, aufgemessen, photographiert, analysiert und interpretiert, begann das Werk von Persius ein ganzes Spektrum von Architekten, Kritikern und Historikern zu faszinieren. 1922 forderte der preußische Oberhofbaurat Albert Geyer in einer mehrteiligen Studie über Friedrich Wilhelm IV. als Architekt ein größeres Verständnis für die Rolle von Persius in dem außerordentlichen Kunstwerk, das Potsdam darstelle. Aber das Interesse war erstmals vorwiegend auf den Architekten und nicht auf den königlichen Patron gerichtet, als im Sommer 1925 Persius' Zeichnungen im Architekturmuseum der Technischen Hochschule in Charlottenburg gezeigt wurden, einem Museum, das damals über Generationen hinweg eine permanente Schinkelausstellung angeboten hatte. Die Rezeption der Ausstellung über Persius verweist auf die Rolle, welche die Persius-Rezeption später in den zwei sich entwickelnden und miteinander verbundenen Debatten einnehmen sollte: der Diskussion der Architektur-Avantgarde mit ihrem Ruf nach Abstraktion und organischer Entwicklung einer Gebäudeform nach den Forderungen des Programms sowie der kunsthistorischen Debatte über das Konzept eines »romantischen Klassizismus«.

Während die Ausstellung 1925 Persius' Namen für eine Saison in die Fachpresse brachte, stammten die darauffolgenden Lobpreisungen seines Werkes von zwei jungen, anglophonen Kritikern, die beide Persius zum *missing link* in der der Geschichtsschreibung der modernen Architektur erklärten, zum maßgeblichen Wegweiser für die in den kommenden Jahren einzuschlagende Richtung. Der Engländer Peter Fleetwood-Hesketh und der Amerikaner Henry-Russell Hitchcock nahmen in einflußreichen Artikeln für sich in Anspruch, Persius als vergessene Quelle moderner Abstraktion in der Architektur entdeckt zu haben. Die Entdeckung war nicht ganz so eindeutig, wie Fleetwood-Hesketh dies später behauptete, denn schon vorher, im Sommer 1927, hatte der junge englische Architekturstudent auf seiner Entdeckungsreise durch Preußen eine von Geyers Vorlesungen über Friedrich Wilhelm IV. gehört. Aber Fleetwood-Hesketh verlagerte den Schwerpunkt von der Krone auf den Künstler und unterlag dabei vielleicht dem Dilemma des begabten Schülers, der nach einem Weg aus dem Schatten seines Meisters sucht. Zurück in London, publizierten er und sein Bruder Roger zwei großzügig illustrierte Artikel in *The Architects' Journal* über »Ludwig

Persius of Potsdam«, in denen sie Persius als den wahren Prototypen für den freien und pittoresken Eklektizismus eines Genies, als den Weg zum modernen Erfindungsreichtum beschrieben. »Es ist immer leicht, seine Gebäude von denen seines Meisters zu unterscheiden. Er betrachtete seine Kunst in einem ganz anderen Licht. Er hatte nichts von dem reformerischen neogriechischen Geist, der sich in so vielen späteren Werken Schinkels zeigt. Gewöhnlich bestehen seine Gebäude aus Bruchstücken viele bekannter Stile. Das vollständige Fehlen historischer Skrupel bewahrt ihn jedoch auch davor, als Wiedererwecker gesehen zu werden. Es war zweifellos vorteilhaft für ihn, in einer Zeit der Wiederaufnahme von Stilen geboren zu sein, denn es bedeutete, daß so viel mehr Stile gewählt werden konnten, aber damit war die Sache erledigt. Bei ihm konnte jede Form neben jeder anderen bestehen, ohne Rücksicht auf den historischen Bezug, solange die Komposition dadurch verbessert wurde. Sein Standpunkt war der eines Landschaftsmalers.« (Fleetwood-Hesketh 1928, S. 80.)

Hitchcock entdeckte Persius auf seinen ausgedehnten Reisen durch Europa in den späten 1920er Jahren nach seiner Graduierung in Harvard. Im Text seines ehrgeizigen jugendlichen Versuchs, den historischen Wurzeln der Moderne gerecht zu werden, in *Modern Architecture, Romanticism and Reintegration von* 1929, wird die Potsdamer Architektur insgesamt als Vorläufer dessen gesehen, was Hitchcock als die »neue Tradition« bezeichnete – die Bauten von Berlage, Behrens und van de Velde –, in einer glänzenden und einflußreichen Unterscheidung von den »neuen Pionieren«, dem Werk von Le Corbusier, Gropius, Mies van der Rohe und J. J. P. Oud in den Niederlanden. Als Hitchcock im Sommer 1930 mit dem jungen Philip Johnson nach Potsdam zurückkehrte, hatte er Persius auf eine Linie mit den neuen Pionieren gebracht. In einem Artikel »The romantic architecture of Potsdam« schrieb er 1931: »Für den Charme von Persius' Werk sprechen seine Anmut, die Zurückhaltung in der Anwendung von Details und die kristalline Klarheit seiner linearen Gestaltung. In den asymmetrischen, eklektischen und zwanglosen Stil der ›italienischen Villa‹ übertrug er die ganze Perfektion der besten klassizistischen Architektur, die häufig im Geist die in völlig anderem Stil gehaltenen Werke von Mies van der Rohe vorwegnimmt, einem der großen deutschen modernen Architekten unserer Tage.« (Hitchcock 1931, S. 46.) Die berühmten Prinzipien des sogenannten Internationalen Stils – Volumen contra Masse, Farbe statt angewandtem Ornament und Regelmäßigkeit statt symmetrischer Komposition – sind alle in Hitchcocks Beschreibungen der Gebäude von Persius vorweggenommen. Und nur ein Jahr später fand Persius seinen Weg in den Text von Hitchcocks und Johnsons einflußreiches Buch *The International Style*, wiederum im Einklang mit der Entwicklung von Mies: »Mies van der Rohe erreichte den neuen Stil zuerst weniger schnell als Gropius«, stellten sie fest, »vor dem Kriege hatte er vereinfacht, geklärt und den einheimischen Stil von Behrens bis zu dem Punkte aufgeheitert, der eine bewußte Inspiration durch Schinkel und Persius nahelegt.« (Hitchcock und Johnson 1932, S. 32.)

Zu dieser Zeit war es bereits klar, daß sich Hitchcock mit dem ganzen Problem des Übergangs vom Barock zur Moderne befaßte, einer Problematik, die ihn und Johnson dazu führte, auf ihrer Reise, die sie 1930 unternahmen, Sigfried Giedion aufzusuchen. Aber wenn irgend etwas für die neue Einschätzung von Persius in seiner historischen Betrachtung verantwortlich war, dann

war es das polemische Argument in dem gerade erschienenen Führer zum romantischen Potsdam, Georg Poensgens *Die Bauten Friedrich Wilhelms IV. in Potsdam*, der Hitchcock und Johnson in diesem Sommer als Führer diente. Nirgendwo fand sich ein schlüssigeres Argument dafür, daß es eine dringende Aufgabe wäre, das unvollendete Projekt der Romantik wiederaufzugreifen – die Ideen der Generation nach Schinkel, die durch den aufkommenden Eklektizismus des späten 19. Jahrhunderts im Keim erstickt worden waren: »Denn obgleich die Ausdrucksformen der einzelnen Kunstarten jener Zeit als Grundlagen der gegenwärtigen Kunst fast allgemein geläufig sind und auch über ihren Ursprung Klarheit herrscht, ist der oberflächliche Betrachter heute eher geneigt, die Unselbständigkeit und Unsachlichkeit der Romantiker tadelnd zu bemerken, als die Ergebnisse ihrer vielseitigen Bestrebungen wohlwollend anzuerkennen. Die ungeistigen und geschmacklosen Erzeugnisse der Gründerzeit ziehen die ihnen vorangegangenen Leistungen auf künstlerischem Gebiet mit in die negative Beurteilung hinein und lassen ihren ausgesprochenen Verdienst in Vergessenheit geraten. Das Wesen der Kunst in der ersten Hälfte des 19. Jahrhunderts liegt vor allem in der Fülle neuer Anregungen, die sie aufnahm, und in der Folgerichtigkeit, mit der sie sie verarbeitete.« (Poensgen 1930, Vorwort.) Poensgen war ein wichtiger Mittler für die Beurteilung von Raum und Komposition in Schinkels und vor allem Persius' Entwurf für das Hofgärtnerhaus und die Römischen Bäder bei Charlottenhof. »Wo Schinkel, der Lehrer und Wegweiser, um 1840 bereits ein wenig veraltet und starr geworden war, ging (Persius) mit seinem Bauherrn neue Wege ...« (Poensgen 1930, S. 8.) Diese Argumentation wurde ein Jahr später bei der großen »Ausstellung Klassizistischer Baukunst« erweitert, die von der Nationalgalerie anläßlich des 150. Todestags von Schinkel veranstaltet wurde. Dort erinnerte Poensgen seine Zeitgenossen an die Bedeutung von Persius für die gegenwärtigen Schwierigkeiten der Architektur. »Die Bauten des heute fast unbekannten Persius lassen sich nicht mehr mit einem Schlagwort (wie Klassizismus) umschreiben, sie haben keine direkten Vorbilder ... Das Sachliche steht immer im Vordergrund, und der Architekt gestattet sich nur dann ... Konzessionen an den romantischen Zeitgeschmack, wenn sie mit der Szenerie der Umgebung und den technischen Erfordernissen unbedingt zusammengehen. ... Nach seinem Tode verfiel alles dem Eklektizismus und der geschmacklichen Barbarei der Gründerjahre.« (Poensgen 1931, S. 43.)

Wenige Jahre später wurden Schinkel und Persius jedoch von den Nationalsozialisten vereinnahmt, von Carl von Lorcks Monographie in der Reihe *Kunstbücher des Volkes*, 1939, bis zu den Artikeln, die später in jenem Jahr in der Illustrierten *Kunst im Dritten Reich* über Gilly und Schinkel erschienen. Darin wurde der ganze Diskurs über die Entstehung der Reformbewegung von Schinkel als Garant für die Authentizität und den Bezug zum Ort sowie die unterbrochene kulturelle Tradition von den Nazi-Propagandisten umgemünzt, begleitet von Photos der neu angefertigten Modelle von Schinkels größeren Werken, ausgeführt im Auftrag von Albert Speer. Der Kunsthistoriker Josef Schmid ließ diesen Trend in der bis heute üppigsten Monographie über Schinkel gipfeln: *Karl Friedrich Schinkel, der Vorläufer neuer deutscher Baugesinnung*, 1943 in Leipzig erschienen. «Erst hundert Jahre nach Schinkel, nach langen Zeiten der Stillosigkeit und oft wüster Verwahrlosung der Kunst, bekam das

deutsche Volk wieder einen großen Baumeister geschenkt: Adolf Hitler.« (Schmid 1943, o. S.)

Doch trotz der Vereinnahmung von Schinkel und Persius durch die Nationalsozialisten wurde ihr Erbe in den 1930er und 1940er Jahren in Amerika weiterhin im Werk deutscher Emigranten, zum Beispiel durch Mies van der Rohe, vertreten, und vielleicht von niemandem mit größerer Originalität als von Walter Curt Behrendt. Im Winter 1934 hielt Behrendt eine Vorlesungsreihe am Dartmouth College, wo er nach Abbruch seiner Berliner Karriere als Interpret der modernen Architektur eine Zuflucht fand. Auf der Suche nach den Wurzeln der Moderne kehrte er wieder ins 19. Jahrhundert zurück. Er beschrieb eine Reihe von Persönlichkeiten, die die großen Herausforderungen der aufkommenden Moderne klar erkannten und in ihrer eigenen Architektur formulierten. Einer davon war Persius, der den Weg zu einer freien Antwort auf programmatische Forderungen wies. Behrendts Persius war nicht nur der Vater der gesamten Tradition organischer Raumplanung, sondern auch der Gottvater von Frank Lloyd Wright: »Der erste Bruch mit dem klassischen Ideal, bis jetzt mit exklusiver Autorität und sorgfältig gesichert, stammte von ... Persius ... Er wies die exzessive Leidenschaft für Symmetrie zurück ... Dies tat er nicht aus ästhetischen Überlegungen, sondern weil diese Leidenschaft, wie er sagte, die Freiheit bei der Entwicklung von nützlichen und komfortablen Innenräumen begrenze ... Er beginnt damit, daß jeder Raum zu dienen habe, und er versucht unerschütterlich, Form und Höhe des Raumes seiner spezifischen Funktion anzupassen. Er hält sich an das Prinzip der freien Gruppierung, um die Räume nach ihren inneren Bezügen zu arrangieren. Seine Pläne sind auf die günstigste Ausrichtung zur Sonne hin konzipiert und darauf, die Räume sowohl auf die nähere Umgebung des Gartens als auch auf den weiteren Blick in die umgebende Landschaft zu öffnen. Die Gebäude schmiegen sich an die Topographie des Ortes an, sie sind in intimem Kontakt mit dem Boden entwickelt ... mit ihrer heiteren Anmut sind bereits einige Ideen vorweggenommen, die später, voll ausgereift, im Werk von Frank Lloyd Wright realisiert werden.« (Behrendt 1937, S. 43/44.) Wrights frühe Prärie-Periode, durch die Publikation von Wasmuth 1911 berühmt gemacht, wurde nun praktisch als Reifungsprozeß des Projekts angesehen, das 1845 mit Persius' allzu frühem Tod in Potsdam abgebrochen worden war.

In einem Fries Otto Geyers, der die Treppenhalle einer der letzten Bauten Stülers, die Nationalgalerie, schmückt, die er zusammen mit Strack entworfen hatte, wird das 19. Jahrhundert als Apotheose der deutschen Kultur und Kunst gefeiert. Eine ebensolche Anerkennung wurde Stüler in der kritischen Geschichtsschreibung über die preußische Architektur des 19. Jahrhunderts jedoch lange Zeit nicht zuteil. Er genoß nie dieselbe Erhebung zum Vorläufer der Moderne, wie sie Schinkel und Persius als Ausgangspunkte für Ursprung und Neubeginn ständig erfuhren. (Wullen 2002, S. 36.) Und dies trotz der Tatsache, daß er in vielen seiner Gebäude, besonders dem Neuen Museum, technische Neuerungen mit neuen Materialien einführte, mit Gewölbeüberspannungen, wie sie von Schinkel nie erprobt worden waren. In zahllosen Kirchen vertrat er die nach 1830 von vielen geteilte Überzeugung, daß die stilistische Vereinnahmung des Rundbogenstils auf eine moderne Architektur des 19. Jahrhunderts verweise, die über historische Imitation hinausgehe. Als Stüler im Jahr 1865 starb, war er auf der Höhe seines Schaffens, und sein Tod wurde als das Ende einer Ära in der Berliner Architektur angesehen. »Was soll nun werden?«, fragte der Herausgeber der *Zeitschrift für Bauwesen*. Aber 35 Jahre später kehrte die Presse anläßlich der Feier zu seinem hundertsten Geburtstag zur Stüler-Frage zurück. Nahezu alle stimmten darin überein, daß der Verfall seiner Anerkennung und Wertschätzung ebenso bemerkenswert sei wie die nahezu zeitlose Gunst, die Schinkel entgegengebracht wurde. »In den kunstgeschichtlichen Werken wird seine schöpferische Thätigkeit meist mit wenigen Zeilen abgethan und gegenüber derjenigen Schinkels als schwächliches Epigonenthum bezeichnet«, notierte K. E. O. Fritsch in einer Rede vor dem Architekten-Verein, den Stüler gegründet hatte. (Fritsch 1900, S. 58–60.) In einem defensiven Ton suchte Fritsch nach dem kreativen Wert vieler Stülerscher Schöpfungen, aber wie viele andere argumentierte auch er, daß dieses beträchtliche Talent weitgehend von einer übergroßen Nachgiebigkeit gegenüber seinem Herrn, Friedrich Wilhelm IV., geschmälert worden sei. Diese Ansicht machte sich der einflußreiche amerikanische Architekturhistoriker Hitchcock schon 1928 zu eigen, als er, in einer freien Wiedergabe von Muthesius, feststellte, daß Stüler, den er inkorrekterweise als Schinkelschüler bezeichnete, »wenig von dem Genius seines Meisters besaß.« (Hitchcock 1928, S. 38.) Noch 1958, als das Innere des Neuen Museums unzugänglich war, urteilte Hitchcook, daß die äußere Schlichtheit des Neuen Museums als Beweis für den rapiden Verfall rationalistischer griechischer Standards diene, der in den Jahrzehnten (nach Schinkels Wirken) in den Arbeiten von Schinkels fähigsten Schülern zu erkennen sei. (Hitchcook 1958, S. 61.) Diese Sicht gründete einmal mehr in der Bewertung von Georg Poensgen, der ein gleichlautendes Urteil über Stüler abgab: »Als dann auch Persius, viel zu früh, im Jahr 1845 starb, trat an seine Stelle August Stüler, gleichfalls ein Schinkelschüler, der sich jedoch im Gegensatz zu Persius niemals von den Vorbildern des gemeinsamen Lehrers freimachen konnte und dessen Tätigkeit sich lediglich auf eine geschmackvolle Vollendung der ihm hinterlassenen Projekte beschränkte. Er überlebte den König um einige Jahre, und mit seinem Tode (1865) fand eine Epoche europäischer Baukunst ihr Ende ...« (Poensgen 1930, S. 8.)

Eine faszinierende Schicksalswende findet sich sodann in der Entwicklung der Kommentare des Kritikers Karl Scheffler über Stüler. In einem Artikel über Behrens in *Die Zukunft* schrieb Scheffler 1907, daß Behrens' Arbeitsweise direkt zu der großen letzten Architekturperiode, »zu der Zeit von Schinkel, Strack und Stüler«, zurückkehre. (Anderson 2001, S. 116.) Wieder über Behrens schreibend, stellte Scheffler 1913 in *Die Architektur der Großstadt* fest, daß jeder, der 50 Jahre vorher nach Berlin gereist sei, von den großen, monumentalen Gebäuden geredet habe: Brandenburger Tor, Schauspielhaus oder Museum am Lustgarten. Heute würden sich die Freunde moderner Baukunst lieber den Nutzbauten Berlins zuwenden: etwa Messels Warenhaus und Behrens' Bauten für die AEG. Dieser Umschlag des Interesses signalisierte den Wandel des Interesses in jener Zeit. »Es liegt nicht an den Künstlern, nicht daran, daß Messel und Behrens andersgeartete Baumeistertalente sind wie Gentz, Langhans, Schinkel, Stüler oder Wäsemann. Im Gegenteil, diese beiden Architekten und die ihrer Gesinnung sind recht eigentlich Traditionsträger, sie gehören zu den legitimen Nachfolgen jener führenden Talente der Berliner Bauschule« (Scheffler 1913, S. 128/129.) Aber

dann, 1939, tadelte Scheffler Schinkel und seine Schüler scharf, wohl als eine Reaktion auf ihre polemische Vereinnahmung durch die Nationlsozialisten, daß sie es der Architektur erlaubt hätten, in grandiosen und grundlosen Phantasien zu gipfeln. »Der Baumeister klassischer Epochen war stets bestrebt, sich dem groß Originalen seiner Zeit, dem allgemeinen Stilwillen einzuordnen; der moderne Architekt begann, historische Bauformen ohne inneren Zwang zu wiederholen, und strengte sich nur an, es in einer Weise zu tun, die ihm allein nicht original sein konnte. Fehlten die Bauaufträge, so lebte die Begabung sich am Zeichentisch, im Atelier, auf dem Papier aus. Es trat eine willkürliche, genialisch sich gebärdende Entwurfsarchitektur in Erscheinung. Bereits bei Friedrich Gilly und Schinkel begann es. Stadtpläne oder Großstadtkorrekturen von riesenhaften Ausmaßen wurden ersonnen und Phantasiearchitekturen, die Wunschträume waren.« (Scheffler 1939, S. 110.) Im selben Jahr enthüllte Speer, anläßlich des fünfzigsten Geburtstags von Hitler am 20. April 1939, das Modell des großen Triumphbogens, das sogenannte Bauwerk T. Dieses Monumentalprojekt verdammte einen von Stülers zahlreichen Kirchenbauten zum Abriß, die St. Matthäuskirche im Tiergarten, die genau auf der großen, von Speer geplanten Achse stand. Niemand setzte sich für sie ein, auch wenn 1943 einer von Stülers Nachkommen im eleganten nationalsozialistischen Kunstmagazin *Kunst im Deutschen Reich* eine Verherrlichung Stülers schrieb. (Müller-Stüler, 1943.)

Obwohl das Pfarrhaus von St. Matthäus schon 1939 abgerissen wurde, blieb die Kirche stehen, weil die Belastungen des Krieges den Fortschritt der Baupläne von Speer und Hitler verzögerten. In den letzten Tagen des Krieges bis auf die Außenmauern ausgebrannt, wurde sie von den Architekten Jürgen Emmrich und H. Patek zwischen 1956 und 1960 wiederaufgebaut, nach Eva Börsch-Supan aufgrund der weithin verbreiteten, allerdings fälschlichen Annahme, es handele sich um einen Schinkelbau. (Börsch-Supan und Müller-Stüler, 1997, S. 532.) Mit dem nur wenige Jahre später erfolgten Bau der Neuen Nationalgalerie von Mies van der Rohe, dem ersten Gebäude des geplanten Kulturforums, welches das einst dicht bebaute Tiergartenviertel im Zentrum Berlins in eine Landschaft aus modernen Baudenkmälern verwandelt hat, wurde Stülers wiederaufgebaute Kirche zu einer Ikone des aus den Trümmern wiedererstandenen Berlins. Mies selbst wählte diesen Standort, und obgleich sein Tempel auf einem Podium lange als ein Stück autonomer Architektur gepriesen wurde, machte er weitergehende Pläne, um die Rastergeometrie seines neuen Bauwerks mit den Hauptachsen der wiedererrichteten Kirche aus dem 19. Jahrhundert, eines der strengsten und abstraktesten Kirchenentwürfe Stülers, in Einklang zu bringen. Seit Fertigstellung des Museums Ende der 1960er Jahre zeigt eine der berühmtesten Photographien die Glaswand und frei stehenden stählernen Doppel-T-Träger des Mies-Baus im Kontrast zur erhaltenen Bebauung des 19. Jahrhunderts, verkörpert durch Stülers wiederaufgebaute Kirche. Obgleich diese bekannte Photographie 1968 auf dem Umschlag der *Bauwelt* anläßlich der Vollendung von Mies' erstem und einzigem Nachkriegsbau in Berlin erschien, geriet doch der Name Stülers gegenüber dem Schinkels einmal mehr ins Hintertreffen: Ulrich Conrads erwähnte in seiner Besprechung des Gebäudes Mies' eigene Behauptung von 1961, daß man alles, was man über Architektur wissen müsse, aus dem Studium von Schinkels

Altem Museum lernen könne. Conrads schloß seine Kritik mit dem Hinweis auf den Bezugspunkt der zentralen Achse der Stülerschen Kirche mit folgenden Worten: «Ich kenne keinen Bau, der ruhiger, abgeklärter, statischer wäre als dieser. Er ist Mies van der Rohes entschiedenster Gang Arm in Arm mit Schinkel.« (Conrads 1968, S. 1210.) Die Redakteure der *Bauwelt* begleiteten ihre umfassende Analyse des Bauwerks mit einem Zitat aus Schinkels später Veröffentlichung über Orianda, um die Tatsache zu rechtfertigen, das Mies' Ästhetik und Wagemut von Schinkels Werk vorbereitet wurden, das den Historismus überwand, und dies in einer Art und Weise, wie sie nur wenige Stüler zugebilligt hätten: »Die Mitte des Kaiserlichen Hofes füllt ein Unterbau, auf dessen Plattform sich ein vermittels großer Spiegelscheiben fast durchsichtiger Pavillon in Tempelform erhebt ... Dieser Tempel war als Krönung des ganzen Baues, um die einfachen Linien griechischer Architektur malerisch zu unterbrechen, ganz unentbehrlich.« (*Bauwelt*, 16. September 1968, S. 3.)

Während Stülers Bauwerke wirklich am Wendepunkt der neueren deutschen Geschichte standen, vom St. Matthäusturm im Herzen des Kulturforums zum zentralen Neuen Museum und zu den Projekten der Museumsinsel, beides Objekte des UNESCO-Welterbes und Kernstücke der Kulturpolitik des wiedervereinigten Berlins, wurde also Stülers Name nie in der ideologisch aufgeladenen Weise kodiert, wie das bei Schinkel und Persius im Zuge der Erneuerung der Architektur geschah. Darin liegt eine gewisse Ironie, weil Stüler seine ganze Karriere der Aufgabe gewidmet hatte, ebendiese von Schinkel aufgeworfenen Fragen zu lösen: wie die Architektur über den historischen Bezug hinausgehen und Verbindungen mit den Richtungen der historischen Entwicklung knüpfen könne, sowohl in seinen Rundbogen-Bauten als auch in der von Schinkel beharrlich vertretenen Überzeugung, daß sich neue Formen entwickeln würden, wenn man nur die Möglichkeiten von Eisen und neuen Materialien, zum Beispiel Terrakotta, als integrale Bestandteile einer sich entwickelnden architektonischen Sprache beachtete.

Eva Börsch-Supan
Friedrich August Stüler. Life and work

In his later years, Friedrich August Stüler was undisputedly the »primus inter pares« among the architects of the so-called Schinkel School born around 1800. The fact that he lived »among equals« is confirmed by his many friendships with colleagues, especially Eduard Knoblauch (1801–1865), Heinrich Strack (1805–1880) and August Soller (1805–1853).

He also shared the formal discipline acquired from Schinkel with the best of them, a quality that gave their buildings clarity and poise, and enlivened them sparingly with fine-lined ornamentation. He was »first« because of the scope and ease of his inventiveness, his effective way of working and his openness to new technical possibilities.

These abilities made him Schinkel's actual heir, both professionally and in the abundance of work associated with this, and also in terms of personal authority. He was able to influence, indeed direct, all the building done by the Prussian monarchy from 1840 to 1865. But unlike others, Stüler did not work in Schinkel's studio or his department, the Oberbaudeputation, and he also emancipated himself from him more markedly in his formal language.

Stüler was born in 1800 as a parson's son in Mühlhausen in Thuringia. The important Gothic churches in the former free imperial city obviously gave him the love of Gothic that he confirmed himself, which later made him an important master-builder in the ecclesiastical neo-Gothic style. And he also owed his friendly nature, which had »a lot of south-Germany in it«, as contemporaries pointed out, to these origins. He showed talent in drawing and mathematics, and followed his elder brother Askan into the architectural profession. He studied at the Bauakademie in Berlin from 1819–27, with interruptions for military service and practical building work.

Schinkel's main neoclassical work was emerging here in those years, the Neue Wache, the Schauspielhaus and the museum, and Schloß Glienicke and Charlottenhof in the Potsdam area – each one an individual solution and yet created in a formal style that could be taught and applied elsewhere. Stüler came into personal contact with Schinkel in 1828, when executing his palace for Prinz Karl, where his decorative talent was an advantage, as well as his technical skill. He later admitted that this connection brought him on by leaps and bounds.

In order to complement his training at the Bauakademie, which concentrated on techniques, with further artistic education for himself, Stüler founded, with Knoblauch and other students, the Architekten-Verein zu Berlin in 1824. He was actively involved with this association, and at the gatherings of German architects that took place from 1842, until the end of his life. His early work for the association's monthly competitions show a development from variations on Schinkel models to independent forms. He developed his own characteristic handwriting, particularly as a result of the educational visit to France and Italy he undertook with Knoblauch in 1829/30: a round-arched style with a hint of Italy, applied to a strictly cubic building volume.

He became an inspector in the Palace Building Commission as early as 1830, and succeeded Gottfried Schadow as its director when the latter died. It is possible that this rapid promotion took place on Schinkel's

advice, who recommended the »present Hofbaurat Stüler as a highly talented, prudent and active architect« to Prince Wilhelm, in 1833. Family tradition has it that Stüler also met the crown prince, who was enthusiastic about architecture, and had some talent for it, when in quarantine for cholera in Potsdam in 1831. However, the Palace Building Commission had no significant work to do in the last decade of Friedrich Wilhelm III's reign; the most important work was the graceful church of St. Peter and St. Paul on Nikolskoe on the banks of the Havel, built by Stüler and Albert Schadow in 1835–37 (no. 21).

In the restless 1830s, expressed architecturally by Schinkel's Bauakademie with its forms characterized by being both innovative and showing a broader historical awareness, Stüler was able to make a reputation for himself with private commissions. As court architect, he became sought-after by the nobility. He built stales for Graf Hahn in Basedow in 1835 (no. 6), the designs for Schloß Boitzenburg followed in 1838, and in 1839 for Sergiewka Palace near Peterhof and Schloß Arendsee (no. 3), then Schloß Rutzau (no. 79), in 1840. He also continued this work later, with major palaces in Kobyle Pole, Jarocin, Strzelce (no. 85) and Gross-Dammer (no. 32).

The »Tivoli« restaurant on the Kreuzberg, 1829/30 was his first actually tangible building, in the bourgeois field. Its »beautifully decorated rooms« were followed by similar ones on the »Englisches Haus«, in Café Fuchs and for Kranzler. Among the early Berlin domestic buildings, the house for the industrialist Pierre Louis Ravenné in Wallstraße was impressive, with sophisticated articulation for the façade, which has 15 axes, and the private gallery, a toplit room added in 1850. The two-storey house Stüler owned at 3 Lennéstraße acquired an individual look from deep central loggias and is topped by a frieze with busts in round niches. The Sommer Houses near the Brandenburger Tor, 1844–48, were significant among his later, rarer residential buildings because they brought the height and the austere Florentine style of Schinkel's Palais Redern to the whole of Pariser Platz.

Stüler worked with his brother, at the time Bauinspektor in Pritzwalk, on the church in Christdorf in 1835 and Perleberg town hall in 1837. Perhaps the broader, flatter forms show Karl Askan Stüler's handwriting.

Stüler married Karoline von Mieg in 1834. The marriage produced three sons and three daughters.

He taught »Designing public buildings« at the Bauakademie from 1834–42 and again from 1849–54, and contributed a memorandum when it was reorganized in 1849.

Together with Strack he designed the station in St. Petersburg for the first Russian railway line to Pavlovsk. The station was not built, but its two-towered façade provided a model for the early Berlin stations. Stüler's 1839 competition design for the Stock Exchange in Frankfurt am Main was built in 1839. The great round-arched windows decorated with sculptures defined the trading room in this building approaching the Italian palazzo style – and it had innovative squinches, of the kind Schinkel had required at Stüler's master-builder examination in 1827.

Very little of his copious and varied early work has survived. Characteristic features were austere, lucid building sections in the manner of the Schinkel School, careful attention to the local and individual situation and lively ornamentation.

Friedrich Wilhelm III died on 7 July 1840, and Schinkel fell terminally ill on 11 September – and a change of generation took place in the regime and in architecture at the same time; in particular, the change to a highly ambitious king with a lot of ideas, but often indecisive about what to do, should be mentioned. He provided his architects with countless sketches showing his requirements. Stüler was immediately involved as palace building director: the design for the conversion of Schloß Erdmannsdorf was completed in August, and the arrangements for the homage in Königsberg and Berlin followed in September and October.

An enormous sphere of influence opened up for Stüler immediately; late in comparison with Theodor Ottner in Braunschweig, who was the same age. He had stood successfully against Schinkel as early as 1823, and built the monumental Schloß in Braunschweig from 1833. Stüler's advance came at the right time in the sense that his long years of many-sided training and experience meant that he was able to cope with the scale of building required for the Prussian state.

He was also superior to Ludwig Persius (1803–1845) in this respect, who had worked for Schinkel since 1821 and the crown prince since 1826, and was consequently allotted the spatially more restricted but central Potsdam area, working closely with Friedrich Wilhelm IV. The king named both men »Royal Architects« on 13 September 1842.

Stüler had been commissioned with the three most important sets of planning for the ideal centre of Berlin, in hand even when the king was still crown prince, since late 1840: the Schloß chapel, the rebuilding of the cathedral by the Lustgarten and the Museum Island. The idea of the forum, and thus the ancient style, was the driving force behind this »sanctuary for art and science« on the Spree island, north of Schinkel's museum. It was intended to contain a new museum for the casts of classical models and works of non-classical epochs, especially Egyptian ones brought back from Richard Lepsius's expedition, also a building for the Kunstakademie and the lecture and assembly hall building for the university, which the king called a high temple.

In his overall plan of March 1841 he arranged the buildings in an asymmetrical group between colonnades and garden courts on the irregular terrain between Schinkel's Packhof and the buildings in Cantianstraße (where Stüler and director-general Ignaz von Olfers lived). This produced an urban development concept with show sides on the east bank and the northern tip, but also relating to the Lustgarten and the western transverse streets whose basic lines have survived to the present day. Stüler was able to realize the Neues Museum, his first major work, in 1841–55, and to complete the detailed design for the temple as Nationalgalerie to house the Wagener painting collection, presented to the state in 1861, before he died.

Drawings by Schinkel were already in existence for the cathedral, which Friedrich Wilhelm called the »primate of German Protestantism«, as a counterpart to Cologne cathedral, and wanted to build in the form of an early Christian basilica, and for the palace chapel, which was intended to be in the solemn Byzantine style. In the case of the cathedral, Stüler came to grief with the colossal scale, and because of the site, which was unfortunate spatially and statically – then because of the 1848 revolution and then finally, when the king finally accepted Stüler's design for a centrally planned building in 1858, because of his successor's reluctance.

The Schloß dome over the Eosander portal was an outstanding success, built over a long period from 1843 to 1854; Stüler continued the portal's articulation in the octagonal drum. This ensemble, which was fundamentally sound, was blown up as the last part of the Schloß in late 1950. With the White Hall, adjacent to the chapel on the north side, Stüler also created a framework in which the state could be represented socially and politically.

Other royal palaces were also converted and extended on the basis of long-term plans: Stolzenfels in 1840 to 1842 (no. 84), Koblenz 1842–45, Letzlingen 1843 to 1853 (no. 55), Breslau 1843 and 1858, and finally on the medieval remains of the monumental Burg Hohenzollern complex in 1846–67 (no. 45).

After Persius's early death, Stüler also took on the direction of planning in Potsdam. The king trusted only him like Persius, and enjoyed dealing with his architect personally. Persius's Friedenskirche and the dome of Schinkel's Nicolaikirche were completed, and also Stüler's Orangerieschloß (no. 67). The Pfingstbergschloß remained a fragment.

The architectural change with the accession of Friedrich Wilhelm IV affected church architecture above all. His father had also been concerned about his subjects' religious needs, but only in a spirit of expense-saving functionality. The »standard church« he had asked Schinkel to design in 1827 was immediately stopped by his successor. Instead he asked Stüler – often over the heads of the Oberbaudeputation, where Soller had now taken over the church building portfolio – to design basilicas in the early Christian style. »My plan through Stüler«, he wrote about the 1841 mission for Jerusalem. He felt that the basilica form, which he saw as the gift of the Apostles, was appropriate to the pure Protestant doctrine. It was both Christian and ancient; also new to a certain extent – in Cologne the Protestant Church avoided comparison with the cathedral and the Romanesque churches in this way. But in the 1850s only large urban churches were built as basilicas, as the interiors of the smaller churches created problems in terms of sightlines and acoustics. The free-standing tower was often added later if money was short, and the plain buildings were suitable for »picturesque« additions of parish and school rooms to create pastoral centres.

An ensemble of this kind emerged from 1844 with the Jacobikirche in Berlin (no. 9), and one of Schinkel's suburban churches, the Johanniskirche (no. 19), also had additions of this kind. Stüler, Soller and Busse showed appropriate patterns in the Oberbaudeputation work on design for churches and parish and school buildings.

In his tribute to Friedrich Wilhelm's building achievements after the king's death in 1861, Stüler wrote that other forms were desirable alongside the basilica. So the Matthäuskirche was built at the same time at the Jacobikirche as a sermon hall with three parallel saddleback roofs. It was repeated three times in the provinces according to the pattern book. Stüler himself adopted the three-roof principle for the neo-Gothic Bartholomäuskirche, and for extensions to old churches (ills. 17 and 91), so that they were not swamped by a colossal roof.

His feeling for cubic forms came into play particularly well on centrally-planned buildings, in Berlin for the destroyed Markuskirche and the Domkanditatenkapelle and for the Protestant church in Hasserode (no. 44).

After Soller's death in 1853 Stüler also took over church building in the ministry of trade building department, which emerged from the Oberbaudeputation. The churches he had to design, correct or restore, above all for the Prussian provinces, were now mainly Gothic. Instead of the early echoes of Italy, he frequently followed local traditions, using brick or rubble-stone and corbie gables. He developed some characteristic types, especially with his towers topped by openwork gablets. But for court buildings (no. 45) he based himself on cathedral Gothic.

For reasons of expense, he was able to build vaults almost only in Catholic churches, where they were a liturgical requirement. The king dispatched him to England for a study visit in 1842, and Stüler adopted the system used there of slender cast-iron ceiling columns, though his were executed in wood. These wooden parts, varnished and sparingly decorated with stencilled ornaments, stand out from the stone walls. Today, completely whitened walls make it difficult to recognize the original atmosphere of theses spaces (nos. 22, 38, 52, 77).

Stüler had also been a member of the Oberbaudeputation by royal decree since 1842 – but before 1853 by his own admission responsible only for special commissions allotted to him ad hoc. But these accumulated in the case of public buildings. Stüler designed the war ministry and the ministry of commerce in Berlin (1845, 1854), barracks in Stettin and Spandau, guardhouses and garrison headquarters – »Florentine« at the king's request – in Breslau and Posen, and from 1842 town gates for the fortresses with medieval reminiscences in Posen and Königsberg, the Wallraff-Richartz Museum in Cologne, Königsberg University, school buildings in Görlitz, Perleberg and Elberfeld and teachers' seminaries, courthouses, bridges and stations for the Ostbahn (Dirschau, Eydtkuhnen).

He designed only the façade of some of these buildings, but was thus responsible for the key feature in the urban landscape. When he did design the complete building, the result was usually a long main section with a higher section thrusting through it on the central axis, containing vestibule, stairs and a hall, identified by larger windows. This typical form, which could take up hints of Gothic or Renaissance style without difficulty, also made attributions to Stüler possible, for example the former district court in Prenzlau.

High-class commissions also came from elsewhere as a result of his achievements in Prussia. So for example he was able to apply the experience gained from the Neues Museum in Berlin to the National Museum in Stockholm, and at the same time incorporated toplit rooms for the painting collection, following Klenze's model at the Pinakothek in Munich. The result was an important solitaire, at the same time monumental and finely articulated, on an excellent site opposite the palace.

Stüler also proved his worth by rebuilding the Schloß in Schwerin from 1851. He gave the town façade a monumental but inviting aspect by centralizing and enhancing, making the building less dependent on the French Renaissance model. The interiors – partially destroyed by fire in 1913 – are evidence of his rich but structurally composed decoration in the middle years of the 19th century, inspired by the Renaissance, but creative.

Stüler's last major work was the Academy of Science in Budapest (no. 79). His 1862 design beat Klenze's in internal competition because of the modern Renaissance forms and a functional arrangement of the rooms.

If the monuments and tombs, sculpture for buildings and applied art designs – for example the furniture, which has still scarcely been researched, often captured in sketches by Friedrich Wilhelm IV, are taken into account as well, then the complaint made in an 1854 letter that he was »so overwhelmed with jobs« that »he often could scarcely take a breath« does not seem exaggerated. In fact Stüler, who did not have a robust nature, but probably an elastic one, suffered from asthma from about 1854. He kept on top of his workload, as one of his pupils wrote in an obituary, by »wise use of time«, an unbureaucratic approach to work and the help of some »talented young men« in his studio.

There were actually no breaks in his career or artistic development, but two caesuras: the 1848 revolution meant abandoning the cathedral, which had been started, concentration by his royal client on major projects in Sanssouci, and increasing involvement in church architecture. The second was the king's inability to rule after several strokes in 1858. This meant that Stüler accompanied the ailing monarch on a visit to Italy and then completed the work that still had to be done in Potsdam pragmatically, with Lenné.

The new king, Wilhelm I, was scarcely interested in architecture at all. But he did rescue his brother's temple idea for the Nationalgalerie, at a point when Stüler himself was ready to abandon it in favour of a more functional museum building. Stüler died, in the midst of all the work on 18 March 1865. His death saw the end of an era. Five days before, or the Schinkel festivities on 13 March, he had complained that he saw »the school that is particular to Berlin holding together more loosely, deleteriously affected by alien elements that have not be chosen with care and that are definitely not to be recommended«, leaving the »path of structural and aesthetic legitimacy ..., the simplicity and moderation permeated« by Schinkel's »feeling for beauty«, to be replaced by a »striving after effects, ... lavishness and supposed novelty of forms«.

Stüler remained faithful to that legitimacy. He was also the »heir« in that he did not need to repeat Schinkel's search for a new style, for the basic philosophical and structural laws of architecture. Of course he grew into the historicism that dominated the second third of the century. Here he had, through his work with the conservator Ferdinand von Quast as well, more comprehensive and more precise knowledge, and applied it pragmatically. And yet there remained, except perhaps in the case of the Budapest Academy, a tendency towards simplicity, towards slight abstraction. He was not looking for monumentality, but for an accumulation of forms on a human scale.

The appreciation of these more refined qualities was lost soon after his death. His early, omnipresent work has been decimated, above all by war damage in Berlin. The restoration of the Neues Museum has been in dispute for decades.

Katja Schoene
Stüler and the Middle Ages

»Of course, the Middle Ages.« (Umberto Eco, epilogue to his novel *The Name of the Rose*, 1984.)

An unrealized design for the inside wall of a hall in 1851 by Friedrich August Stüler shows pointed and Tudor arches, tracery, pinnacles, crockets and finials. Sculptures of members of knightly orders stand on columned consoles under baldachins. The door on the left takes up the structure of Gothic church portals with a double arcade and tympanum. The tympanum field contains a painted scene. The window niche on the right is furnished with table and benches. Lions of the kind that appear on Romanesque church doorways flank the access to the niche. Kinghts' armour, crossed swords and shields in front of fabric draperies dominate the centre of the wall. Halbards and partisans are to be found on the left. The wall is topped by a frieze with tendril motifs and coats of arms crowning the verticals set by the wall articulation, superscribed with a written dynastic historical link as a sign of origin. In terms of content, they provide an analogy with the adaptation of decorative forms from the past.

The design records Stüler's interest in the Middle Ages. He takes up elements of medieval articulation systems and decorative forms, bringing together architecture, painting, sculpture and applied art. Properties of a romantic nature in the form of the knightly equipment are the driving force for and central motif in the drawing. The trees on the right, flanking the view outwards, are to be understood as connecting architecture and nature.

Stüler's work is characterized by various sources of impetus. As in the case of Karl Friedrich Schinkel and Ludwig Persius, the architectural fantasies of his employer Friedrich Wilhelm IV provided an external framework for his buildings. Finding ideas for architecture often resulted from exchanges with clients and colleagues. Stüler worked with Schinkel in 1827/28. He completed several sets of plans or buildings started by Schinkel, changing or adopting them. In 1842, Friedrich Wilhelm IV appointed Stüler Oberbaurat and made him a member of the Prussian Oberbaudeputation. Alongside Persius, he was given the title »Royal Architect«. Stüler was responsible for the building work in Berlin, while Persius worked in Potsdam. After Persius died in 1846, Stüler continued the latter's major unrealized projects at the Pfingstbergschloß and Schloß Orangerie. On journeys to Italy, France, England and along the Baltic coast to St. Petersburg, Stüler came into contact with regionally different versions of early Christian, Byzantine, Romanesque and Gothic architecture. His work in the field of monument preservation made him familiar with medieval buildings in Prussia.

The historicist motifs in the hall wall design bring into focus the medieval features adopted since the late 18th century that Stüler was committed to, almost like keywords. The design can be the clue to understanding how he treated medieval forms and ideas. The Middle Ages provide a clear example of the recourses to the styles of past epochs that pervade Stüler's work.

»Under the heading Gothic ... I grouped all the synonymous misunderstandings that had ever gone through my head in terms of the indefinite, unordered, unnatural, thrown together, patched up and over-

loaded,« wrote Goethe in 1772. He had to revise his opinion, which had been disparaging until then, in the light of the architecture of Strasbourg Minster, which fascinated him.

The Gothic period had been viewed negatively since the Renaissance. Vasari saw it as a regression to barbaric taste. For him, the sacking of Rome by the Goths in 410 meant the end of ancient culture and the dawn of an uncivilized age, the Gothic period. In this spirit, it was still customary in the 18th century to use »Gothic« not just as the name of a period, but to apply it to everything that seemed dark, alarming and supernatural, in other words not classical.

It was only when Edmund Burke introduced the category of the sublime in 1757 that it became permissible to take aesthetic pleasure in the irregular and the uncanny. Irregularities in nature or architecture became positive qualities. Gothic acquired a markedly enhanced status. In England, Horace Walpole had created a Gothic counter-design to classical and ancient fashion when he had his country house at Strawberry Hill converted and extended from 1751.

The Gothic style, embodying the epitome of the Middle Ages, served as a flexible screen on which to project national, religious and romantic ideas. The English landscape garden became the scene of the medieval revival, where in the 18th-century Gothic-style structures were built as decorative properties, trying out a whole variety of possible scenic interpretations, within nature compositions that resembled pictures.

A marked return to thinking about the achievements of Gothic that were perceived as German took place after the Wars of Liberation in Germany in 1813/14. For Schinkel, the Gothic cathedral brought together patriotic and medieval Christian ideas. In his series of paintings of Gothic cathedrals, 1811–15, he aimed to present a transfigured, corrective ideal of medieval building by mixing real and fictitious architecture. The places of worship rise up like monuments, apart from the secular, everyday world we live in, above the towns populated by busy people. The variety of Gothic forms stands for the creative achievements of the nation. Rather like the art of the Romantics, Schinkel's pictorial worlds – with their imaginary Gothic buildings, their figures in old German dress and the symbolically close relationship between architecture and landscape – triggered historical, philosophical and religious reflections.

Architectural designs dating from 1814/15 visualize a monumental cathedral as a national monument to the Wars of Liberation and at the same time as an auspicious religious motif. Schinkel's design for a mausoleum for Queen Louise (1810), shows the emotional and dramatic side of Gothic. This contrasts with the Gothic style used for the Friedrichwerdersche Kirche in Berlin (1824–30). With its rough brick and relatively thin walls it adapted itself to the needs of a reasonably priced building, and at the same time with its tightly stereometric outline to the neoclassical tastes of the day.

The completion of Cologne cathedral, started in 1842, gave a decisive boost to Gothic as the predestined style for ecclesiastical architecture. This project – promoted by the Lutheran Friedrich Wilhelm in the Catholic Rhineland, which had been annexed by Prussia – became a pan-national symbol of a new empire. Even as crown prince he had been »enchanted, quite overwhelmed« by the view of the cathedral. He said he had been »dazed with bliss« when he saw the castles

along the Rhine in 1815, while still in the aftermath of the Wars of Liberation. (Dehio 2001, p. 16.) His own design for a summer residence on the Kälberwerder near the Pfaueninsel is a powerful expression of his medieval fantasizing. On paper the Hohenzollern monarch dreamed up a fairy-tale world made up of knight's castle, monastery and chapel.

Friedrich Wilhelm IV covered Prussia with a network of possible residences in remodelled or new palaces, thus taking up the medieval idea of the itinerant court. The architectural models were medieval buildings and modern English castle Gothic. The king placed monarchical desire for representation on a basis of long tradition by making this link with the Middle Ages. The fact that he paid his visit to Burg Stolzenfels in 1842 in medieval costume underlines his delight in masquerade and his almost childlike, playful handling of history.

Having been in charge of commissioning buildings since his accession in 1840, Friedrich Wilhelm IV allotted the greatest possible importance to church building above all other artistic activities. The motto »I and my house wish to serve the Lord« describes his Christian ruling ideal, which he used in striving to revive monarchy and church. He found the early Christian style the most suitable for ecclesiastical building, as it referred to the origins of Christianity.

The aisle-less church of St. Peter and Paul, built in 1834–37 on an eminence on the banks of the Havel, and Stüler's first church, is inspired by medieval church architecture: early Christian architecture (apse, round-arched windows), Carolingian features (west transverse section), North Italian Romanesque (blind arcade friezes) and French Gothic (rose window) come together to form one composition. At the request of Friedrich Wilhelm III, who initiated the building for his daughter Charlotte, from 1825 Tsarina Alexandra Feodorowna, the church was crowned with an onion tower. Stüler took a sketch put forward by Schinkel and changed the proportions in the design that he built. The west section and the tower are narrower, the rose window is placed higher, the porch is broader. Corner pilaster strips, and the sill plate of the nave windows, leading round the west section, draw Stüler's building together as a coherent whole.

The picturesque new building at Burg Hohenzollern, rather like a stage set, shifted contemporaries into the world of medieval chivalry, as conjured up by the poet Friedrich de la Motte Fouqué in Ritter Toggenburg (1817): »A wonderful world, as if liberated from contact with the modern world, opened up to the wanderers … and everything painted with ancient pictures, still intelligible in their half-faded quality, individual pieces of weaponry among them, staring from the walls in antiquated splendour ... and then it went onwards and upwards via boldly vaulted spiral staircases, and as if after a pious, wearisome pilgrimage you reached a little, lonely chapel.«

The king had his dynasty's family fortress rebuilt as a demonstrative memorial to its origins, to designs by Stüler (1846/47). In the interior Gothic prevails. The chapel is also designed in the medieval style, like the living rooms or the Hall of the Family Tree, all lit by tracery windows. The effect in the Grafensaal is based on the decoration of High Gothic churches. The three-aisled hall is articulated by columns with foliated capitals, arcades and ribbed vaults. The irregular, complicated ground plan, the steep tower roofs and battlements make the impressive building on a wooded hill look like an antiquated fortress. In the tympanum of the eagle gate the founder of the Hohenzollern dynasty, Elector and Margrave Friedrich I of Brandenburg, greets the visitor – dressed like a knight and with sword raised, mounted on a galloping horse.

Stüler's Marienquelle designed in 1855 on the way to Caputh – a pool with brick wall and stepped portal serving as a watering-place for game – fits in harmoniously with the sloping embankment by the Templiner See. Two squat pointed arches on Corinthian columns placed wide apart and connected by a cornice frame the doorway. An entablature completes the wall at the top.

Stüler collected medieval models as an architect who was tied to contemporary guidelines: simply outlined, eurythmically grouped sections, clearly structured wall elevations, relationship with the countryside. Thus his buildings can clearly contradict historical style characteristics like the massively accumulative elements of Romanesque architecture, the vertical thrust and the Gothic dissolution of the wall.

An account of his visit to England shows how important the design principles of the landscape garden were for Stüler: »Something else that is well worth imitating: the careful and beautiful arrangement of the area around the church, with paths kept very clean, excellent lawn, picturesque planting and elegantly surrounded by iron railings or low walls. Placing a well-tended terrace around the church always makes a good effect as well.« (Stüler 1858, col. 381.)

In the account of his journey to Breslau he describes how the border between designed and undesigned landscape can be concealed, thus taking up the idea of the so-called ha-ha from English garden art. A ditch that is visible only from very close up – causing the surprise observer to cry »ha-ha« – marks the transition from the garden to »wild« nature: »It is a well-known fact that rural buildings achieve their full effect only through skilful treatment of their immediate surroundings and through planting that conveys a connection with free nature, and this effect is not particularly enhanced by random picturesque devices.« (Stüler 1855, col. 552.)

Stüler applied the phrase about beautiful irregularity, coined for the landscape garden, to the appropriation of medieval buildings: »Placing the tower at the side gives English churches a more picturesque character ... Hence additional structures and irregular arrangement are sought rather than avoided.« (Stüler 1858, col. 386.) The early Christian basilican complex of the Friedenskirche in Potsdam, completed under Stüler, represents a climax in terms of landscape-related, irregularly grouped building. Stüler had sketches of ideas by Friedrich Wilhelm IV available to him, and also a design by Persius. Sight lines, open and closed areas, light and dark ones, views through and out of the site all structure the church, covered walks, ancillary buildings, courtyards, surrounding gardens and areas of water as if in a miniature landscape park.

Friedrich Wilhelm IV, Persius and Stüler seem to have taken Hermann Fürst Pückler Muskau's advice literally: »Buildings should never be shown fully openly, otherwise they look like patches, and stand there as alien presences, not growing together with nature. Something half concealed is beneficial to any beauty,

and there should always be something left to the imagination in this sphere.«. (*Andeutungen über Landschaftsgärtnerei*, 1834, I, 4.)

The buildings of the past often present themselves to Stüler as overgrown and surrounded by tall trees. An eye for buildings that have become a component of the landscape is based on romantic sensibilities. Stüler's feeling for picturesque images of architecture is given away by the tree-framed view of the monastery church in Chorin. The watering-place near Caputh is partly overgrown with plants in Stüler's water-colour design. He sketched St. Peter and Paul as fitting into the woods, with tendrils growing up the terrace.

These inconspicuous details are evidence of a creative will that takes the historical quality of a building into account, anticipating it even in the design. The historicist element is not just a chance whim of the architect. He often suggested allowing »creepers« to grow up new buildings, »something that seems essential for presenting a peaceful rural character«. (Stüler 1855, col. 553.) Stüler met Fürst Pückler's recommendation »that buildings should always appear in character with the countryside they are tied into« (*Andeutungen über Landschaftsgärtnerei*, 1834, I, 4) by considering the climate, typical local building materials and the character of the building.

The purists' dilemma of having to choose between styles – here the dissimilar models of ancient classical and medieval artistic creation – was solved in different ways from the 18th century onwards.

One possibility was to contrast antiquity and the Middle Ages antithetically. So in the Neuer Garten in Potsdam the early classical Marmorpalais and the Gothic library respond to each other.

The alternative was to translate the stylistic pluralism into a new, up-to-date formal language. Schinkel achieved a classical synthesis of ancient, early Christian, Romanesque and Renaissance-style architecture by a flexible, frame-like wall articulation system with round-arched apertures as its defining element. His round-arched style was so adaptable that it was equally suitable for ecclesiastical and secular buildings.

Stüler did not find medieval and ancient forms contradictory, either. They meet head on in the hall wall design. The theme of care for the sick by Knights of the Teutonic Order appears in an antique form of expression amidst the Gothic paraphernalia as a painted tympanum scene. A goblet is being offered to a man reclining on a couch in the classical symposium position. The ancient world is echoed again in the Pompeian red of the door. Stüler used narrative and colouring to place the Middle Ages and antiquity side by side. Gothic elements – the tracery of the door repeats the forms of the carving on Stefan Lochner's Three Kings Altar – combine with ancient ones.

Even though it looks medieval at a first glance, classical elements have slipped into the architecture of the Marienquelle in the form of tondi, entablature surround and Corinthian capitals. Stüler had designed it first of all as an aedicule in the antique manner before the king required him to keep to a medieval model: the tomb of Mary in the Kidron Valley in Jerusalem. Stüler produced a Renaissance variant at the same time as the Gothic-style hall wall design. The effortlessness with which he mixed styles or switched between them for a particular piece of work is like the use of the different column orders.

The latter do not determine the style, but are applied to the column as ornament, without affecting the basic structure. In the spirit of Vitruvius, their choice was determined by what the building was to express in terms of content. Taking the example of the column orders, he postulated different qualities – for example Doric as masculine and brusque or Corinthian as female and delicate – the ancient architect coined the term decorum. He demanded an architecture appropriate to the status and needs of its occupants, ultimately the appropriateness of the building's appearance for a particular function.

For Stüler, the architectural styles of the past meant thematically motivated orders beyond definitions in terms of style history, interchangeable within a basic neoclassical pattern. They can be used to suit the architectural brief, the landscape and climatic conditions and iconographic requirements. Orthodox classicists had only the ancient model to help them make the appropriate choices. But the historicist approach had styles from all cultural periods available, and these were more accessible than ever before as a result of antiquarian research in the 19th century.

Of all the options, the Middle Ages presented the choice that could articulate the greatest possible historical distance – as an alternative to the contemporary neoclassical architectural language deriving from antiquity. Friedrich Wilhelm IV's wishes to link up with early Christianity or to visualize a past extending far back dynastically can be best met by Stüler in this way.

Stüler followed the contemporary trend of enthusiasm about the Middle Ages by dressing certain kinds of architecture up in medieval garb. The king was behind his ideological response to the Middle Ages. Stüler personally was attracted by medieval buildings as a source of decorative motifs. He was unmoved by dogmas of stylistic purism and drew on the rich variety offered by early Christian, Old Russian, Romanesque and Gothic architecture. Within his fundamental decision to choose the Middle Ages, Stüler's choice of individual models and their ornamental forms from various epochs and areas was based on aesthetic and decorative criteria. His approach is reminiscent of Leon Battista Alberti's understanding of ornament: »Ornament may be defined as a form of auxiliary light and complement to beauty« – not an integral part of the architecture, but »invented appearance«. (*De rea aedificatoria*, 1485, VI, 2.)

Anke Fritzsch
The museums

In the early 19th century, architects were faced with a new building brief: museums. This arose from the demand for independent, publicly accessible buildings in which art collections could be housed on a sound academic basis, and the idea became even more important because of international competition between the major European cities. So the first autonomous art museums in Europe came into being in the form of Schinkel's Altes Museum in Berlin, Klenze's Glyptothek in Munich and Smirke's British Museum in London, followed by others including Klenze's Hermitage in St. Petersburg and Polack's Hungarian National Museum in Budapest.

Friedrich August Stüler's work also includes two museum, which he himself considered to be among his major works. They are the Neues Museum in Berlin and the National Museum in Stockholm. He formulated his fundamental ideas on this type of commission as follows in 1847, in his report on the designs he had prepared so far for the National Museum in Stockholm: »A building intended to accommodate works of art must be a work of art in its own right. The architecture must show a high degree of clarity, care, structural refinement and be ornamented in places. Sculptural ornament is one of its characteristic features. Ideally its style should match that of the works of art exhibited in it, if it is relating to a major heyday in the history of art, i.e. the most beautiful days of antiquity and the purest, most original period in Italian art. This extends only into the first decades of the 16th century. Later a lack of regularity or even schoolmasterish pedantry is expressed in many an ensemble in untrue and arbitrary arrangements in abuse of piers and also in a handling of lines and other dispositions that is often all too timid. No one should dispute the fact that our age too has to assert itself with its new materials and techniques that are all its own.« (Kommer 1965, p. 41.) This postulate is to be the focus for the following discussion of the two museums.

The Neues Museum in Berlin

Ten years after the completion of the Altes Museum, Ignaz von Olfers, the director general of the royal museum, successfully pressed for a new museum to house all the »remaining« collections. In March 1841 the Prussian king Friedrich Wilhelm IV commissioned his architect Stüler to build a new museum immediately adjacent to Schinkel's building.

Stüler developed a longitudinally oriented complex with a double courtyard, adopting the ground plan type of the Altes Museum and taking the unfavourable site conditions into account. The architectural and programmatic centre of the three-storey building is the central section, rising with a temple gable in each case on the east and the west side over the façades, which otherwise tend to be uniform. He used the architectural forms and elements of the neoclassical style for the design of the exterior. In this way he was not just satisfying his own requirement in relation to the style to be chosen, but also responding to the physical proximity of the Altes Museum – »similarity of style and in the dimensioning of details« (E. Börsch-Supan and

D. Müller-Stüler 1997, p. 68) and the »background position« within a forum that according to the concept plan of 1841 was still to be attached to the museum.

Even though there was a link from the Neues Museum to the Altes Museum by a bridge and was »similar to it in style«, is was by no means an extension or continuation of Schinkel's building. (Messling 1995, p. 51.) The fact is that the Altes Museum, which presented ancient sculptures, paintings, cameos and coins, was intended »to awaken ... a feeling for fine art, as one of the most important branches of human culture« (v. Wezel 2003, p. 7), while in the Neues Museum visitors were intended above all to be shown the development of history of art and culture. So the exhibition rooms on the ground floor were allotted to Egyptian, ethnographic antiquities and antiquities from the »Fatherland«, the main floor housed the exhibition of the plaster cast collection and the upper floor the objects from the copperplate engraving gallery and the chamber of art treasures. At the centre of these collections, exhibited in rising chronological order, was the imposing staircase hall – now empty. It occupies almost all the space in the centre section, organized the visitor's route through the collections and also capped the climb up through the history of culture with a free copy of the caryatid hall in the Erechtheum in Athens and Kaulbach's cycle of pictures.

Even the staircase hall illustrates Stüler's intention, alongside trying to achieve the »greatest possible harmony with the objects to be exhibited« and the desire to »complement the collections as much as possible« (Stüler 1862), that the history of architecture's development was also to be conveyed. So the ground floor conveys the beginnings of architecture the Egyptian style and the Greek Doric order of columns, developing via Ionic marble columns, mosaic floors and classically ornamented iron arch structures to the heyday of classicism on the main floor, symbolized by Corinthian columns and the use of the »modern« building material iron for the column positions. (v. Wezel 2003, p. 164.)

For the sake of »harmony« and to introduce a sense of »complementing« he responded to the height of the plinths or showcases by dividing the lower wall fields into three, gave the exhibits a powerful monochrome background in the central section of the wall and completed the space with an explanatory picture in the upper section.

Stüler's understanding of a work of art seems derive from this close connection of architecture, sculpture, painting and collection, based on a complex image of history. »It is always the task of architecture in its best models to bring all the fine arts together, opening up an appropriate field for lavish development to each one of them. A building will only be able to claim perfection if has skilfully absorbed all architecture's sister arts.« (Stüler 1862.)

In terms of »style« and »work of art«, all that remains is to consider the materials and the »up-to-date technology«, which is closely linked with the technical structural demands. For example, the terrain on the Spree Island offered very difficult subsoil, on which a fireproof building was to be erected to accommodate exhibits, some of them very heavy. It was also to contain an additional exhibition floor, but without exceeding the overall height of the Altes Museum. Thus a con-

struction was required with the lowest possible self loads and ceiling structures allowing large spans with the lowest possible construction depth.

To solve this problem, Stüler exploited the new possibilities of iron construction by running »cast- and wrought-iron support members« (Lorenz 1994, p. 101) through the whole building to transfer loads and to stabilize the structure, and light clay bricks and clay pots for the elements between load-bearing members, especially for the massive floor slabs.

The iron elements used extend from simple ties via T-shaped girders, round cavity columns, multi-partite main and relief vaults, down to wide-spanned bowstring girders. Other features that should be mentioned, even though they have not survived, are the vault structure in the Sternensaal, consisting of a light, wrought-iron supporting framework with a wire mesh to carry rendering and also »the delicate glass roof, which covered the whole Egyptian Court without columns, an area of about 380 sq m«. (Lorenz 1994, p. 101.) Unlike this, the bowstring girders have survived. Each girder consists of a cast-iron arc and a pair of wrought-iron chords. Combining these two materials made it possible to realize a span of about 10 m, without having to compensate for additional shear forces in the walls. But this advantage over the iron girders that had been used previously also required a high quality of material, particularly for the tensioned chords, as these determined the safe load-bearing capacity of the girder to a significant extent. To ensure that these demands were met, each chord was pretested by a hydraulic press in the Borsig factory.

The »massive« building materials that have already been mentioned are bricks first of all, whose clay mixture was supplemented with little pieces of lignite as »pore-formers« and then thin-walled, hand-turned cylinders closed at both the top and bottom (clay pots). Using lightweight clay bricks and clay pots for making vaults or massive floor slabs in combination with iron girders was not new. John Soane's pot vault in the Bank of England (1796–1818) could be mentioned, or the sheet-metal girder and clay pot structure for the burnt-out Winter Palace in St. Petersburg from 1838. (Lorenz 2005, p. 140.) There were also early publications and contributions in pattern collections like the sample sheets for masons, attributed to Schinkel. It is to be assumed that Stüler also had access to these, as the appended table already shows almost all the clay-pot arches he used later in the Neues Museum. But there was a lack of calculation procedures and empirical values specially for dimensioning wide spans of slightly inclined barrel vaulting in these light-weight materials. The necessary safe load-bearing capacity could only be confirmed by trial. So Carl Wilhelm Hoffmann, who as site engineer was significantly involved in implementing the plans technically, reported on conducting a load trial on a test vault and the results in the Architekten-Verein's newsletter. (Hoffmann 1846, p. 167.)

Even a brief glance at this very special type of construction shows that Stüler not only made use of the »almost new materials« and also »up-to-date technology«, but used the building project to develop them further. But it should also be noted that he did not reveal the iron structure itself, but used the iron support members to carry cladding and masking elements that to an extent illustrated the structure in an idealized way, but on the surface carried decorative elements used to connect architecture and exhibit.

As a result of war damage from 1943–45 and the subsequent years of neglect, in which the surfaces of the rooms were exposed to the weather more or less unprotected, the load-bearing structure is now open in various places. The photographs in the picture section convey an exemplary impression of the large number of constructions and make a »building science tour« of the building possible. Thus the columns in the south collection rooms support two different clay-pot vaults, repeated in the vertical plane. The long collection rooms in this part of the building have or had shallow barrel vaults, showing very little curve. The almost square rooms between them, adjoining the courtyard on the south side, are spanned with equally shallow pendentive domes. (In this vault form only the spherical segments are built of clay pots, the circular base and pendentives were in light-weight brick.)

The vestibule in the central section has a coffered ceiling. This consists of cast-iron beams with the gaps filled with light-weight bricks and clay pots, resting on massive architraves supported by marble columns. The coffered ceiling form is repeated in the upper part of the Bacchussaal above.

The floor structures in the remaining northern, column-free part of the building consist of the above-mentioned bowstring girders that carry the iron beams with smaller vaults between them in light-weight brick or with a clay pot structure. Here too the structure is repeated vertically, though this is not immediately visible because of the cladding or masking. For example, the bowstring girders on the ground floor are massively built in, thus forming a mighty architrave. In the room above on the main floor the girders are contained in zinc or brass sheets, and the structure was idealized in that the arch became a rib, the chords cables and the bearer a bracket with no statical function. The group of figures in the rise of the arch are a reminder of the focus of the collection in this gallery. The bowstring girders in the equivalent room in the floor above also have a decorative metal cladding and brackets, though the setting is considerably plainer. The two special types in this half of the building must also be mentioned. The Gräberesaal has a Prussian surbased barrel vault, supported by iron arch beams, also surrounded by masonry, and four massive pier, and the room above is crowned with an octagonal coffered dome in standard and light-weight brick.

Building work on the Neues Museum started in June 1841 and was not completed until 1855 because of a long break caused by the 1848 revolution. It was Stüler's first monumental building, which he saw »as a major work and example of his architectural mastery«. (E. Börsch-Supoan and D. Müller-Stüler 1997, p. 68.)

The National Museum in Stockholm

In 1847, Stüler was asked for an expert report on three designs for the new National Museum in Stockholm. His reply alludes particularly to the qualities of the plan drawn up by Frederick Wilhelm Scholander, but even this does not escape without criticism. As a result of this process, Stüler was commissioned to design the museum himself. He travelled to Stockholm in the same autumn to familiarize himself with the local con-

ditions and start work on his plans. The king had chosen Kyrkholmen (now Blasiholmen), a spit of land opposite the palace, as the site. This gave Stüler the opportunity to conceive the museum as a free-standing, independent building. And yet even here he was not completely without constraints, as even before the report procedure foundations designed by Scholander had been laid, thus fixing the basic shape and extent of the building.

Taking over the basic form of a double courtyard complex, Stüler planned a three-storey building that is much more regular and compact than the Neues Museum. Given that the building was open to be viewed on all sides, it was not just the central sections at the front and the rear that were given projections, rectangular and polygonal respectively. The two narrow sides also acquired slight central projections – and Stüler decorated the front of the central section very lavishly, thus contributing considerably to the appearance of the main façade. He again used the interior of the centre section as a stairwell, and designed the upper section and also the vestibule as the representative sections in the complex. The domed hall adjacent on the upper floor should also be mentioned. Here he designed the polygonal rear extension as an apse with a colonnaded gallery – the apse motif is also repeated from the Neues Museum. But he deviated from his practice in the Neues Museum in Stockholm by adopting the neo-Renaissance style. In this respect he was following Scholander's earlier plan.

As the collections to be accommodated varied very considerably, Stüler proposed organizing the building horizontally, floor by floor, using the round tour principle he had already conceived for the Neues Museum. The historic weapons collection and the chamber of the royal wardrobe were to be on the ground floor, the library on the main floor and the painting and sculpture section on the top floor. For this reason, Stüler structured the two halves of the building adjacent to the centre section as two long galleries in each case, with one intermediate section broken down into several smaller spaces. It is striking that the entire ground plan is based on a grid of squares, and the two halves are mirror images, with minor deviations.

The structure of the galleries on the ground and main floors is determined to a large extent by the placement of the columns, as in the southern section of the Neues Museum. On the ground floor, Stüler divided off the axis on the courtyard side to create smaller galleries, and only left the three-aisle structure visible on the main floor. The ground floor has shallow rib vaults, and on the floor above shallowly curving pendentive domes extend between semi-circular vaults. Stüler left the top floor column free, and here he reversed the first floor structure, in other words he arranged small galleries along the outer walls, which he topped with rib vaulting in their turn, and used the remaining space to create a total of four toplit galleries. There are no equivalent spaces in the Neues Museum, but »undoubtedly Stüler was influenced by the galleries in the Alte Pinakothek here«. (E. Börsch-Supan and Müller-Stüler 1997, p. 229.) Stüler chose cavetto vaults to top these galleries, and built the fanlights into the cavettos.

As in the Neues Museum, decoration was given the role of »communicator«, something that Stüler found very important. So he drew up numerous coloured

sketches for the interior design, and annotated them liberally in terms of the proportions to be chosen, the desired materials and the surface qualities to be aimed for. He urgently recommended materials that had already proved their worth in Berlin. The plans show that he also wanted to have the wall areas here divided into three, as in the Neues Museum, but the explanatory painting was realized only on the upper walls of the vestibule and the upper part of the stairwell.

The experience he had acquired in the Neues Museum with »almost new materials« also did not go unused. When examining the surviving historical plans one comes across construction elements marked in blue, to indicate iron structural elements, and the constantly recurring note »pot vault«. It is clear that Stüler also used iron support members to transfer loads and stabilize the structure in this building as well. So the ceiling vaults in the vestibule are carried by iron beams, and in the auditorium above it he »repeated« the iron column placements from the top floor of the Neues Museum. For the toplights in the galleries on the upper floor he combined T- and double-T-girders, and the attic storey is spanned with large plate girders running transversely. But these structures too were hidden behind plaster or decorative metal cladding. Comparison with the Neues Museum illustrates that he used the »almost new materials« and »up-to-date technology« in a tried-and-tested way, but did not develop it any further. Conversely, this could mean that the difficult conditions in Berlin required the development of new constructions, but that it was not a primary concern of Stüler's.

Heinz Schönemann
The architect and the princely riders

When Friedrich Wilhelm IV came to the throne in 1840, Schinkel was on his deathbed. The building euphoria promised to him by the crown prince was now transferred to two »King's Architects«. It fell to Ludwig Persius to make the Italian dreams come true in Potsdam, while Friedrich August Stüler was allotted the residence buildings and state commissions.

The new king immediately commissioned his architect to create the majestic dome above a new palace chapel in the main portal of the Berlin Schloß, for which the crown prince had already prepared the plans with Schinkel. Schinkel was also responsible for the idea of improving the Schloß's link with Friedrichstadt by using the view of this portal. In 1831/32 he repeated his suggestion of building a »fine house of merchandise« on the Schleusenbrücke instead of the Friedrichswerder mills. Peter Joseph Lenné kept the king interested in this and came back to it in March 1852 in the context of Schinkel's dome. A drawing by Friedrich Wilhelm IV followed his plan for shopping arcades between the Schloß portal and Kupfergraben, in which the Schloß appears beyond the arcades. But the opportunity to connect the Schloß to the city was not taken; the idea of realizing the arcades was finally abandoned around 1855.

But when the equestrian statue of Kaiser Wilhelm I was placed on the same site later, Gustav Halmgruber took over the bulge in the embankment wall conceived by Lenné as the basis of the colonnades designed from 1892 to 1897 to conclude Reinhold Begas's monument by the arm of the Spree. This shape was intended to open up the bridge over the Werder and create a link between the Schloß and the city, and now in fact blocked the connection. So the Schloß gate acquired something like a fortified counterpart, with the Kaiser riding towards it as an all-powerful princely rider.

Soon after his accession, Friedrich Wilhelm had reached an understanding with the princes of Hechingen and Sigmaringen about renovating their old Hohenzollern ancestral castle, in order to create a monument to the history of the ruling house. Here too Stüler was the architect responsible for planning and realization.

He presented the king with a first design for rebuilding the castle courtyard in March 1845, and then received, in July 1846, an order to travel to Hechingen and prepare the working plan.

In agreement with the king's view, the development Stüler proposed followed the ruins of the castle, modelling itself on the neo-Gothic castles that had come to the fore in England in the 18th century as counter-images to neo-Palladianism, particularly in terms of the architectural design of the towers, the flat roofs on the buildings and the complete encirclement with battlements. In fact Friedrich Wilhelm IV, as crown prince, supported by the anglophile leanings of his sister-in-law Augusta, had had Schinkel design the summerhouse in Babelsberg as an English cottage, an echo of his younger brother Carl's Pliny villa in Glienicke.

In the vicinity of Potsdam it was still important to capture the polarity of the world, to make north and south into a uniform picture, but now the priorities had changed: in order to prove that the origins of the Prussian royal house extended far back into history, and that it came to the fore within the ancestral lands of the old empire, and also to use the geographical proximity of its

castles to suggest a dynastic closeness to the Hohenstauffens, unusual architectural forms were needed to follow those of Schinkel. Steep roofs derived from the regional late Middle Ages, towering spires, high gables and bay windows, roof turrets and pinnacles were intended to convey the illusion of unbroken historical continuity; the ideas here are more reminiscent of Viollet-le-Duc than Vanbrugh or Nash.

But further work on the castle was suspended under the pressure of the revolutionary events of 1848. The Hohenzollern princes decided to abdicate and hand over their powers to the Prussian crown. At the same time, Prussian troops under Prince Wilhelm marched into the Palatinate and Baden and put down the revolts there. When work was taken up again after 1850, it was therefore decided to extend the Hohenzollern castle as a fortress with a constant military presence.

This military use required a new access road to be built under the south side of the castle, which finally wound up in tight loops through the gates and bastions. Stüler, who retained the right to have his say in matters of military construction as well, took the first bold sweep through an imposing gatehouse. On its central battlement it carries the Prussian eagle with a Zollern shield and the motto of the royal Hohenzollern house order »From rock to sea«. Stüler had to design an equestrian statue for this gate, by order of Friedrich Wilhelm IV The rider was intended to personify the origins of the dynasty from the Counts of Zollern via the Burgraves of Nuremberg to the Electors of Brandenburg: the choice was agreed as the Burggraf Friedrich V, who was made Elector of Brandenburg in 1417 as Friedrich I. Friedrich is portrayed according to his equestrian seal on the enormous tympanum over the gate as a belligerent princely rider, riding towards arrivals, flourishing his sword. He is intended to make the ancestral castle of the House of Hohenzollern seem like a bastion of the monarchy against all rebellious intrigues.

Under the influence of his royal uncle, the young Grand Duke Friedrich Franz II of Mecklenburg-Schwerin also decided in 1842 to revive the old ancestral palace of the legendary Abodrites. He rejected his late father's plan for a modern palace by the Alter Garten in Schwerin and commissioned the court architect Georg Adolph Demmler to extend the palace on the island in front as »a permanent prince's seat«.

Demmler presented his first design as early as June 1842, in the English neo-Gothic forms that had come to set the direction for new palace building all over Europe. Here he followed Schinkel's plan for Babelsberg (as Stü-ler had also done for the Hohenzollern castle) and at the same time built cottages as family accommodation in Heiligendamm, following English pattern books, including a summer residence of the Dowager Grand Duchess Alexandrine, the sister of Prince Wilhelm of Prussia. A building providing family accommodation was also erected in Heiligendamm by 1844. It was called the »Castle« and its façades contain the same elements as the palace designs.

Demmler also attempted to find an alternative to neo-Gothic designs, by order of his ruler, by borrowing the forms adopted for building palaces by the 17th century architect Ghert Evert Piloot.

Demmler's plans had been shown to the Prussian king in May 1843; in January 1844, Friedrich Wilhelm IV and the grand duke again discussed the designs in Berlin, along with a hastily prepared alternative by Stüler.

There seems to have been a great deal of feeling against the Schwerin palace plans in Berlin from the outset, as Demmler had unsuspectingly walked into Friedrich Wilhelm's paradigm shift from English neo-Gothic to medieval castles.

Consequently, the grand duke despatched Demmler on a study visit to England and France in May 1844 – mainly in order to familiarize himself with French palace architecture at the time of François Premier. New plans were produced as a result of all this in October 1844, and passed by the grand duke in March 1845. After this Demmler had a model made of the building. This also had to be presented to Friedrich Wilhelm IV, and was exhibited in the Berlin Schloß in March 1846.

Demmler had gained crucial inspiration for the final form of his building from the Château de Chambord on the Loire. His design quotes the division of the main façade there almost literally. He retained the central block broken up with windows, but increased the number of axes to four, while the side axes were reduced to one in each case, but the walls were made twice as thick; in this way he achieved an even number of six axes, thus taking away the façade's dominant centre.

The special conditions in Schwerin required an additional storey, in the form of a colonnade between the towers. This ran across the entire front of the building in eight axes without any accent, supported on the block of the four round-arched apertures in the second and third floor, whose breadth was also taken up for the intercolumniation

By abandoning the centre axis, Demmler had dared to replace the traditional image of monarchical structure, of the dynastic relationship between throne and subject, with an architectural form suggesting contemplation and exchange. His open hall on the topmost floor of the palace, high above the city, derived from the philosophical ideas of ancient democracy; for Demmler as a democrat it was probably a metaphor for the ruler's constitutional ties. The fact was that, as a point de vue in Schloßstraße, the non-oriented colonnade fitted in with Demmler's urban concept for the Alter Garten. His last design for this place, a museum, whose row of columns wraps round the corner on Schloßstraße and extends over the whole west side of the square, seemed to pick up and reflect the Schloß façade.

It is still not known whether Demmler's Schloß façade ever actually existed. The fact is that when the basic state law for Mecklenburg-Schwerin, passed in 1849, came under threat in early 1850, and was then repealed in September of that year, Demmler was one of its determined defenders. For this reason he was dismissed at the end of the year, and was told to stop work on building the Schloß as early as January 1851. But he always tried to complete the side facing the town to a sufficient extent that his successor would be compelled to adopt his plans.

After consultation with Friedrich Wilhelm IV, Stüler was commissioned to continue building the Schwerin Schloß. He had to complete the building, which existed to the main cornice all round, essentially to Demmler's plans. But the entire interior design to 1857 should be seen as Stüler's independent work.

His most far-reaching change affected the town side of the Schloß, restoring the monarchical structure that Demmler had overcome: Stüler switched Demmler's even number of axes back to an odd one. To achieve this, the central section of Demmler's façade had a five-axis projecting section placed in front of it like a box, with new round-arched triple windows inside in the main and ceremonial storeys, and areas of wall adapted as statue niches outside. The eight-axis colonnade on the top floor was removed completely; here the new projecting section is in the form of an open room with three aisles, with floor-to-ceiling round-arched windows outside and a barrel vault in the middle, breaking through the main cornice. The baldacchino-like structure above this vault carries the arms of Mecklenburg, between two halbardiers. Below them rides Niclot, Prince of the Abodrites, the legendary ancestor of the Mecklenburg ruling house, as a colossal equestrian statue, realized by the Rostock sculptor Christian Friedrich Genschow »on the spot«. Below him the new niches contain statues of the Schwerin counts and dukes Gunzelin, Heinrich, Albrecht and Magnus. Stüler replaced Demmler's idea of turning the Schloß towards the city with a colonnaded hall with a triumphalist family tree of the ruling house.

The square »Niclot Hall« was connected transversely through the building with the octagonal tower above the Schloß drive. This tower was topped with a dome rather than Demmler's transparent lantern, and above this rose August Kiß's statue of the Archangel Michael.

Stüler's ambitions as an architect are not sufficient justification for such fundamental interventions, which also caused a great deal of extra effort and expense; here the grand duke's will and instructions were the key. But the grand duke was entirely in thrall to the Prussian king – as he was in constitutional matters; Stüler probably had to act as Friedrich Wilhelm wished first and foremost. But there were some remarkable conditions to be found in terms of both the far-reaching changes to the façade of the Schwerin Schloß in the immediate vicinity of Friedrich Wilhelm IV.

In 1817, Karl Friedrich Schinkel had painted a picture of a triumphal arch for the crown prince, and Friedrich Wilhelm IV kept this in a place of honour in his apartments in the Berlin Schloß. Stüler may have seen it here; but it is more probable that the king had expressly drawn his attention to the motif and its symbolic content. The fact is that the equestrian statues under Schinkel's triumphal arch anticipate an effect that the image of Niclot in Schwerin was also striving for – but times had changed. Forty years earlier, for the future Prussian ruler, Schinkel related the achievements of his great ancestors to the Wars of Liberation, recommending outstanding statesmen and military commanders of antiquity and the Middle Ages to the crown prince as models for his reign.

But in Mecklenburg-Schwerin – after the 1849 constitution had been repealed – the grand duke's own ancestors were being evoked as an act of self-assertion by the ruler.

And the sign on the dome was needed as well: Michael slaying the dragon. This too was an image associated with Friedrich Wilhelm IV. He had commissioned August Kiß in 1849 to model a larger-than-life figure of St. Michael fighting the »dragon of the revolution«, which the king dedicated to the Prince of Prussia as a monument in the park at Babelsberg for putting down the rebellion in Baden. Johann Heinrich Strack designed a neo-Gothic version for this purpose. The king presented a second version to the cemetery in Karlsruhe for the Prussian soldiers killed in the Baden conflict; it was unveiled in 1852, on the third anniversary of the capitulation at Rastatt; Stüler designed this monument. At the same time, Stüler set up a third version of the figure in

an existing wall niche in the Michael Tower at the Hohenzollern castle.

So the Prussian king can be seen as Demmler's actual opponent over building the Schwerin Schloß, but Demmler's dismissal and the destruction of his Schloß façade were only part of the comprehensive restoration of the old conditions in the small German states dependent on Prussia. In this context Friedrich Wilhelm and his architect Stüler might have found the Schwerin court architect's designs »execrable«. But the architect-artist »on the throne of the Caesars« had an unerring eye for captivating architectural innovations. It turned out that he was entirely able to recognize and attach the right value to the aesthetic quality of Demmler's proposal of a columned hall in which people could walk around without constraint, consider and contemplate, despite the distaste shown for such elements at a ruler's palace. He went so far that, on an occasion when he was free to do so, he adopted the eight-axis colonnade that had been prevented or even pulled down on his initiative in Schwerin for a project of his own that had occupied him since his youth.

High above the park at Sanssouci, a road was to accompany Frederick the Great's garden as a via triumphalis. For this reason, the length of the great Orangerie was the important dimension from the outset, not its central axis. Despite this, both Friedrich Wilhelm's sketches and his architects' designs remained caught up in conventional formulations with three, five or seven axes. It was only when the final plans for realizing the building were drawn up in 1855 that the crucial change was made, through Ludwig Ferdinand Hesse: the floor with the view between the towers was designed as a long columned hall with eight axes and no centre, so as a fluid space in which people moved as if they were in an ancient stoa.

In 1856, Stüler designed a monument to Friedrich II on the 70th anniversary of his death. He proposed replacing the large coat-of-arms cartouche between Mars and Hercules on the triumphal arch of the Brandenburg Gate in Potsdam, built by Carl von Gontard and Georg Christian Unger in 1770, with an equestrian statue of the great king on a high pedestal above a stepped substructure. He had thus distanced himself considerably from Schinkel's drawing dating from around 1829 of »a colossal equestrian stature with architectural porticos« as a memorial for Friedrich.

But he did try to keep close to Schinkel for what was probably his most important and significant work, the overall planning for the Spree Island behind the museum by the Berlin Lustgarten. Schinkel's designs, made at the suggestion of the crown prince, for a royal palace on the Acropolis in Athens and for an idealized princely residence, had reinforced the heir to the throne's own ideas about planning »a sanctuary for art and science« in central Berlin. As king, he commissioned Stüler in 1841 to place buildings on the island on the basis of these ideas, some for the museums, and a festival hall for the university.

The Neues Museum, intended to be the first building realized, was attached directly to Schinkel's museum as an extension and complement parallel with the Kupfergraben, and work started on it immediately. Stüler wanted to structure the whole area of the island beyond this with three different courtyards. One large, almost square court extended along the entire rear façade of the Neues Museum to the bank of the Spree; in the centre, a »tem-

ple of the mind and of the sciences« was to rise higher than all the other buildings as a great hall for the university. The two smaller courts were each to conclude with a semi-circle; this section of the rear court on the northern tip of the island, with a monumental flight of steps with columns at the top was intended as a pedestal for a dominant royal equestrian statue.

Friedrich Gilly's 1797 design for a monument to Frederick the Great served as model for the high temple. Gilly had proposed a light temple rising over the city on a dark substructure, flanked by monumental twin flights of steps. This was based on Carsten Niebuhr's Walhalla knowledge, passed on from his Persian travels in 1761 to 1766, about the tomb of the Persian king Cyrus, a classical temple motif above an oriental stepped pyramid. There are records of how this affected the young Schinkel; Carl Haller von Hallerstein and Leo von Klenze followed it in the architectural programme for the monument; before this, Klenze had proposed a »Monument à la Pacification de l'Europe« in 1814, at the end of the Wars of Liberation. The idea also crept into Schinkel's suggestions for a monument to Frederick on the Mühlenberg by Sanssouci. From here the vision returned to Berlin, as an idea of Friedrich Wilhelm IV's for developing the Spree Island. Here the Prussian king – and with him Berlin's educated bourgeoisie – expected a forum for living science, as a response to the memorial currently being constructed near Regensburg, the Walhalla, which opened in 1842.

The exterior of the Neues Museum was completed by 1846, but the other parts of the project were not realized. It was not until 1862 that permanent accommodation for the Nationalgalerie compelled a return to Stüler's 1841 forum plans.

Stüler modified the structure originally intended for lecture halls in the base and the main hall in the temple as a gallery building, and moved the enormous flights of steps from the northern semi-circle, now abandoned, and placed them in front of the gallery as an entrance building. Even though this made the steps increasingly similar to Gilly's vision and the Valhalla, they were to serve only as a pedestal in future, for the equestrian monument to Friedrich Wilhelm IV created by Alexander Calandrelli in 1886.

Large parts of Schinkel's idea of an ideal residence had now come to fulfilment through Friedrich August Stüler's planned forum on the Spree Island as a museum quarter, and the Nationalgalerie, realized after Stüler's death by Johann Heinrich Strack. But Schinkel's dream figure of »a ruler who is in all things in tune with the education of his day, and creates his surroundings appropriately« cannot be imagined as a princely rider.

Barry Bergdoll
»... the last great, comprehensive genius that architecture has produced.« Karl Friedrich Schinkel and his pupils in the eyes of the modern movement

Few architectural developments of the 19th century sponsored a more shifting reception than that of the Berlin school of Karl Friedrich Schinkel and his immediate followers, most prominently among them the short-lived Ludwig Persius and the prolific Friedrich August Stüler. Now that the work of this trio, who set the tone for Berlin architecture for over half a century, has been collected by the reconnaissance missions of Hillert Ibbeken, we have before us the evidence in black and white of a decades-long stylistic tradition that lent international recognition to Berlin by the mid-19th century as a city possessed of a distinctive architectural culture, one that could rival Paris with it's Beaux-Arts tradition which also was to enjoy an international influence. By the early 20th century as the heritage of the École des Beaux-Arts came under attack for its academicism, just as the tradition of the English Gothic Revival did for its historicism, the legacy of Schinkel and his followers was often exempt from this sweeping rejection of 19th-century architectural culture. For Hermann Muthesius, diagnosing in his 1902 *Stilarchitektur und Baukunst* the ills of eclecticism that had beset much of 19th-century architecture Schinkel was »the last great, comprehensive genius that architecture has produced« (Muthesius 1994, p. 55), a clear point of departure for the reform of modern design practice. Muthesius considered Berlin a great exception in the development of 19th-century architecture, the Schinkel school having been a veritable bulwark against stylistic eclecticism and superficial.

This was a radical reversal of the reception of their work during their lifetimes. For in the mid-19th century both the monumental classical public works of Schinkel and Stüler and the asymmetrical villa perfected by Schinkel and Persius enjoyed international influence as sophisticated models of the adoption of historical styles to modern uses. Particularly in the international fashion for the asymmetrical Italian villa at mid century the influence of the Berlin school was wide-spread. Schinkel gained international repute through the engravings of his *Sammlung Architektonischer Entwürfe*, which found its way as far north as Scotland where Alexander »Greek« Thomson not only took inspiration from Schinkel's rigorous raster-like fenestration in some of his churches and commercial blocks, but also from the taught picturesque villa massing of Schinkel and Persius's Court Gardener's House in his masterful Holmwood Villa, Glasgow of 1857/58, recently restored. A few years later Thomson donated his copy of Schinkel's great portfolio to the Glasgow Architectural Society. But while Schinkel's influence is palpable in the details of several of Thomson's severe renderings of a modern neo-Greek, notably at Holmwood, it was thoroughly synthesized with long-standing native British taste and tradition for the picturesque Italianate villa – one that can be traced back at least to the work of John Nash in the opening years of the century. (Stamp 1998.)

The influence of Persius's Potsdam villas – down to the level of details – is unmistakable in the Alsop House (1838–40) in Wesleyan, Connecticut, often attributed to the architect Ithiel Town, but this is a rare case of unadulterated influence. By the mid-1850s – when American architect Henry van Brunt noted the wide-spread influence of German architectural periodicals on American architectural design – the volumes of those two great compendia of the new asymmetrical compositional modes and abstraction of vernacular detail perfected in Berlin-Potsdam, the *Architektonisches Album* (1840–62), and most particularly the *Architektonisches Skizzenbuch* (1852–66), were widely consulted in fashionable New York architectural offices. Copies of these, and of the *Entwürfe zu Kirchen, Pfarr- und Schulbauten*, which was to have a noted influence on American Protestant church design, were to be found not only in the Astor Library in New York but as standard sources in some of the most prominent New York offices – including those of P. B. Wight, Edward T. Potter, and probably Russell Sturgis. (Landau 1983, p. 273.) The Schinkel-Persius-Stüler tradition was an undeniable ingredient in the picturesque massing and casual spatial planning associated with the development of American resort architecture, notably in the early Newport villas of Richard Morris Hunt and his followers, a development long seen as the essential starting point for the exploration of new planning and compositional techniques in the early work of Frank Lloyd Wright.

The transformation of the Schinkel tradition from compositional source to a polemical stance for authenticity in expression and for transcending historical imagery was also promoted in America, even before it became a veritable leitmotif of the Reform generation in German modernism around the turn of the century. It was above all in Chicago not only a cradle of American modern architecture, but also one of the most Germanically-stamped cultures in 19th-century America, that Schinkel's legacy actually became a part of the local professional discussion. Only four years after Stüler's death, the German émigré Frederick Baumann (1826–1921), who from his arrival in Chicago in 1850 was a great contributor to the technical innovations that led to the development of the high-rise skyscraper (notably independent footings which could be traced back at least to Schinkel's Altes Museum as a Prussian solution to building on sandy soil), began to celebrate actively the legacy of Schinkel's search for tectonic purity as a guiding force in the forging of an architectural present. In 1869 Baumann published an abridged translation of Friedrich Adler's »Schinkelfestrede« of the same year, the first of several texts that would appear in Chicago's architectural periodicals celebrating Schinkel as a precursor of modern architecture, indeed as the inventor of the architectural sobriety and matter-of-factness that could embody the pragmatic spirit of business building to prevail in the development of Chicago's downtown. Adler had pointed especially to the freedom from historical reference of Schinkel's Bauakademie and admired its »chaste severity, sober beauty ... And engaging originality« which made it resemble »a seed which promises further organic development«. (Adler 1869, p. 199.) Anticipating by nearly two decades the theme that Muthesius would develop, Adler and by adoption Baumann coined the notion of Schinkel as the forerunner of honest and »sachlich« building equipped to deal with the realities of materials and of modern spatial needs with little sense of nostalgia for the revival of historical style.

The opening years of the 20th century in Germany were marked by an intense renewal of interest in Schinkel's architecture, spearheaded by a faith that by renewing with the last glowing moment of Prussian classicism, the path towards a genuine cultural expression for modern Germany might be illuminated. Perhaps no one voiced as clearly the sense in which Schinkel was thought to open the path for an escape from historicist culture than Adolf Loos, who in 1910 said of Schinkel: »We have forgotten him, may the light of this stellar figure also fall upon the coming generation of our architects.« (Loos 1992, p. 317.) Perhaps this was true in Loos's Vienna, but, as the critic Paul Westheim noted in a 1913 key article, »Schinkel und die Gegenwart«, there had scarcely been a moment in the German capital in which Schinkel had fallen from prominence. The danger, Westheim felt, was not that architects had forgotten Schinkel but that his memory had been defamed in pastiche: »But is it more than architectonic mannerism what is exhibited on Berlin's streets as the latest fashion under the label ›Schinkel‹? (Westheim 1913, p. B 83.)«, he quipped.

By 1913 Westheim joined a chorus of voices, voices moreover that spanned the ideological divisions of the current debates. A whole generation, inspired by the joint calls of Friedrich Nietzsche's attack on historicism and of the continued enthusiasm for Julius Langbehn's 1890 *Rembrandt als Erzieher* looked to Schinkel as part of what Paul Mebe's in 1908 labeled »Architecture and handicraft in the last century of its natural development«. Mebes's *Um 1800* published for the first time in 1908, but reissued several times by 1925, was a major vehicle. Mebes's aim was to turn the spotlight on the anonymous architecture of the last turn-of-the-century as an anchor in the confusing storm of current debate in order to confront what he characterizes as a crisis of authenticity in modernizing bourgeois culture. For him it was sufficient to stroll through any of the new districts of German cities to realize the full urgency of the crisis, which was not limited to the total loss of meaning in architectural expression but also of a whole culture of know-how which is as much the heritage of a culture as it's monuments. For Mebes, as for Muthesius, one of the great dangers of the acceleration of the industrial revolution was the capacity to imitate styles without understanding the constructional systems and the societal values that were inherent to their forms. The solution is for architects to renew with the broken tradition of architecture at the very beginning of the 19th century. For the most part this is embodied in unpretentious vernacular buildings, but Schinkel's is virtually the only name that Mebes allows into the compendium of over several hundred exemplars of a sensibility of no clear and unpretentious »bürgerlich« building of the late 18th and early 19th century. By 1918, when he published a second expanded edition, Mebes had coupled with Walter Curt Behrendt, who would emerge as one of the great protagonists of Bauhaus modernism in the 1920s. Behrendt noted that the generalizing interest in neo-Classicism is poised to become a new sort of »international style« to such an extent that »there must be something on the spiritual plane which unites contemporary architecture with that of the period around 1800 to such an extent that we find there a natural departure point for confronting the challenges of our modern world«. (Mebes 1918.)

No one fulfilled this program more fully before World War I than Peter Behrens, in whose Neu-Babelsberg studio Ludwig Mies, Charles Edouard Jeanneret (the future Le Corbusier), and Walter Gropius all briefly worked in the years between 1908 and 1912. Even before Behrens had left Düsseldorf for Berlin in 1907 to accept the famous commission to redesign the buildings, products, and corporate image of the German AEG, the art critic Julius Meier-Graefe, a booster, celebrated Behren's underlying classicism and wished it could be generalized to sponsor a wider renewal of architecture. »Would it not be possible to build such that nothing of the form, but only the cool spirit of the Greeks, so worthy of devotion, would arise?« (Anderson, 2001, p. 118.) Fritz Schumacher, who had published a crucial essay on tradition and innovation in 1901, recalled years later a visit to Behrens in Neu-Babelsberg and noted that Behrens had taken him to see »his beloved small Schinkel buildings.« (Schumacher 1944, p. 22, cited in Anderson 2001, p. 116.) The pinnacle of Behren's engagement with the Berlin classical tradition, and indeed the highpoint of the critical celebration of Schinkel in Berlin architectural circles in general, came in 1911/12. In that year Behrens had simultaneously under construction two major buildings whose formal and spatial qualities relate directly to the idea of emulating Schinkel as a method of inventing an architectural language within a tradition rather than in any direct imitation of a whole or part of one of Schinkel's designs. In both the Wiegand house in Berlin-Dahlem and the Mannesmann administration building in Düsseldorf, Behrens looked to Schinkel's quest for a new abstracted and elemental ordering system, related to the orders but free of any literal classicism. In the Wiegand house Schinkel's monumental quest for an elemental ordering with the tartan like interweaving of interior and exterior spaces, of house and garden, that Schinkel and Persius had achieved at the Court Gardener's House at Schloß Charlottenhof at Sanssouci (1829–33). As early as 1861 Stüler had celebrated Charlottenhof as »the most original project that has ever been devised, in the spirit of the past times from the standpoint of present-day architecture«. (Stüler 1861, p. 19.) In a review of the Wiegand house in the influential *Innendekoration*, the architectural critic Robert Breuer saw Behrens as poised between the past and future of architecture, at once a »seer of form« and »the fulfillment of Schinkel.« (Breuer 1913, cited in Anderson 2001, p. 119.) As the buildings were nearing completion the first monograph on Schinkel since the 19th century was published by the great Berlin publisher Wasmuth, signed by Fritz Stahl, the newly adopted pseudonym of the critic Siegfried Lilienthal: »This text is the result of a conviction that Karl Friedrich Schinkel is the up and coming man of our architecture, and that for architects there is no more pressing matter than to know him and his works well. The renown and influence that he enjoyed in his lifetime, and even fifty years after his death, are nothing in comparison to the renown and influence that he is going to have. Like all geniuses he was a century ahead of his time. Those who lived with him and immediately after him could only really comprehend a part of him. Before we can grasp his whole being to its very essence we still have a lot to learn. Anyone who knows how late it was that Germans were ready for Goethe will not be surprised that we are only now ready for Schinkel.« (Stahl, 1911, p.3.) In 1927 Behrens himself, giving that year's »Schinkelfestrede« under the title »Zum Problem der technischen und tektonischen Beziehungen«, spoke in admiration of Le Corbusier before concluding that »in this a modern spirit speaks that commits itself to idealism, and in this we are returned to the man who sought beauty and founded Sachlichkeit, Carl Friedrich Schinkel«. (Posener 1981, p. 290.)

Although Mies had followed this program to the letter in such pre-war buildings as the Perls house of 1911 in Zehlendorf, so unmistakably indebted to the royal pavilion at Charlottenburg, Mies nonetheless went unnoticed in the summary of the Schinkel revival offered by Paul Westheim in 1913 in which he had called for architect's to penetrate to the essence of Schinkel's sense of from rather than the outward traces of his style. Fourteen years later, in an article devoted to Mies van der Rohe, the first survey ever published of the emerging avantgarde architect's work, Westheim returned to the subject of Schinkel's persistent influence in a much-changed Berlin architectural scene. Although by then Mies had radically restyled both himself and in his architecture by 1927, when he was concluding work as director of the Weissenhof housing exhibition at Stuttgart, Westheim returned to Mies's arrival in Berlin in 1905 – the Berlin of the Schinkel revival – to explore and to argue that while »Mies ... has nothing left of a so-called Schinkel style«, he was nonetheless »one of the most gifted, because one of the most primordial of Schinkel pupils« (Westheim 1927, p. 57) precisely because he fulfilled what Westheim had already called for in 1913, not a pastiche of Schinkel's formal repertoire but rather an engagement with Schinkel's »astounding feeling for masses, relationships, rhythms and fitness to form«. (Westheim 1927, p. 53.) In 1927 Westheim picked up with this analysis: »Mies, who drew close to Schinkel and at first, as usual, worked through him with a certain formal language discovered for himself behind the classical Schinkel, the other Schinkel, who was an eminently objective (*sachlich*) architect. That is what makes Schinkel's Altes Museum such an excellent museum building and what makes the Nationalgalerie of a so-called Schinkel pupil, for whom style and not substance was decisive, such a hopeless botch-job of a museum building.« (Westheim 1927, p. 56.)

If in *Stilarchitektur* Muthesius had called Schinkel »the last great, comprehensive genius that architecture has produced«, he was quick to add that it stopped there: »After Schinkel's death his students Persius, Stüler and Strack practiced in his manner, obviously without attaining the genius of the master.« (Anderson 1994, p. 55, after Muthesius 1902, p. 16.) While conservative critics such as Fritz Stahl and Arthur Moeller van den Broek elevated Potsdam to the veritable status of a cult site for a unified German national culture, they saw no need to look beyond Schinkel's masterpieces for standards. All this changed quite suddenly in the mid 1920s. Sketched, measured, photographed, analyzed, and interpreted, Persius's work came to fascinate a spectrum of architects, critics, and historians. In 1922 Prussian Oberhofbaurat Albert Geyer called for a greater understanding of the role of Persius in the extraordinary work of art that was Potsdam in a multi-part study on Friedrich Wilhelm IV as architect. But the spotlight was focused primarily on the architect rather than the royal patron for the first time only in the summer 1925 exhibition of Persius's drawings at the Architekturmuseum of the Technische Hochschule in Charlottenburg, a museum which had by that time for generations offered a permanent exhibition of Schinkel. The reception of the Persius exhibition points to the role Persius's reception would have in two interlocked and emerging debates: the ongoing debates of the architectural avant-gardes with their claims for abstraction and organic development of a building form from the necessities of program, and the

art-historical debate over the concept of »romantic classicism«.

While the 1925 exhibition put Persius's name in the specialized press for a season, the next celebrations of his work came from two young Anglophone critics, both of whom were to proclaim Persius as the missing link in the developmental history of modern architecture and as a vital signpost for the path to follow in the coming years. The Englishman Peter Fleetwood-Hesketh and the American Henry-Russell Hitchcock both claimed in influential articles to have discovered Persius as a forgotten source of modern abstraction in architecture. The discovery was not quite so complete as Fleetwood-Hesketh later claimed, for earlier in the summer of 1927, on his voyage of discovery to Prussia, the young English architecture student had attended one of Geyer's lectures on Friedrich Wilhelm IV. But Fleetwood-Hesketh shifted the focus from the crown to the artist, identifying perhaps also with the dilemma of how a gifted pupil makes his way out from under the shadow of his master. Back in London, he and his brother Roger published two extensively illustrated articles in *The Architects' Journal* on »Ludwig Persius of Potsdam,« in which they describe Persius as the veritable prototype for a free and picturesque eclecticism of genius as the path to modern invention: »It is always easy to distinguish his buildings from those of his master. He looked upon his art in quite a different light. He had none of the reforming neo-Grec spirit which displays itself in so much of Schinkel's later work. His buildings were usually made up of fragments of every known style. Yet his complete lack of historical scruple must prevent him from being called a revivalist. It was no doubt an advantage to him to have been born in a revivalist age because it meant so many more styles to choose from but there the matter ended. With him any shape went in beside any other shape, without regard for the historical origin of either, so long as the composition was thereby improved. His outlook was that of a landscape painter.« (Fleetwood-Hesketh 1928, p. 80.)

Hitchcock discovered Persius during extensive European travels in the late 1920s after his graduation from Harvard. In the text of his ambitious youthful attempt to make sense of the historical roots of modernism: *Modern Architecture: Romanticism and Reintegration* of 1929, Potsdam architecture as a whole is seen as a forerunner of what Hitchcock dubbed the »new tradition« – Berlage, Behrens, and van de Velde – in a famous and influential distinction with the »new pioneers«, the work of Le Corbusier, Gropius, Mies van der Rohe, and J. J. P. Oud in the Netherlands. By the time Hitchcock returned to Potsdam in summer 1930 with the young Philip Johnson, Hitchcock had realigned Persius with the new pioneers. In a 1931 article on »The romantic architecture of Potsdam«, he wrote: »For the charm of Persius's work was its delicacy, the restraint in the use of detail and the crystalline clarity of its linear design. He carried over in the asymmetrical, eclectic and informal manner of the ›Italian Villa‹ all the perfection of the Greek Revival at its best, which often seems to fore-shadow in spirit the work in a wholly different style of Mies van der Rohe, one of the great German modernists of our own day.« (Hitchcock 1931, p. 46.) The famous principles of the so-called International Style – volume versus mass, color rather than applied decoration, and regularity rather than symmetrical composition – are all anticipated in Hitchcock's descriptions of Persius's buildings. And just one year later Persius found his way into the text of Hitchcock and Johnson's seminal *The International Style*, again aligned with Mies's evolution: »Mies van der Rohe advanced toward the new style less rapidly at first than Gropius«, they noted. »Before the War he had simplified, clarified, and lightened the domestic style of Behrens to the point that suggests conscious inspiration from Schinkel and Persius.« (Hitchcock and Johnson 1932, p. 32.)

By this time it was clear that Hitchcock saw himself as taking up the whole problem of the transition from the Baroque to the modern age, a problematic that led him and Johnson to seek out Sigfried Giedion during their travels in 1930. But if anything accounts for the new importance of Persius in his historical thinking it was the polemical argument embedded in the newly printed guidebook to romantic Potsdam, Georg Poensgen's *Die Bauten Friedrich Wilhelms IV. in Potsdam*, which served as Hitchcock and Johnson's guide that summer. Nowhere was to be found more succinctly the argument that the urgent task was to reconnect with the unfinished project of romanticism, the project of the generation after Schinkel, which had been nipped in the bud by the rampant eclecticism of the late 19th century: »And even though the expressive forms of individual types of art of that period are pervasively the foundations of contemporary art and reign over its clarity, today's superficial observer has a tendency to notice and fault the lack of independence and non-objectiveness (*Unsachlichkeit*) of the romantics, rather than recognizing the wholesome effects of its multi-faceted efforts. The spiritless and tasteless works of the period of unification (*Gründerzeit*) brought earlier artistic accomplishments along with them into a negative spotlight and caused these earlier accomplishments to be forgotten. The essence of art in the first half of the 19th century was above all the fulfillment of the new tasks that it took on, and the logical ways in which it worked through them.« (Poensgen, 1930, preface.) Poensgen situated a fundamental threshold in the whole attitude toward space and composition in Schinkel and particularly in Persius's designs for the Court Gardener's House and Roman Baths complex at Charlottenhof. »While Schinkel had been the teacher and the path breaker, around 1840 this was already getting to be a bit out-dated, and Persius began, with his patron, to follow a new direction ...« (Poensgen 1930, S. 8.) The argument was extended a year later in the great »Ausstellung klassizistischer Baukunst« (Exhibition of neoclassical architecture) organized by the Nationalgalerie for the 150th anniversary of Schinkel's death. There Poensgen reminded his contemporaries of the relevance of Persius to contemporary dilemmas in architecture. »The buildings of Persius, today almost totally unknown, can no longer be subsumed under a single label like neo-Classicism; they have no direct prototype ... The objective is always in the foreground and the architect only makes ... concessions to the period's romantic tastes when he had absolutely to work with the local setting and with technical necessities ... After Persius's death everything collapsed into the eclecticism and the tasteless barbarity of the years around German unification.« (Poensgen 1931, pp. 43/44.)

Within a few years however Schinkel and Persius would be coopted by the National Socialists. From Carl von Lorck's monograph in the series *Kunstbücher des Volkes* in 1939 to the articles that began to appear later that year in the glossy *Kunst im Dritten Reich* on Gilly

and Schinkel, these complete with photographs of the newly completed models of Schinkel's major works executed under Albert Speer's direction, the whole discourse of the reform movement's discovery of Schinkel as a guarantor of authenticity and a connection to place and a cultural tradition interrupted was redirected by Nazi propagandists. The art historian Josef Schmid culminated this trend in the most lavish monograph on Schinkel to date, *Karl Friedrich Schinkel. Der Vorläufer neuer deutscher Baugesinnung*, published in Leipzig in 1943. »Only one hundred years after Schinkel, after a long period of stylelessness and often desolate loss of a genuine artistic spirit, the German people have once again been sent a great building master: Adolf Hitler.« (Schmid 1943, n. p.)

But despite the Nazi cooption of Schinkel and Persius, their legacy continued to be developed in America throughout the 1930s and 1940s, in the work of German émigrés, including Mies van der Rohe in building, and perhaps none with greater originality than Walter Curt Behrendt. In the winter of 1934 Behrendt delivered a series of lectures at Dartmouth College, where he found refuge from his aborted career in Berlin as an interpreter of the modern cause. In seeking the roots of modernism he returned once again to the 19th century, and he outlined there a series of individuals who had been able to see clearly to the greatest challenges that faced emerging modernity in formulating its own architecture. Persius was one of those who led the way in responding frankly to new programmatic needs. Behrendt's Persius is not only the father of the whole tradition of organic spatial planning but the godfather of Frank Lloyd Wright: »The first break with the classical ideal, as yet of exclusive authority and carefully guarded, was made by ... Persius ... He rejected the excessive passion for symmetry ... This he did not for esthetic reasons, but because that passion, he said, restricted freedom in developing a useful and comfortable interior ... He starts from the use each room has to serve, and he steadfastly tries to adapt the form and height of the room to its specific function. He keeps to the principle of free grouping, in order to arrange the rooms according to their inner relationship. His plans are designed to provide the most favorable exposure to the sun, and to open to the rooms both the near prospect of the garden and the distant view of the surrounding landscape. ... The buildings clinging to the topographical contour of the site, are developed in intimate contact with the soil ... with their serene grace, there are already anticipated some of the ideas which much later, grown to full maturity, were realized in the work of Frank Lloyd Wright.« (Behrendt 1937, pp. 43/ 44.) Wright's early Prairie period, made famous by its 1911 publication by Wasmuth, is seen now practically as a maturation of a project cut short in 1845 with Persius's premature death in Potsdam.

In the great celebration of the 19th century as the apotheosis of the rise of German culture and art in Otto Geyer's great frieze that adorns the stairhall of one of Stüler's last projects, the Nationalgalerie (designed with Strack), this equal status would not be long shared in the critical fortune of the historiography of Prussian 19th-century architecture. Stüler would never enjoy the elevation to a forerunner of modernity that kept Schinkel's and Persius's names ever refreshed as points of origin and new departure. (Wullen 2002, p. 36.) And this despite the fact that in many of his buildings – the Neues Museum in particular – he took technical innovation with

new materials and vaulting types to greater lengths that had ever been explored by Schinkel, and in countless churches explored the conviction held by many after 1830 that the stylistic amalgam of the *Rundbogenstil* might point to a modern architecture for the 19th century that transcended historical imitation.

At the time of his death in 1865 Stüler was at the height of his powers, and his death was seen as the end of an era in Berlin architecture, »What now?«, asked the editor of the *Zeitschrift für Bauwesen*. But by the time the press returned to the question of Stüler again, 35 years later in celebrating the 100th anniversary of his birth, nearly all agreed that his fall from his favor and estimation was every bit as remarkable as the nearly perennial favor accorded Schinkel. »In art historical writings his creative activity is usually dismissed in a few lines, and in juxtaposition with Schinkel he is classed as a weak epigone«, noted K. E. O. Fritsch in a speech before the very Architekten-Verein of which Stüler had been a founding member. (Fritsch, 1900, p. 58–60.) In a defensive tone Fritsch sought out the creative virtues of many of Stüler's creations, but argued – like many others – that his considerable talent had largely been diminished by an over willingness to concede to his patron, Friedrich Wilhelm IV. This was the view that the influential American architectural historian Hitchcock adopted as early as 1928, when paraphrasing Muthesius he noted that Stüler, whom he inaccurately calls a pupil of Schinkel, had »little of the genius of his master« (Hitchcock 1928, p. 38); as late as 1958, by which time the interiors of the Neues Museum were inaccessible, Hitchcock judged it's exterior sobriety as proof of »the rapid deterioration of rationalist Grecians standards, which followed within decades (of Schinkel's career) in the hands of Schinkel's ablest pupils, is to be noted in the Neues Museum.« (Hitchcock 1958, p. 61.) This was a view once again grounded in the evaluation of Georg Poensgen, who had given an equivocating evaluation of Stüler: »When then Persius died much too young, in 1845, August Stüler, another Schinkel pupil, stepped in to take his place. But he, in contrast to Persius, was never able to liberate himself from the prototypes of their common teacher and his activity was unfortunately limited to the tasteful completion of the projects he had left behind. He survived the king by a few years, and with his death (1865) an epoch in European architecture came to an end ...« (Poensgen 1930, p. 8.)

But a fascinating reversal of fortunes is to be observed in the evolution of the critic Karl Scheffler's comments on Stüler. In a 1907 article on Behrens in *Die Zukunft*, Scheffler noted that Behrens's way of working returned directly to the last great period of architecture, »to the time of Schinkel, Strack and Stüler.« (Cited in Anderson 2001, p. 116.) Again writing of Behrens, in his 1913 *Die Architektur der Großstadt* Scheffler noted that anyone who traveled to Berlin 50 years prior would speak of the great monumental buildings: Brandenburg Gate, Schauspielhaus or Museum am Lustgarten, today friends of modern »Baukunst« would look rather to Berlin's »Nutzbauten«: including Messels Warenhaus and Behren's work for the AEG. This change of interest announced the change in interests of the time: »It isn't that Messel and Behrens possessed a completely different type of architectural talent than Gentz, Langhans, Schinkel, Stüler or Wäsemann. On the contrary, both architects and their whole ethos are in fact carriers of tradition, they belong to the most legitimate descendants of that early talent of the Berlin school of architecture.« (Scheffler 1913, p. 128/129.) But then in 1939, perhaps in reaction to the polemical adoption of Schinkel and his pupils by the Nazis, Scheffler sharply rebukes Schinkel and his pupils for allowing architecture to culminate in grandiose and ungrounded fantasies: »The architects of classical periods were always anxious to follow the examples set by the great originals of their time and of the general stylistic trends; the modern architect began to repeat historical building forms without grasping their inner necessity and gave himself only the challenge of doing it in such a way that he alone could never be original. If building commissions were lacking, his talent would remain alive at te drafting board, in the studio, or on paper. An arbitrary, ingenious and playful architecture came into being. It had already begun with Friedrich Gilly and Schinkel. City plans or metropolitan enhacements of gigantic scale were contrived along with architecture of fantasy that were pure wishful dreams.« (Scheffler, 1939, p. 110) In that same year Speer unveiled for Hitler's 50th birthday on 20 April 1939 the model of the great triumphal arch, the so-called Bauwerk T. That monumental project slated one of Stüler's numerous church designs for demolition, the St. Matthäuskirche in the Tiergarten district, which stood squarely in the way of the great axis planned by Speer. No one arose in it's favor, although in 1943 one of Stüler's descendants wrote a celebration of Stüler in the Nazi's luxurious art magazine *Kunst im Deutschen Reich* (Müller-Stüler 1943).

Although St. Matthäus's parish house was taken down already in 1939, the church remained standing as the war effort delayed further progress of Speer and Hitler's building plans. Burned to a shell in the final days of the war, the church was rebuilt – on the cultivated mistaken impression that it was a Schinkel building, according to Eva Börsch-Supan (Börsch-Supan 1997, p. 532) – by the architects Jürgen Emmerich and H. Patek between 1956 and 1960. With the construction but a few year's later of Mies van der Rohe's Neue Nationalgalerie, a first component of a planned Kulturforum that would transfer the dense Tiergarten quarter at Berlin's center into a modernist landscape of monuments on the periphery of West Berlin, Stüler's rebuilt church become one of the iconic images of a Berlin reemerging from the ashes. Mies himself chose the site, and although his temple atop a podium has long been celebrated as a piece of autonomous architecture, Mies went to great plans to align the gridded geometries of his new temple with the primary axes of the newly rebuilt 19th-century church, one of the most severely abstract of Stüler's church designs. From the museum's completion in the late 1960s one of the most famous photographic views juxtaposes the glazed wall and free-standing double T-beam steel column of Mies's building with survival of the 19th-century texture of Berlin embodied in Stüler's newly rebuilt church. Although this famous photograph appeared on the cover of the issue of *Bauwelt* celebrating the completion of Mies's first and only postwar building in Berlin in 1968, the name of Stüler once again took backstage to that of Schinkel. Echoing Mies's own assertion in 1961 that one could learn everything there was to know about architecture from the study of Schinkel's Altes Museum, Ulrich Conrads concluded his review, in which he acknowledged the reference point to the central axis of Stüler's church with the comment: »I know of no building that is calmer, more clarified, more

buoyant, as this one. It is Mies van der Rohe's most decisive step arm in arm with Schinkel.« (Conrads 1968, p. 1210.) *Bauwelt*'s editors juxtaposed their full analysis of the building with a quote from Schinkel's late publication of Orianda, to substantiate the fact that Mies's aesthetic and daring had been prepared by Schinkel's work which transcended historicism, in a way few were willing to grant Stüler: »The middle of the royal court is filled by a substructure above the platform of which there rises a great temple form nearly transparent through its use of huge sheets of plate glass. This temple, as the crowning of the entire structure, in order to break up te simple lines of Greek architecture by picturesque means, remains completely essential.« (*Bauwelt*, 16 September 1968, p. 3.)

While Stüler's buildings have stood at the very crossroads of recent German history, from the tower of St. Matthäus at the heart of the Kulturforum to the centrality of the Neues Museum to projects for the development of the Museumsinsel as both a UNESCO world-heritage site and a centerpiece of reunified Berlin's cultural politics, his name has never been coded in the ideologically charged ways that both Schinkel and Persius have by architectural modernism. Ironically enough since his entire career was devoted to pushing further the very questions that Schinkel had posed about the possibilities of architecture to go beyond historical reference to engage with the trajectories of historical development, in his *Rundbogenstil* buildings, as well as with Schinkel's insistence that new forms would develop from the attention to the possibilities of iron and new materials – such as terra cotta – as integral parts of an evolving architectural language.

1.1. Alt Tellin, Schloß Broock, 1840–50. Vorderseite von Südosten. 3. Juni 2004.
1.2. Alt Tellin, Schloß Broock, 1840–50. Eingangshalle. 3. Juni 2004.

1.1. Alt Tellin, Schloß Broock, 1840–50. Front side from the south-east. 3 June 2004.
1.2. Alt Tellin, Schloß Broock, 1840–50. Entrance hall. 3 June 2004.

2.1. Altenburg, (Thüringen), ehemaliger herzoglicher Marstall, 1846–51. Westflügel von Südwesten. 2. Juni 2005.
2.2. Altenburg, (Thüringen), ehemaliger herzoglicher Marstall, 1846–51. Mittelrisalit des Westflügels. 2. Juni 2005.

2.1. Altenburg, (Thuringia), former ducal stables, 1846–51. West wing from the south-west. 2 June 2005.
2.2. Altenburg, (Thuringia), former ducal stables, 1846–51. Central protruding section of the west wing. 2 June 2005.

3.1. Arendsee, Schloß, 1839–43. Mittelrisalit auf der Rückseite. 2. Juni 2004.

3.1. Arendsee, Schloß, 1839–43. Central protruding section on the backside. 2 June 2004.

3.2. Arendsee, Schloß,
1839–43. Oktogonaler
Eckbau von Nordosten.
2. Juni 2004.

3.2. Arendsee, Schloß,
1839–43. Octagonal corner
building from the north-
east. 2 June 2004.

4.1. Bad Oeynhausen, kath. Kirche St. Peter und Paul, 1871–74. Chor. 9. Aug. 2004.
4.2. Bad Oeynhausen, kath. Kirche St. Peter und Paul, 1871–74. Gewölbe der Vierung. 9. Aug. 2004.

4.1. Bad Oeynhausen, Cath. church of St. Peter und Paul, 1871–74. Choir. 9 Aug 2004.
4.2. Bad Oeynhausen, Cath. church of St. Peter und Paul, 1871–74. Vault of the crossing. 9 Aug 2004.

5.1. Barth, ev. Marienkirche, 1856–63. Ziborium. 4. Juni 2004.
5.2. Barth, ev. Marienkirche, 1856–63. Nordwand des Altarraums. 4. Juni 2004.

5.1. Barth, Prot. Marienkirche, 1856–63. Ciborium. 4 June 2004.
5.2. Barth, Prot. Marienkirche, 1856–63. Northern wall of the chancel. 4 June 2004.

6.2. Basedow, Marstall, 1835. Das Hahnsche Wappen an der Hauptfassade. 3. Juni 2004.
7.1. Berlin-Charlottenburg, Schildhorn, Schildhornsäule. 1841–44. 27. Juli 2005.

6.2. Basedow, court stables, 1835. The Hahn (»cock«) heraldic figure on the main façade. 3 June 2004.
7.1. Berlin-Charlottenburg, Schildhorn, Schildhornsäule. 1841–44. 27 July 2005.

8.1. Berlin-Charlottenburg, Spandauer Damm, Ecke Schloßstraße, ehemalige Garde-du-Corps-Kasernen, 1851–59. Westlicher Stülerbau von Norden. 21. Juli 2003.
8.2. Berlin-Charlottenburg, Spandauer Damm Ecke Schloßstraße, ehemalige Garde-du-Corps-Kasernen, 1851–59. Kuppel des westlichen Stülerbaus. 21. Juli 2003.

8.1. Berlin-Charlottenburg, Spandauer Damm / Schloßstraße junction, former Garde-du-Corps-Kasernen, 1851–59. Western Stüler building from the north. 21 July 2003.
8.2. Berlin-Charlottenburg, Spandauer Damm / Schloßstraße junction, former Garde-du-Corps-Kasernen, 1851–59. Cupola of the western Stüler building. 21 July 2003.

9.1. Berlin-Kreuzberg, Oranienstraße 132–134, ev. St.-Jacobi-Kirche, 1844/45. Atrium, Schul- und Pfarrhaus von Nordosten. 14. Nov. 2005.
9.2. Berlin-Kreuzberg, Oranienstraße 132–134, ev. St.-Jacobi-Kirche, 1844/45. Apsiden. 15. März 2004.

9.1. Berlin-Kreuzberg, Oranienstraße 132–134, Prot. St.-Jacobi-Kirche, 1844/45. Atrium, school and parsonage from the north-east. 14 Nov. 2005.
9.2. Berlin-Kreuzberg, Oranienstraße 132–134, Prot. St.-Jacobi-Kirche, 1844/45. Apses. 15 March 2004.

10.1. Berlin-Marzahn, Alt Marzahn, ev. Dorfkirche, 1870/71. Ansicht von Südwesten. 17. März 2004.
10.2. Berlin-Marzahn, Alt Marzahn, ev. Dorfkirche, 1870/71. Ansicht von Südosten. 17. März 2004.

10.1. Berlin-Marzahn, Alt Marzahn, Prot. village church, 1870/71. View from the south-west. 17 March 2004.
10.2. Berlin-Marzahn, Alt Marzahn, Prot. village church, 1870/71. View from the south-west. 17 March 2004.

51

10.3. Berlin-Marzahn, Alt Marzahn, ev. Dorfkirche, 1870/71. Blick zum Altar. 17. März 2004.
10.4. Berlin-Marzahn, Alt Marzahn, ev. Dorfkirche, 1870/71. Blick zur Orgel. 17. März 2004.

10.3. Berlin-Marzahn, Alt Marzahn, Prot. village church, 1870/71. View towards the altar. 17 March 2004.
10.4. Berlin-Marzahn, Alt Marzahn, Prot. village church, 1870/71. View towards the organ. 17 March 2004.

11.1. Berlin-Mitte, Am
Lustgarten, Altes Muse-
um, Prunktüre, 1841–59.
22. März 2004.

11.1. Berlin-Mitte, Am
Lustgarten, Altes Muse-
um, grand door, 1841–59.
22 March 2004.

11.2. Berlin-Mitte, Am Lustgarten, Altes Museum, Prunktüre, 1841–59. Linkes Mittelfeld. Genius der Bildhauerei. 22. März 2004.
11.3. Berlin-Mitte, Am Lustgarten, Altes Museum, Prunktüre, 1841–59. Rechtes Mittelfeld. Genius der Malerei. 22. März 2004.

11.2. Berlin-Mitte, Am Lustgarten, Altes Museum, grand door, 1841–59. Central part to the left. Genius of the sculpture. 22 March 2004.
11.3. Berlin-Mitte, Am Lustgarten, Altes Museum, grand door, 1841–59. Central part to the right. Genius of painting. 22 March 2004.

11.4. Berlin-Mitte, Am Lustgarten, Altes Museum, Prunktüre, 1841–59. Unteres rechtes Türfeld. Muse mit Lyra und Genius des Lebens. 22. März 2004.

11.4. Berlin-Mitte, Am Lustgarten, Altes Museum, grand door, 1841–59. Lower part to the right. Muse with lyre and genius of live. 22 March 2004.

11.5. Berlin-Mitte, Am Lustgarten, Altes Museum, Prunktüre, 1841–59. Oberes linkes Türfeld. Drei Grazien. 22. März 2004.

11.5. Berlin-Mitte, Am Lustgarten, Altes Museum, grand door, 1841–59. Upper part to the left. Three graces. 22 March 2004.

12.1. Berlin-Mitte, Bodestraße 3, Alte Nationalgalerie, 1867–76. Vom Kopf der Friedrichbrücke aus gesehen. 18. März 2002.
12.2. Berlin-Mitte, Bodestraße 3, Alte Nationalgalerie, 1867–76. Südwestfassade und Treppenanlage. 18. März 2002.

12.1. Berlin-Mitte, Bodestraße 3, Alte Nationalgalerie, 1867–76. View from the bridgehead of the Friedrichbrücke. 18 March 2002.
12.2. Berlin-Mitte, Bodestraße 3, Alte Nationalgalerie, 1867–76. South-west façade and stairs. 18 March 2002.

12.3. Berlin-Mitte, Bodestraße 3, Alte Nationalgalerie, 1867–76. Frontfassade und Reiterstandbild von Friedrich Wilhelm IV. 26. April 2004.
12.4. Berlin-Mitte, Bodestraße 3, Alte Nationalgalerie, 1867–76. Rückseite mit Exedra. 26. April 2004.

12.3. Berlin-Mitte, Bodestraße 3, Alte Nationalgalerie, 1867–76. Front façade and equestrian statue of Friedrich Wilhelm IV.. 26 April 2004.
12.4. Berlin-Mitte, Bodestraße 3, Alte Nationalgalerie, 1867–76. Backside with exedra. 26 April 2004.

13.1. Berlin-Mitte, Bode-straße 4, Neues Museum, 1843–46, 1855, 1865. Mittelrisalit von Nordosten. 15. Nov. 2004.

13.1. Berlin-Mitte, Bode-straße 4, Neues Museum, 1843–46, 1855, 1865. Central protruding section from the north-east.15 Nov 2004.

13.2. Berlin-Mitte, Bode-
straße 4, Neues Museum,
1843–46, 1855, 1865.
Nördlicher Kuppelsaal.
8. Mai 2003.

13.2. Berlin-Mitte, Bode-
straße 4, Neues Museum,
1843–46, 1855, 1865.
Northern cupola hall. 8 May
2003.

13.3. Berlin-Mitte, Bodestraße 4, Neues Museum, 1843 bis 1846, 1855, 1865. Niobidensaal. 8. Mai 2003.
13.4, 13.5. Berlin-Mitte, Bodestraße 4, Neues Museum, 1843–46, 1855, 1865. Detailansichten des Niobidensaals. 8. Mai 2003.

13.3. Berlin-Mitte, Bodestraße 4, Neues Museum, 1843 bis 1846, 1855, 1865. Niobids hall. 8 May 2003.
13.4, 13.5. Berlin-Mitte, Bodestraße 4, Neues Museum, 1843–46, 1855, 1865. Detailed view of the Niobids hall. 8 May 2003.

13.6. Berlin-Mitte, Bodestraße 4, Neues Museum, 1843
bis 1846, 1855, 1865. Römischer Saal. 8. Mai 2003.
13.7. Berlin-Mitte, Bodestraße 4, Neues Museum, 1843
bis 1846, 1855, 1865. Mittelalterlicher Saal. 8. Mai 2003.
13.8. Berlin-Mitte, Bodestraße 4, Neues Museum, 1843
bis 1846, 1855, 1865. Flachkuppelsaal. 9. Mai 2003.

13.6. Berlin-Mitte, Bodestraße 4, Neues Museum, 1843
to 1846, 1855, 1865. Roman hall. 8 May 2003.
13.7. Berlin-Mitte, Bodestraße 4, Neues Museum, 1843
to 1846, 1855, 1865. Medieval hall. 8 May 2003.
13.8. Berlin-Mitte, Bodestraße 4, Neues Museum, 1843
to 1846, 1855, 1865. Hall with flat cupola. 9 May 2003.

13.9. Berlin-Mitte, Bodestraße 4, Neues Museum, 1843 bis 1846, 1855, 1865. Vestibül. 9. Mai 2003.
13.10. Berlin-Mitte, Bodestraße 4, Neues Museum, 1843 bis 1846, 1855, 1865. Treppenhalle. 8. Mai 2003.

13.9. Berlin-Mitte, Bodestraße 4, Neues Museum, 1843 to 1846, 1855, 1865. Vestibule. 9 May 2003.
13.10. Berlin-Mitte, Bodestraße 4, Neues Museum, 1843 to 1846, 1855, 1865. Staircase. 8 May 2003.

14.1. Berlin-Mitte, Chausseestraße 126, Dorotheenstädtischer Friedhof, Grabmale von Gottfried Wilhelm Stüler
und Philippine Stüler. 1843 und 1865. 8. Jan. 2005.
15.1. Berlin-Mitte, Chausseestraße 127, Friedhof I der
Französischen Reformierten Gemeinde, Grabmal von
Peter Ludwig Ravené, 1867 vollendet. 8. Jan. 2005.

14.1. Berlin-Mitte, Chausseestraße 126, Dorotheenstädti-
scher Friedhof, tombs of Gottfried Wilhelm Stüler and
Philippine Stüler. 1843 and 1865. 8 Jan. 2005.
15.1. Berlin-Mitte, Chausseestraße 127, Friedhof I der
Französischen Reformierten Gemeinde, tomb of Peter
Ludwig Ravené, accomplished in 1867. 8 Jan. 2005.

15.2. Berlin-Mitte, Chausseestraße 127, Friedhof I der Französischen Reformierten Gemeinde, Grabmal von Peter Ludwig Ravené, 1867 vollendet. Mohnkapseln. Bild des Schlafes und des Todes. 8. Jan. 2005.
15.3. Berlin-Mitte, Chausseestraße 127, Friedhof I der Französischen Reformierten Gemeinde, Grabmal von Peter Ludwig Ravené, 1867 vollendet. Zwei kniende Bronzeengel von Gustav Bläser. 8. Jan. 2005.
16.1. Berlin-Mitte, Koppenplatz, Denkmal für Christian Koppe, 1855. 10. Okt. 2004.

15.2. Berlin-Mitte, Chausseestraße 127, Friedhof I der Französischen Reformierten Gemeinde, tomb of Peter Ludwig Ravené, accomplished in 1867. Poppy heads, symbol of sleep and death. 8 Jan. 2005.
15.3. Berlin-Mitte, Chausseestraße 127, Friedhof I der Französischen Reformierten Gemeinde, tomb of Peter Ludwig Ravené, accomplished in 1867. Two kneeling angels of bronze by Gustav Bläser. 8 Jan. 2005.
16.1. Berlin-Mitte, Koppenplatz, monument to Christian Koppe, 1855. 10 Oct. 2004.

17.1. Berlin-Pankow, Breite Straße, ev. Dorfkirche, 1857 bis 1859. Mittelalterlicher Teil, Ansicht von Nordosten. 15. März 2004.
17.2. Berlin-Pankow, Breite Straße, Prot. village church, 1857–59. Westlicher Anbau. 15. März 2004.

17.1. Berlin-Pankow, Breite Straße, Prot. village church, 1857–59. Medieval part, view from the north-east. 15 March 2004.
17.2. Berlin-Pankow, Breite Straße, Prot. village church, 1857–59. Western extension. 15 March 2004.

17.3. Berlin-Pankow, Breite Straße, ev. Dorfkirche, 1857 bis 1859. Blick zum Chor. 15. März 2004.
17.4. Berlin-Pankow, Breite Straße, ev. Dorfkirche, 1857 bis 1859. Kanzel. 31. März 2004.

17.3. Berlin-Pankow, Breite Straße, Prot. village church, 1857–59. View towards the choir. 15 March 2004.
17.4. Berlin-Pankow, Breite Straße, Prot. village church, 1857–59. Pulpit. 31 March 2004.

18.1. Berlin-Schöneberg, Hauptstraße 46, Friedhof Alt Schöneberg, Grabmal von Wilhelm Stier. 1858–60. 21. Juli 2003.
19.1. Berlin-Tiergarten, Alt Moabit 25, ev. Kirche St. Johannis, 1851–57. Arkadenhalle. 17. März 2004.

18.1. Berlin-Schöneberg, Hauptstraße 46, Alt Schöneberg cemetery, tomb of Wilhelm Stier. 1858–60. 21 July 2003.
19.1. Berlin-Tiergarten, Alt Moabit 25, Prot. church of St. Johannis, 1851–57. Arcaded hall. 17 March 2004.

19.2. Berlin-Tiergarten, Alt Moabit 25, ev. Kirche St. Johannis, 1851–57. Arkadenhalle. 17. März 2004.
20.1. Berlin-Tiergarten, Matthäikirchplatz, ev. Kirche St. Matthäus, 1844–46. Ansicht von der Neuen Nationalgalerie. 21. Mai 2003.

19.2. Berlin-Tiergarten, Alt Moabit 25, Prot. church of St. Johannis, 1851–57. Arcaded hall. 17 March 2004.
20.1. Berlin-Tiergarten, Matthäikirchplatz, Prot. church of St. Matthäus, 1844–46. View from the Neue Nationalgalerie. 21 May 2003.

20.2. Berlin-Tiergarten, Matthäikirchplatz, ev. Kirche St. Matthäus, 1844 bis 1846. Die Apsiden von Südwesten. 21. Mai 2003.

20.2. Berlin-Tiergarten, Matthäikirchplatz, Prot. church of St. Matthäus, 1844–46. The apses from the south-west. 21 May 2003.

20.3. Berlin-Tiergarten, Matthäikirchplatz, ev. Kirche St. Matthäus, 1844 bis 1846. Blick von der Neuen Nationalgalerie auf den Turm. 21. Mai 2003.

20.3. Berlin-Tiergarten, Matthäikirchplatz, Prot. church of St. Matthäus, 1844–46. View of the tower from the Neue Nationalgalerie. 21 May 2003.

21.1. Berlin-Zehlendorf (Wannsee), ev. Kirche St. Peter und Paul auf Nikolskoe, 1834–37. Ansicht von Nordosten. 28. März 2003.

21.1. Berlin-Zehlendorf (Wannsee), Prot. church of St. Peter und Paul auf Nikolskoe, 1834–37. View from the north-east. 28 March 2003.

21.2. Berlin-Zehlendorf (Wannsee), ev. Kirche St. Peter und Paul auf Nikolskoe, 1834–37. Ansicht von Südosten. 28. März 2003.

21.2. Berlin-Zehlendorf (Wannsee), Prot. church of St. Peter und Paul auf Nikolskoe, 1834–37. View from the south-east. 28 March 2003.

21.3. Berlin-Zehlendorf (Wannsee), ev. Kirche St. Peter und Paul auf Nikolskoe, 1834–37. Turm und Kuppel von Süden aus gesehen. 3. Juli 2003.

21.3. Berlin-Zehlendorf (Wannsee), Prot. church of St. Peter und Paul auf Nikolskoe, 1834–37. Tower and cupola seen from the south-east. 3 July 2003.

21.4. Berlin-Zehlendorf (Wannsee), ev. Kirche St. Peter und Paul auf Nikolskoe, 1834–37. Detailansicht von Apsis und Chorwand von Süden. 3. Juli 2003.

21.4. Berlin-Zehlendorf (Wannsee), Prot. church of St. Peter und Paul auf Nikolskoe, 1834–37. Detailed view of apse and choir from the south. 3 July 2003.

21.5. Berlin-Zehlendorf (Wannsee), ev. Kirche St. Peter und Paul auf Nikolskoe, 1834–37. Portal. 26. März 2003.
21.6. Berlin-Zehlendorf (Wannsee), ev. Kirche St. Peter und Paul auf Nikolskoe, 1834–37. Mauerwerk am nordöstlichen Sockel. 2. Juli 2003.

21.5. Berlin-Zehlendorf (Wannsee), Prot. church of St. Peter und Paul auf Nikolskoe, 1834–37. Portal. 26 March 2003.
21.6. Berlin-Zehlendorf (Wannsee), Prot. church of St. Peter und Paul auf Nikolskoe, 1834–37. Masonry at the north-eastern pedestal. 2 July 2003.

21.7. Berlin-Zehlendorf (Wannsee), ev. Kirche St. Peter und Paul auf Nikolskoe, 1834–37. Blick zum Altar. 2. Juli 2003.

21.7. Berlin-Zehlendorf (Wannsee), Prot, church of St. Peter und Paul auf Nikolskoe, 1834–37. View towards the altar. 2 July 2003.

21.8. Berlin-Zehlendorf (Wannsee), ev. Kirche St. Peter und Paul auf Nikolskoe, 1834–37. Blick zur Orgel. 2. Juli 2003.

21.8. Berlin-Zehlendorf (Wannsee), Prot. church of St. Peter und Paul auf Nikolskoe, 1834–37. View towards the organ. 2 July 2003.

22.2. Berlin-Zehlendorf
(Wannsee), Wilhelmplatz,
ev. Dorfkirche, 1858/59.
Ansicht von Norden.
10. März 2003.

22.2. Berlin-Zehlendorf
(Wannsee), Wilhelmplatz,
Prot. village church, 1858
to 1859. View from the
north. 10 March 2003.

22.3. Berlin-Zehlendorf
(Wannsee), Wilhelmplatz,
ev. Dorfkirche, 1858/59.
Portal und Radfenster.
14. März 2003.

22.3. Berlin-Zehlendorf
(Wannsee), Wilhelmplatz,
Prot. village church, 1858
to 1859. Portal and wheel
window. 14 March 2003.

22.4. Berlin-Zehlendorf (Wannsee), Wilhelmplatz, ev. Dorfkirche, 1858/59. Blick in die Vierung. 14. März 2003.

22.4. Berlin-Zehlendorf (Wannsee), Wilhelmplatz, Prot. village church, 1858 to 1859. View towards the crossing. 14 March 2003.

22.5. Berlin-Zehlendorf
(Wannsee), Wilhelmplatz,
ev. Dorfkirche, 1858/59.
Blick in die nordwestliche
Konche. 14. März 2003.

22.5. Berlin-Zehlendorf
(Wannsee), Wilhelmplatz,
Prot. village church, 1858
to 1859. View towards
the north-western conch.
14 March 2003.

23.1. Birkenwerder, ev. Pfarrkirche, 1847–49. Ansicht von Südwesten. 16. April 2004.

23.1. Birkenwerder, Prot. parish church, 1847–49. View from south-west. 16 April 2004.

23.2. Birkenwerder, ev.
Pfarrkirche, 1847–49.
Detailansicht der Apsis.
16. April 2004.

23.2. Birkenwerder, Prot.
parish church, 1847–49.
Detailed view of the apse.
16 April 2004.

23.3. Birkenwerder, ev. Pfarrkirche, 1847–49. Blick zum Altar. 15. Mai 2004.
24.1. Bobrowice (Bobersberg), ehemals ev., jetzt kath. Kirche, 1853–56. Ansicht von Süden. 4. Aug. 2003.

23.3. Birkenwerder, Prot. parish church, 1847–49. View towards the altar. 15 May 2004.
24.1. Bobrowice (Bobersberg), formerly Prot., now Cath. church, 1853–56. View from the south. 4 Aug. 2003.

24.2. Bobrowice (Bobersberg), ehemals ev., jetzt kath. Kirche, 1853–56. Blick zur Orgel. 4. Aug. 2003.
24.3. Bobrowice (Bobersberg), ehemals ev., jetzt kath. Kirche, 1853–56. Blick zum Altar. 4. Aug. 2003.

24.2. Bobrowice (Bobersberg), formerly Prot., now Cath. church, 1853–56. View towards the organ. 4 Aug. 2003.
24.3. Bobrowice (Bobersberg), formerly Prot., now Cath. church, 1853–56. View towards the altar. 4 Aug. 2003.

25.1. Brodowin, ev. Dorfkirche, 1852/53. Ansicht von Nordosten. 6. Mai 2004.
25.2. Brodowin, ev. Dorfkirche, 1852/53. Blick zur Orgel. 5. Mai 2004.

25.1. Brodowin, Prot. village church, 1852/53. View from the north-east. 6 May 2004.
25.2. Brodowin, Prot. village church, 1852/53. View towards the organ. 5 May 2004.

26.1. Budapest, Akademie der Wissenschaften, 1862 bis 1865. Ansicht von Süden. 8. Mai 2005.
26.2. Budapest, Akademie der Wissenschaften, 1862 bis 1865. Ansicht vom Donauufer her. 8. Mai 2005.

26.1. Budapest, Academy of Sciences, 1862–65. View from the south. 8 May 2005.
26.2. Budapest, Academy of Sciences, 1862–65. View from the bank of the Danube. 8 May 2005.

26.3. Budapest, Akademie der Wissenschaften, 1862 bis 1865. Detailansicht des Mittelrisalits. 8. Mai 2005.
26.4. Budapest, Akademie der Wissenschaften, 1862 bis 1865. Vestibül. 9. Mai 2005.

26.3. Budapest, Academy of Sciences, 1862–65. Detailed view of the central protruding section. 8 May 2005.
26.4. Budapest, Academy of Sciences, 1862–65. Vestibule. 9 May 2005.

26.5. Budapest, Akademie der Wissenschaften, 1862 bis 1865. Clubraum. 9. Mai 2005.
26.6. Budapest, Akademie der Wissenschaften, 1862 bis 1865. Untere Treppe. 9. Mai 2005.

26.5. Budapest, Academy of Sciences, 1862–65. Club room. 9 May 2005.
26.6. Budapest, Academy of Sciences, 1862–65. Lower staircase. 9 May 2005.

26.7. Budapest, Akademie der Wissenschaften, 1862 bis 1865. Großer Saal. 9. Mai 2005.
26.8. Budapest, Akademie der Wissenschaften, 1862 bis 1865. Decke des Vorlesungssaales. 9. Mai 2005.

26.7. Budapest, Academy of Sciences, 1862–65. Main hall. 9 May 2005.
26.8. Budapest, Academy of Sciences, 1862–65. Ceiling of the lecture hall. 9 May 2005.

26.9. Budapest, Akademie der Wissenschaften, 1862 bis 1865. Obere Treppe. 9. Mai 2005.
26.10. Budapest, Akademie der Wissenschaften, 1862 bis 1865. Gemäldegalerie. 9. Mai 2005.

26.9. Budapest, Academy of Sciences, 1862–65. Upper staircase. 9 May 2005.
26.10. Budapest, Academy of Sciences, 1862–65. Picture gallery. 9 May 2005.

27.1. Caputh, Straße der Einheit, ev. Kirche, 1850–52.
Ansicht von Nordwesten. 12. März 2003.
27.2. Caputh, Straße der Einheit, ev. Kirche, 1850–52.
Ansicht von Südosten. 3. Juli 2003.

27.1. Caputh, Straße der Einheit, Prot. church, 1850–52.
View from the north-west. 12 March 2003.
27.2. Caputh, Straße der Einheit, Prot. church, 1850–52.
View from the south-east. 3 July 2003.

27.3. Caputh, Straße der Einheit, ev. Kirche, 1850 bis 1852. Blick zur Orgel. 12. März 2003.

27.3. Caputh, Straße der Einheit, Prot. church, 1850 to 1852. View towards the organ. 12 March 2003.

27.4. Caputh, Straße der Einheit, ev. Kirche, 1850 bis 1852. Blick zum Altar. 12. März 2003.

27.4. Caputh, Straße der Einheit, Prot. church, 1850 to 1852. View towards the altar. 12 March 2003.

28.1. Caputh, Marienquelle, 1855. 26. April 2004.
29.1. Christdorf, ev. Dorfkirche, 1835–37. Ansicht von
Süden. 9. März 2003.

28.1. Caputh, Marienquelle, 1855. 26 April 2004.
29.1. Christdorf, Prot. village church, 1835–37. View
from the south. 9 March 2003.

29.2. Christdorf, ev. Dorfkirche, 1835–37. Ansicht von Norden. 9. März 2003.
29.3. Christdorf, ev. Dorfkirche, 1835–37. Knagge am nordöstlichen Pfeiler. 26. Juli 2005.
29.4. Christdorf, ev. Dorfkirche, 1835–37. Blick zum Altar und zur Kanzel. 26. Juli 2005.

29.2. Christdorf, Prot. village church, 1835–37. View from the north. 9 March 2003.
29.3. Christdorf, Prot. village church, 1835–37. Brace at the northeastern pillar. 26 July 2005.
29.4. Christdorf, Prot. village church, 1835–37. View towards the altar and the pulpit. 26 July 2005.

30.1. Colbitz, ev. Dorfkirche. 1866–69. Blick zum
Altar. 8. Aug. 2004.

30.1. Colbitz, Prot. village
church. 1866–69. View
towards the altar. 8 Aug.
2004.

30.2. Colbitz, ev. Dorfkirche, 1866–69. Blick zur Orgel. 8. Aug. 2004.

30.2. Colbitz, Prot. village church. 1866–69. View towards the organ. 8 Aug. 2004.

30.3. Colbitz, ev. Dorfkirche, 1866–69. Detailan-
sicht der nördlichen Decke.
8. Aug. 2004
.
30.3. Colbitz, Prot. village
church. 1866–69. Detailed
view of the northern ceiling.
8 Aug. 2004.

30.4. Colbitz, ev. Dorfkirche, 1866–69. Detailansicht der nördlichen Empore. 8. Aug. 2004.

30.4. Colbitz, Prot. village church. 1866–69. Detailed view of the northern gallery. 8 Aug. 2004.

31.1. Cottbus-Branitz, Parkschmiede, 1853? 5. Juli 2005.
32.1. Dabrowka Wielkopolska (Groß Dammer), Schloß,
1856–59. Ansicht von Südwesten. 4. Aug. 2003.

31.1. Cottbus-Branitz, park smithy, 1853? 5 July 2005.
32.1. Dabrowka Wielkopolska (Groß Dammer), Schloß,
1856–59. View from the south-west. 4 Aug. 2003.

32.2. Dabrowka Wielko-
polska (Groß Dammer),
Schloß, 1856–59. Unteres
Arkadenfenster links vom
Mittelrisalit. 4. Aug. 2003.

32.2. Dabrowka Wielko-
polska (Groß Dammer),
Schloß, 1856–59. Lower
arcaded window to the left
of the central protruding
section. 4 Aug. 2003.

33.1. Demmin, ev. Bartholomäuskirche, Turm und Restaurierung, 1862–67. Ansicht von Nordosten. 3. Juni 2004.

33.1. Demmin, Prot. Bartholomäuskirche, tower and restoration, 1862–67. View from the north-east. 3 June 2004.

33.2. Demmin, ev. Bartholomäuskirche, Turm und Restaurierung, 1862–67. Südliche Empore. 3. Juni 2004.
33.3. Demmin, ev. Bartholomäuskirche, Turm und Restaurierung, 1862–67. Kanzel. 3. Juni 2004.

33.2. Demmin, Prot. Bartholomäuskirche, tower and
restoration, 1862–67. Southern gallery. 3 June 2004.
33.3. Demmin, Prot. Bartholomäuskirche, tower and
restoration, 1862–67. Pulpit. 3 June 2004.

34.1. Dippmannsdorf, ev. Kirche, 1860. Ansicht von Nordosten. 2. Mai 2004.
34.2. Dippmannsdorf, ev. Kirche, 1860. Blick zur Orgel. 2. Mai 2004.
34.3. Dippmannsdorf, ev. Kirche, 1860. Blick zum Altar. 2. Mai 2004.

34.1. Dippmannsdorf, Prot. church, 1860. View from the north-east. 2 May 2004.
34.2. Dippmannsdorf, Prot. church, 1860. View towards the organ. 2 May 2004.
34.3. Dippmannsdorf, Prot. church, 1860. View towards the altar. 2 May 2004.

35.1. Ellrich, ev. Pfarrkirche St. Johannis, 1866–83. Ansicht von Nordwesten. 19. Mai 2004.
35.2. Ellrich, ev. Pfarrkirche St. Johannis, 1866–83. Ansicht des Schiffes in Richtung zum ehemaligen Turm. 19. Mai 2004.

35.1. Ellrich, Prot. parish church of St. Johannis, 1866 to 1883. View from the north-west. 19 May 2004.
35.2. Ellrich, Prot. parish church of St. Johannis, 1866 to 1883. View of the nave towards the former tower. 19 May 2004.

137

36.1. Emsdetten, kath. Pfarrkirche St. Pankratius, 1846 bis 1848. Südlicher Eingang. 9. Aug. 2004.
36.2. Emsdetten, kath. Pfarrkirche St. Pankratius, 1846 bis 1848. Blick zum Altar. 9. Aug. 2004.
36.3. Emsdetten, kath. Pfarrkirche St. Pankratius, 1846 bis 1848. Blick zur Orgel. 9. Aug. 2004.

36.1. Emsdetten, Cath. parish church of St. Pankratius, 1846–48. South entrance. 9 Aug. 2004.
36.2. Emsdetten, Cath. parish church of St. Pankratius, 1846–48. View towards the altar. 9 Aug. 2004.
36.3. Emsdetten, Cath. parish church of St. Pankratius, 1846–48. View towards the organ. 9 Aug. 2004.

37.1. Fehrbellin, ev. Pfarrkirche, 1866/67. Ansicht von Südwesten. 8. März 2003.

37.1. Fehrbellin, Prot. parish church, 1866/67. View from the south-west. 8 March 2003.

37.2. Fehrbellin, ev. Pfarr-kirche, 1866/67. Ansicht von Osten. 8. März 2003.

37.2. Fehrbellin, Prot. par-ish church, 1866/67. View from the east. 8 March 2003.

37.3. Fehrbellin, ev. Pfarrkirche, 1866/67. Blick zum
Altar. 8. März 2003.

37.3. Fehrbellin, Prot. parish church, 1866/67. View
towards the altar. 8 March
2003.

38.1. Friedewalde, Prot. church, 1854–56. View from the south-east. 23 June 2003.

38.2. Friedewalde, Prot. church, 1854–56. View towards the organ. 23 June 2003.

39.1. Frombork (Frauen-
burg), ehemals ev., jetzt
kath. Kirche, 1857–61. Fialen des Turmes. 6. Aug.
2003.

39.1. Frombork (Frauen-
burg), formerly Prot., now
Cath. church, 1857–61.
Pinnacles of the tower.
6 Aug. 2003.

40.1. Glindow, ev. Kirche, 1852/53. Ansicht von Südwesten. 23. Juli 2003.

40.1. Glindow, Prot. church, 1852/53. View from the south-west. 23 July 2003.

40.3. Glindow, ev. Kirche, 1852/53. Giebelarkaden. 23. Juli 2003.
40.4. Glindow, ev. Kirche, 1852/53. Blick zur Orgel. 23. Juli 2003.
40.5. Glindow, ev. Kirche, 1852/53. Blick zur Kanzel. 23. Juli 2003.

40.3. Glindow, Prot. church, 1852/53. Arcades of the gable. 23 July 2003.
40.4. Glindow, Prot. church, 1852/53. View towards the organ. 23 July 2003.
40.5. Glindow, Prot. church, 1852/53. View towards the pulpit. 23 July 2003.

41.1. Gliwice (Gleiwitz), ehemals ev., jetzt kath. Kirche, bis 1859. Ansicht von Südosten. 7. Aug. 2003.

41.1. Gliwice (Gleiwitz), formerly Prot., now Cath. church, to 1859. View from the south-east. 7 Aug. 2003.

41.2. Gliwice (Gleiwitz), ehemals ev., jetzt kath. Kirche, bis 1859. Blick zur Orgel. 7. Aug. 2003.

41.2. Gliwice (Gleiwitz), formerly Prot., now Cath. church, to 1859. View towards the organ. 7 Aug. 2003.

42.1. Groß Linde, ev. Dorfkirche, 1861. Ansicht von
Westen. 8. Aug. 2005.

42.1. Groß Linde, Prot.
village church, 1861. View
from the west. 8 Aug.
2005.

42.2. Groß Linde, ev. Dorfkirche, 1861. Chor. 8. Aug.
2005.

42.2. Groß Linde, Prot. village church, 1861. Choir.
8 Aug. 2005.

42.3. Groß Linde, ev. Dorfkirche, 1861. Blick zum Altar. 8. Aug. 2005.

42.3. Groß Linde, Prot. village church, 1861. View towards the altar. 8 Aug. 2005.

42.4. Groß Linde, ev. Dorfkirche, 1861. Blick zur Orgel. 8. Aug. 2005.

42.4. Groß Linde, Prot. village church, 1861. View towards the organ. 8 Aug. 2005.

43.1. Hammer, ev. Kirche, 1856. Ansicht von Nordosten. 6. Mai 2004.

43.1. Hammer, Prot. church, 1856. View from the northeast. 6 May 2004.

43.2. Hammer, ev. Kirche, 1856. Blick zum Altar. 15. Mai 2004.

43.2. Hammer, Prot. church, 1856. View towards the altar. 15 May 2004.

43.3. Hammer, ev. Kirche, 1856. Blick zur Orgel. 15. Mai 2004.

43.4. Hammer, ev. Kirche, 1856. Kapitelle und Arkaden der Nordseite. 15. Mai 2004.

43.3. Hammer, Prot. church, 1856. View towards the organ. 15 May 2004.

43.4. Hammer, Prot. church, 1856. Capitals and arcades of the north side. 15 May 2004.

44.1. Hasserode, ehemals ev. Kirche, jetzt Kindergarten, 1847. Ansicht von Südwesten. 19. Mai 2004.
44.2. Hasserode, ehemals ev. Kirche, jetzt Kindergarten, 1847. Ansicht von Süden. 19. Mai 2004.

44.1. Hasserode, formerly Prot. church, now kindergarten, 1847. View from the south-west. 19 May 2004.
44.2. Hasserode, formerly Prot. church, now kindergarten, 1847. View from the south. 19 May 2004.

45.1. Hechingen, Burg Hohenzollern, 1850–67. Ansicht vom Raichberg aus. 2. Okt. 2004.
45.2. Hechingen, Burg Hohenzollern, 1850–67. Ansicht von Nordwesten, von der nordwestlichen Zufahrtsstraße. 1. Okt. 2004.

45.1. Hechingen, Burg Hohenzollern, 1850–67. View from the Raichberg. 2 Oct. 2004.
45.2. Hechingen, Burg Hohenzollern, 1850–67. View from the north-west, from the access road. 1 Oct. 2004.

45.3. Hechingen, Burg Hohenzollern, 1850–67. Adlertor. 1. Okt. 2004.

45.3. Hechingen, Burg Hohenzollern, 1850–67. Adlertor. 1 Oct. 2004.

45.4. Hechingen, Burg Ho-
henzollern, 1850–67. Innenhof. 2. Okt. 2004.

45.4. Hechingen, Burg Ho-
henzollern, 1850–67. Courtyard. 2 Oct. 2004.

45.5. Hechingen, Burg Hohenzollern, 1850–67. Schloß-treppe. 2. Okt. 2004.
45.6. Hechingen, Burg Hohenzollern, 1850–67. Mark-grafensaal. 2. Okt. 2004.

45.5. Hechingen, Burg Hohenzollern, 1850–67. Castle staircase. 2 Oct. 2004.
45.6. Hechingen, Burg Hohenzollern, 1850–67. Mark-grafensaal. 2 Oct. 2004.

45.7. Hechingen, Burg Hohenzollern, 1850–67. Königszimmer im Markgrafenturm. 2. Okt. 2004.
45.8. Hechingen, Burg Hohenzollern, 1850–67. Wohnzimmer der Königin. Blick nach Süden. 2. Okt. 2004.
45.9. Hechingen, Burg Hohenzollern, 1850–67. Wohnzimmer der Königin. Blick zum Hof. 2. Okt. 2004.

45.7. Hechingen, Burg Hohenzollern, 1850–67. Königszimmer in the Markgrafenturm. 2 Oct. 2004.
45.8. Hechingen, Burg Hohenzollern, 1850–67. Living-
room of the queen. View towards the south. 2 Oct. 2004.
45.9. Hechingen, Burg Hohenzollern, 1850–67. Living-
room of the queen, View towards the courtyard. 2 Oct.
2004.

45.10. Hechingen, Burg
Hohenzollern, 1850–67.
Evangelische Kapelle.
2. Okt. 2004.

45.10. Hechingen, Burg
Hohenzollern, 1850–67.
Protestant chapel. 2 Oct.
2004.

45.11. Hechingen, Burg Hohenzollern, 1850–67. Evangelische Kapelle. Chor. 2. Okt. 2004.

45.11. Hechingen, Burg Hohenzollern, 1850–67. Protestant chapel. Choir. 2 Oct. 2004.

45.12. Hechingen, Burg Hohenzollern, 1850–67. Evangelische Kapelle. Ziborium. 2. Okt. 2004.

45.12. Hechingen, Burg Hohenzollern, 1850–67. Protestantic chapel. Ciborium. 2 Oct. 2004.

45.13. Hechingen, Burg
Hohenzollern, 1850–67.
Katholische Kapelle. 2. Okt.
2004.

45.13. Hechingen, Burg
Hohenzollern, 1850–67.
Catholic chapel. 2 Oct.
2004.

46.1. Hennickendorf, ev. Dorfkirche, Bauzeit unbekannt. Ansicht von Südwesten. 10. Okt. 2004.

46.1. Hennickendorf, Prot. village church, construction date unknown. View from the south-west. 10 Oct. 2004.

46.2. Hennickendorf, ev. Dorfkirche, Bauzeit unbekannt. Chorgiebel. 10. Okt. 2004.

46.2. Hennickendorf, Prot. village church, construction date unknown. Choir gable. 10 Oct. 2004.

46.3. Hennickendorf, ev. Dorfkirche, Bauzeit unbekannt.
Portal. 11. Okt. 2005.
46.4. Hennickendorf, ev. Dorfkirche, Bauzeit unbekannt.
Knagge unter der Orgel. 11. Okt. 2005.
46.5. Hennickendorf, ev. Dorfkirche, Bauzeit unbekannt.
Blick zum Altar. 11. Okt. 2005.

46.3. Hennickendorf, Prot. village church, construction
date unknown. Portal. 11 Oct. 2005.
46.4. Hennickendorf, Prot. village church, construction
date unknown. Brace below the organ. 11 Oct. 2005.
46.5. Hennickendorf, Prot. village church, construction
date unknown. View towards the altar. 11 Oct. 2005.

47.1. Hohensaaten, ev. Pfarrkirche, 1858–60. Ansicht von Osten. 5. Mai 2004.

47.1. Hohensaaten, Prot. parish church, 1858–60. View from the east. 5 May 2004.

47.2. Hohensaaten, ev. Pfarrkirche, 1858–60. Ansicht von Süden. 5. Mai 2004.

47.2. Hohensaaten, Prot. parish church, 1858–60. View from the south. 5 May 2004.

47.3. Hohensaaten, ev.
Pfarrkirche, 1858–60. Blick
zum Altar. 5. Mai 2004.

47.3. Hohensaaten, Prot.
parish church, 1858–60.
View towards the altar.
5 May 2004.

47.4. Hohensaaten, ev. Pfarrkirche, 1858–60. Blick zur Orgel. 5. Mai 2004.

47.4. Hohensaaten, Prot. parish church, 1858–60. View towards the organ. 5 May 2004.

48.1. Jablonowo Pomorskie, kath. Pfarrkirche St. Adalbert, 1859–66. Ansicht von Südosten. 6. Aug. 2003.
48.2. Jablonowo Pomorskie, kath. Pfarrkirche St. Adalbert, 1859–66. Blick zur Orgel. 6. Aug. 2003.
48.3. Jablonowo Pomorskie, kath. Pfarrkirche St. Adalbert, 1859–66. Blick zum Altar. 6. Aug. 2003.

48.1. Jablonowo Pomorskie, Cath. parish church of St. Adalbert, 1859–66. View from the south-east. 6 Aug. 2003.
48.2. Jablonowo Pomorskie, Cath. parish church of St. Adalbert, 1859–66. View towards the organ. 6 Aug. 2003.
48.3. Jablonowo Pomorskie, Cath. parish church of St. Adalbert, 1859–66. View towards the altar. 6 Aug. 2003.

49.1. Jablonowo Pomorskie, Schloß, 1854–59. Ansicht von Südwesten. 6. Aug. 2003.
49.2. Jablonowo Pomorskie, Schloß, 1854–59. Rückseite. 6. Aug. 2003.

49.1. Jablonowo Pomorskie, palace, 1854–59. View from the south-west. 6 Aug. 2003.
49.2. Jablonowo Pomorskie, palace, 1854–59. Backside. 6 Aug. 2003.

50.1. Kemberg, ev. Kirche Unser Lieben Frauen, Turm, 1854–59. Ansicht von Süden. 25. Mai 2004.
50.2. Kemberg, ev. Kirche Unser Lieben Frauen. Turm, 1854–59. Portal. Ansicht von Süden. 29. März 2005.

50.1. Kemberg, Prot. church of Unser Lieben Frauen, Tower, 1854–59. View from the south. 25 May 2004.
50.2. Kemberg, Prot. church of Unser Lieben Frauen, Tower, 1854–59. Portal. View from the south. 25 May 2004.

51.1. Kepno (Kempen),
ev. Kirche, 1863. Ansicht
von Süden. 8. Aug. 2003.

51.1. Kepno (Kempen),
Prot. church, 1863. View
from the south. 8 Aug.
2003.

51.2. Kepno (Kempen), ev. Kirche, 1863. Detailansicht des Turmes. 8. Aug. 2003.

51.2. Kepno (Kempen), Prot. church, 1863. Detailed view of the tower. 8 Aug. 2003.

52.1. Köln, Filzengraben, ev. Trinitatiskirche, 1857 bis 1861. Nordseite. 30. Sept. 2004.

52.1. Cologne, Filzengraben, Prot. Trinitatiskirche, 1857–61. North side. 30 Sept. 2004.

52.2. Köln, Filzengraben,
ev. Trinitatiskirche, 1857
bis 1861. Turm und Apsi-
den. 30. Sept. 2004.

52.2. Cologne, Filzengra-
ben, Prot. Trinitatiskirche,
1857–61. Tower and apses.
30 Sept. 2004.

52.3. Köln, Filzengraben,
ev. Trinitatiskirche, 1857
bis 1861. Blick zum Altar.
30. Sept. 2004.

52.3. Cologne, Filzengra-
ben, Prot. Trinitatiskirche,
1857–61. View towards the
altar. 30 Sept. 2004.

52.4. Köln, Filzengraben,
ev. Trinitatiskirche, 1857
bis 1861. Blick zur Orgel.
30. Sept. 2004.

52.4. Cologne, Filzengra-
ben, Prot. Trinitatiskirche,
1857–61. View towards the
organ. 30 Sept. 2004.

52.5. Köln, Filzengraben,
ev. Trinitatiskirche, 1857
bis 1861.. Blick auf die östlichen Arkaden. 30. Sept.
2004.

52.5. Cologne, Filzengra-
ben, Prot. Trinitatiskirche,
1857–61. View towards the
eastern arcades. 30 Sept.
2004.

52.6. Köln, Filzengraben,
ev. Trinitatiskirche, 1857
bis 1861. Kapitell des nordöstlichen Pfeilers. 30. Sept.
2004.

52.6. Cologne, Filzengra-
ben, Prot. Trinitatiskirche,
1857–61. Capital of the north-
eastern pillar. 30 Sept. 2004.

198

53.1. Kribbe, ev. Dorfkirche, 1865. Ansicht von Südosten.
8. Aug. 2005.
54.1. Letzlingen, Schloß, Umbau, 1843–53. Ansicht von
Osten, von der Kirche her. 8. Aug. 2004.

53.1. Kribbe, Prot. village church, 1865. View from
the south-east. 8. Aug. 2005.
54.1. Letzlingen, Schloß, conversion, 1843–53. View
from the east, from the church. 8 Aug. 2004.

55.1. Letzlingen, ev.
Schloßkirche, 1859–61.
Blick zur Vierung. 8. Aug.
2004.

55.1. Letzlingen, Prot.
Schloß church, 1859–61.
View towards the cross-
ing. 8 Aug. 2004.

55.2. Letzlingen, ev.
Schloßkirche, 1859–61.
Blick zur Orgel. 8. Aug.
2004.

55.2. Letzlingen, Prot.
Schloß church, 1859–61.
View towards the organ.
8 Aug. 2004.

55.3. Letzlingen, ev. Schloßkirche, 1859–61. Ansicht von Westen, vom Schloß her. 8. Aug. 2004.

55.3. Letzlingen, Prot. Schloß church, 1859–61. View from the west, from the castle. 8 Aug. 2004.

56.1. Lietzow, ev. Kirche,
1862–64. Ansicht von Süd-
osten. 16. April 2004.

56.1. Lietzow, Prot. church,
1862–64. View from the
south-east. 16 April 2004.

56.2. Lietzow, ev. Kirche, 1862–64. Ansicht von Südwesten. 16. April 2004.
56.3. Lietzow, ev. Kirche, 1862–64. Türklinke. 16. April
2004.

56.2. Lietzow, Prot. church, 1862–64. View from the
south-west. 16 April 2004.
56.3. Lietzow, Prot. church, 1862–64. Door handle.
16 April 2004.

56.4. Lietzow, ev. Kirche, 1862–64. Blick zum Eingang. 16. April 2004.

56.4. Lietzow, Prot. church, 1862–64. View towards the entrance. 16 April 2004.

56.5. Lietzow, ev. Kirche, 1862–64. Blick zum Altar. 16. April 2004.

56.5. Lietzow, Prot. church, 1862–64. View towards the altar. 16 April 2004.

57.1. Loitsche, Schloß Ramstedt, 1835. Ansicht von Norden. 8. Aug. 2004.
57.2. Loitsche, Schloß Ramstedt, 1835. Portal. 8. Aug. 2004.

57.1. Loitsche, Schloß Ramstedt, 1835. View from the north. 8 Aug. 2004.
57.2. Loitsche, Schloß Ramstedt, 1835. Portal. 8 Aug. 2004.

58.1. Neindorf, Schmiede,
1835. Ansicht von Westen.
19. Mai. 2004.

58.1. Neindorf, smithy,
1835. View from the west.
19. Mai. 2004.

1835. Ansicht von Osten.
19. Mai 2004.

58.2. Neindorf, smithy,
1835. View from the east.
19 Mai 2004.

59.1. Niemberg, ev. Pfarrkirche St. Ursula, 1861.
Apsis von Südsüdwesten.
3. Juni 2005.

59.1. Niemberg, Prot. parish church of St. Ursula,
1861. Apse from the south-
west. 3 June 2005.

59.2. Niemberg, ev. Pfarrkirche St. Ursula, 1861. Portal. 3. Juni 2005.

59.2. Niemberg, Prot. parish church of St. Ursula,
1861. Portal. 3 June 2005.

59.3. Niemberg, ev. Pfarrkirche St. Ursula, 1861.
Blick zum Altar. 3. Juni
2005.

59.3. Niemberg, Prot. parish church of St. Ursula,
1861. View towards the altar. 3 June 2005.

59.4. Niemberg, ev. Pfarrkirche St. Ursula, 1861.
Blick zur Orgel. 3. Juni
2005.

59.4. Niemberg, Prot. parish church of St. Ursula,
1861. View towards the organ. 3 June 2005.

60.1. Niemegk, ev. Kirche
St. Johannis, 1851–53.
Westturm. 29. März 2005.

60.1. Niemegk, Prot. church
of St. Johannis, 1851–53.
West tower. 29 March
2005.

60.3. Niemegk, ev. Kirche
St. Johannis, 1851–53.
Blick zum Altar. 29. März
2005.

60.3. Niemegk, Prot. church
of St. Johannis, 1851–53.
View towards the altar.
29 March 2005.

60.4. Niemegk, ev. Kirche St. Johannis, 1851–53. Blick zur Orgel. 29. März 2005.

60.4. Niemegk, Prot. church of St. Johannis, 1851–53. View towards the organ. 29 March 2005.

61.1. Oderberg, ev. Kirche St. Nikolai, 1853–55. Ansicht von Südwesten. 5. Mai 2004.

61.1. Oderberg, Prot. church of St. Nikolai, 1853–55. View from the south-west. 5 May 2004.

61.2. Oderberg, ev. Kirche St. Nikolai, 1853–55. Ansicht von Südosten. 5. Mai 2004.

61.2. Oderberg, ev. Kirche St. Nikolai, 1853–55. Ansicht von Südosten. 5. Mai 2004.

61.2. Oderberg, Prot. church of St. Nikolai, 1853–55. View from the south-east. 5 May 2004.

61.3. Oderberg, ev. Kirche St. Nikolai, 1853–55. Blick zum Altar. 6. Mai 2004.
61.4. Oderberg, ev. Kirche St. Nikolai, 1853–55. Blick zur Orgel. 6. Mai 2004.

61.3. Oderberg, Prot. church of St. Nikolai, 1853–55. View towards the altar. 5 May 2004.
61.4. Oderberg, Prot. church of St. Nikolai, 1853–55. View towards the organ. 5 May 2004.

62.1. Oleszna (Langenöls), ehemals ev., jetzt kath. Kirche. 1847/48. Ansicht von Südwesten. 7. Aug. 2003.
62.2. Oleszna (Langenöls), ehemals ev., jetzt kath. Kirche. 1847/48. Ansicht von Südosten. 8. Aug. 2003.

62.1. Oleszna (Langenöls), formerly Prot, now Cath. church. 1847/48. View from the south-west. 7 Aug. 2003.
62.2. Oleszna (Langenöls), formerly Prot, now Cath. church. 1847/48. View from the south-east. 7 Aug. 2003.

62.3. Oleszna (Langenöls), ehemals ev., jetzt kath. Kirche. 1847/48. Blick zum Altar. 8. Aug. 2003.

62.3. Oleszna (Langenöls), formerly Prot, now Cath. church. 1847/48. View towards the altar. 7 Aug. 2003.

62.4. Oleszna (Langenöls), ehemals ev., jetzt kath. Kirche. 1847/48. Blick zur Orgel. 8. Aug. 2003.

62.4. Oleszna (Langenöls), formerly Prot, now Cath. church. 1847/48. View towards the organ. 7 Aug. 2003.

62.5. Oleszna (Langenöls), ehemals ev., jetzt kath. Kirche, 1847/48. Turm. 8. Aug. 2003.
63.1. Peitz, ehemals ev. Kirche, jetzt Gemeindezentrum, 1854–60. Ansicht von Südwesten. 3. April 2004.

62.5. Oleszna (Langenöls), formerly Prot, now Cath. church. 1847/48. Tower. 7 Aug. 2003.
63.1. Peitz, formerly Prot. church, now community centre. 1854–60. View from the south-west. 3 April 2004.

63.2. Peitz, ehemals ev. Kirche, jetzt Gemeindezentrum, 1854–60. Apsiden. 3. April 2004.
63.3. Peitz, ehemals ev. Kirche, jetzt Gemeindezentrum, 1854–60. Mittlere Achse der Südseite. 3. April 2004.

63.2. Peitz, formerly Prot. church, now community centre, 1854–60. Apses. 3 April 2004.
63.3. Peitz, formerly Prot. church, now community centre, 1854–60. Middle axis of the south-side. 3 April 2004.

231

64.1. Perleberg, Rathaus,
1837–39. Ansicht von
Osten. 8. Aug. 2005.

64.1. Perleberg, town hall,
1837–39. View from the
east. 8 Aug. 2005.

65.1. Perleberg, Gymnasium, ab 1861. Mittelrisalit von Westen. 8. Aug. 2005.

65.1. Perleberg, grammar school, from 1861. Central protruding section from the west. 8 Aug. 2005.

65.2. Perleberg, Gymnasium, ab 1861. Vestibül. 8. Aug. 2005.
65.3. Perleberg, Gymnasium, ab 1861. Aula. 8. Aug. 2005.

65.2. Perleberg, grammar school, from 1861. Vestibule. 8 Aug. 2005.
65.3. Perleberg, grammar school, from 1861. Assembly hall. 8 Aug. 2005.

236

66.1. Potsdam, Nedlitzer Straße, Pfingstbergschloß.
Arkadenhalle. 1860. 13. Juli 2004.
67.1. Potsdam, Park Sanssouci, Orangerieschloß,
1850–60. Ansicht von Süden. 14. Juni 2004.

66.1. Potsdam, Nedlitzer Straße, Pfingstbergschloß.
Arcaded hall. 1860. 13 July 2004.
67.1. Potsdam, Park Sanssouci, Orangerieschloß,
1850–60. View from the south. 14 June 2004.

67.2. Potsdam, Park Sanssouci, Orangerieschloß, 1850 bis 1860. Ansicht von Nordosten. 14. Juni 2004.
67.3. Potsdam, Park Sanssouci, Orangerieschloß, 1850 bis 1860. Blick zum Belvedere. 14. Juni 2004.

67.2. Potsdam, Park Sanssouci, Orangerieschloß, 1850 bis 1860. View from the north-east. 14 June 2004.
67.3. Potsdam, Park Sanssouci, Orangerieschloß, 1850 bis 1860. View towards the belvedere. 14 June 2004.

67.4, 67.5. Potsdam, Park Sanssouci, Orangerieschloß, 1850–60. Raffaelsaal. 25. Mai 2004.

67.4, 67.5. Potsdam, Park Sanssouci, Orangerieschloß, 1850–60. Raffaelsaal. 25 May 2004.

68.1. Potsdam, Park Sanssouci, Pferdetränke, 1849.
15. Juli 2003.
69.1. Potsdam, Ribbeckstraße, ev. Kirche, 1855/56.
Turm und Arkaden. 24. Juli 2003.

68.1. Potsdam, Park Sanssouci, horse-trough, 1849.
15 July 2003.
69.1. Potsdam, Ribbeckstraße, Prot. church, 1855/56.
Tower and arcades. 24 July 2003.

69.2. Potsdam, Ribbeck-
straße, ev. Kirche, 1855/
1856. Arkaden. 24. Juli
2003.

69.2. Potsdam, Ribbeck-
straße, Prot. church, 1855/
1856. Arcades. 24 July
2003.

69.3. Potsdam, Ribbeck-
straße, ev. Kirche, 1855/
1856. Ansicht von Südwes-
ten. 24. Juli 2003.

69.3. Potsdam, Ribbeck-
straße, Prot. church, 1855/
1856. View from the south-
west. 24 July 2003.

69.4. Potsdam, Ribbeckstraße, ev. Kirche, 1855/56.
Blick zur Orgel. 24. Juli 2003.
70.1. Potsdam, Ribbeckstraße, Friedhof der ev. Kirche,
Grabmal von Ludwig und Pauline Persius, 1845? 19. April
2004.

69.4. Potsdam, Ribbeckstraße, Prot. church, 1855/56.
View towards the organ. 24 July 2003.
70.1. Potsdam, Ribbeckstraße, cemetery of the Prot.
church, tomb of Ludwig and Pauline Persius, 1845?
19 April 2004.

71.1. Potsdam, Schopenhauerstraße, Weinbergstor, 1850/51. Ansicht von Süden. 28. April 2004.
71.2. Potsdam, Schopenhauerstraße, Weinbergstor, 1850/51. Zug der Truppen. 28. April 2004.
71.3. Potsdam, Schopenhauerstraße, Weinbergstor, 1850/51. Tugend der Klugheit, Symbole der Eisenbahn. 28. April 2004.

71.1. Potsdam, Schopenhauerstraße, Weinbergstor, 1850/51. View from the south. 28 April 2004.
71.2. Potsdam, Schopenhauerstraße, Weinbergstor, 1850/51. Platoon of the troops. 28 April 2004.
71.3. Potsdam, Schopenhauerstraße, Weinbergstor, 1850/51. Virtue of wisdom, Symbols of the railway. 28 April 2004.

72.1. Poznan (Posen), ehemals ev., jetzt kath. Kirche
St. Paul, 1866–69. Ansicht
von Südwesten. 4. Aug.
2003.

72.1. Poznan (Posen), formerly Prot., now Cath.
church of St. Paul, 1866
to 1869. View from the
south-west. 4 Aug. 2003.

72.2. Poznan (Posen), ehemals ev., jetzt kath. Kirche St. Paul, 1866–69. Blick zur Orgel. 5. Aug. 2003.

72.2. Poznan (Posen), formerly Prot., now Cath. church of St. Paul, 1866 to 1869. View towards the organ. 4 Aug. 2003.

73.1. Putbus, Orangerie, Umbau, 1853–54. Ansicht von Südosten. 4. Juni 2004.
74.1. Reitwein, ev. Kirche, 1855–58. Chor. 3. April 2004.

73.1. Putbus, orangery, conversion, 1853–54. View from the south-east. 4 June 2004.
74.1. Reitwein, Prot. church, 1855–58. Choir. 3. April 2004.

75.1. Rokosowo, Schloß, 1849–54. Ansicht von Westen. 8. Aug. 2003.
75.2. Rokosowo, Schloß, 1849–54. Vestibül. 8. Aug. 2003.

75.1. Rokosowo, palace, 1849–54. View from the west. 8 Aug. 2003.
75.2. Rokosowo, palace, 1849–54. Vestibule. 8 Aug. 2003.

76.1. Rothenburg, ev. Pfarrkirche, 1840–44. Ansicht von Westen. 2. Juni 2005.
76.2. Rothenburg, ev. Pfarrkirche, 1840–44. Ansicht von Südosten. 2. Juni 2005.

76.1. Rothenburg, Prot. parish church, 1840–44. View from the west. 2 June 2005.
76.2. Rothenburg, Prot. parish church, 1840–44. View from the south-east. 2 June 2005.

76.3. Rothenburg, ev. Pfarrkirche, 1840–44. Blick zum Altar. 3. Juni 2005.

76.3. Rothenburg, Prot. parish church, 1840–44. View towards the altar. 3 June 2005.

76.4. Rothenburg, ev. Pfarrkirche, 1840–44. Blick zur Orgel. 3. Juni 2005.

76.4. Rothenburg, Prot. parish church, 1840–44. View towards the organ. 3 June 2005.

77.3. Rüdersdorf, ev. Pfarrkirche, 1871. Südlicher Eingang. 3. April 2004.

77.3. Rüdersdorf, Prot. parish church, 1871. Southern
entrance. 3 April 2004.

77.4. Rüdersdorf, ev. Pfarrkirche, 1871. Kapitell am
südlichen Eingang. 5. April
2004.

77.4. Rüdersdorf, Prot. parish church, 1871. Capital
at the southern entrance.
3 April 2004.

77.5. Rüdersdorf, ev. Pfarr-kirche, 1871. Blick zum Altar. 5. April 2004.

77.5. Rüdersdorf, Prot. par-ish church, 1871. View to-wards the altar. 5 April 2004.

77.6. Rüdersdorf, ev. Pfarrkirche, 1871. Kanzel. 5. April
2004.

77.6. Rüdersdorf, Prot. parish church, 1871. Pulpit.
5 April 2004.

78.1. Rzepin (Reppen),
ehemals ev., jetzt kath.
Pfarrkirche St. Katharinen,
1879. Blick zum Altar.
4. Aug. 2003.

78.1. Rzepin (Reppen),
formerly Prot., now Cath.
parish church of St. Katharinen, 1879. View towards
the altar. 4 Aug. 2003.

78.3. Rzepin (Reppen), ehemals ev., jetzt kath. Pfarrkirche St. Katharinen, 1879. Ansicht von Südwesten. 4. Aug. 2003.
79.1. Rzucewo (Rutzau), Schloß, 1840–45. Ansicht von Süden. 6. Aug. 2003.
79.2. Rzucewo (Rutzau), Schloß, 1840–45. Ansicht von Norden. 6. Aug. 2003.

78.3. Rzepin (Reppen), formerly Prot., now Cath. parish church of St. Katharinen, 1879. View from the south-west. 4 Aug. 2003.
79.1. Rzucewo (Rutzau), Schloß, 1840–45. View from the south. 6 Aug. 2003.
79.2. Rzucewo (Rutzau), Schloß, 1840–45. View from the north. 6 Aug. 2003.

80.1. Sandebeck, kath. Pfarrkirche St. Dionysius, 1859–61. Ansicht von Süd-westen. 25. Juni 2003.

80.1. Sandebeck, Cath. parish church of St. Diony-sius, 1859–61. View from the south-west. 25 June 2003.

80.2. Sandebeck, kath. Pfarrkirche St. Dionysius, 1859–61. Detailansicht des Turmes. 25. Juni 2003.

80.2. Sandebeck, Cath. parish church of St. Dionysius, 1859–61. Detailed view of the tower. 25 June 2003.

80.3. Sandebeck, kath. Pfarrkirche St. Dionysius, 1859 bis 1861. Blick zum Altar. 25. Juni 2003.
80.4. Sandebeck, kath. Pfarrkirche St. Dionysius, 1859 bis 1861. Blick zur Orgel. 25. Juni 2003.

80.3. Sandebeck, Cath. parish church of St. Dionysius, 1859–61. View towards the altar. 25 June 2003.
80.4. Sandebeck, Cath. parish church of St. Dionysius, 1859–61. View towards the organ. 25 June 2003.

81.1. Scherfede, kath. Pfarrkirche St. Vinzenz, 1857–62. Ansicht von Westen. 20. Mai 2004.

81.1. Scherfede, Cath. parish church of St. Vinzenz, 1857–62. View from the west. 20 May 2004.

81.2. Scherfede, kath. Pfarrkirche St. Vinzenz, 1857–62. Chor und Vierung. 20. Mai 2004.

81.2. Scherfede, kath. Pfarrkirche St. Vinzenz, 1857–62. Chor und Vierung. 20. Mai 2004.

81.2. Scherfede, Cath. parish church of St. Vinzenz, 1857–62. Choir and crossing. 20 May 2004.

81.3. Scherfede, kath. Pfarrkirche St. Vinzenz, 1857–62. Blick zum Altar. 20. Mai 2004.

81.3. Scherfede, Cath. parish church of St. Vinzenz, 1857–62. View towards the altar. 20 May 2004.

81.4. Scherfede, kath. Pfarrkirche St. Vinzenz, 1857–62. Blick zur Orgel. 20. Mai 2004.

81.4. Scherfede, Cath. parish church of St. Vinzenz, 1857–62. View towards the organ. 20 May 2004.

82.1. Schwerin, Schloß, 1846–57. Ansicht von Nordwesten. 9. Aug. 2005.
82.2. Schwerin, Schloß, 1846–57. Bibliothek. 9. Aug.
2005.

82.1. Schwerin, castle, 1846–57. View from the north-
west. 9 Aug. 2005.
82.2. Schwerin, castle, 1846–57. Library. 9 Aug. 2005.

82.3. Schwerin. Schloß, 1846–57. Thronsaal. 9. Aug. 2005.
83.1. Stockholm, Nationalmuseum, 1847–66. Ansicht von Südwesten. 17. Juni 2005.

82.3. Schwerin, castle, 1846–57. Throne room. 9 Aug. 2005.
83.1. Stockholm, National Museum, 1847–66. View from the south-west. 17 June 2005.

83.2. Stockholm, Nationalmuseum, 1847–66. Mittelrisalit. 17. Juni 2005.
83.3. Stockholm, Nationalmuseum, 1847–66. Mittelrisalit, Detailansicht der linken Seite. 17. Juni 2005.
83.4. Stockholm, Nationalmuseum, 1847–66. Mittelrisalit, Detailansicht der rechten Seite. 17. Juni 2005.

83.2. Stockholm, National Museum, 1847–66. Central protruding section. 17 June 2005.
83.3. Stockholm, National Museum, 1847–66. Central protruding section. Detailed view of the left part. 17 June 2005.
83.4. Stockholm, National Museum, 1847–66. Central protruding section. Detailed view of the right part. 17 June 2005.

83.5. Stockholm, Nationalmuseum, 1847–66. Treppenhaus. 17. Juni 2005.
83.6, 83.7. Stockholm, Nationalmuseum, 1847–66. Obere Treppenhalle. 17. Juni 2005.

83.5. Stockholm, National Museum, 1847–66. Staircase. 17 June 2005.
83.6, 83.7. Stockholm, National Museum, 1847–66. Upper staircase hall. 17 June 2005.

83.8. Stockholm, Nationalmuseum, 1847–66. Untere
Kuppelhalle. 17. Juni 2005.
83.9. Stockholm, Nationalmuseum, 1847–66. Kuppel-
zimmer. 17. Juni 2005.
83.10. Stockholm, Nationalmuseum, 1847–66. Obere
Kuppelhalle. 17. Juni 2005.

83.8. Stockholm, National Museum, 1847–66. Lower
cupola hall. 17 June 2005.
83.9. Stockholm, National Museum, 1847–66. Cupola
room. 17 June 2005.
83.10. Stockholm, National Museum, 1847–66. Upper
cupola hall. 17 June 2005.

83.11, 83.12. Stockholm, Nationalmuseum, 1847–66.
Obere zentrale Kuppelhalle. 17. Juni 2005.

83.11, 83.12. Stockholm, National Museum, 1847–66.
Upper central cupola hall. 17 June 2005.

84.1. Stolzenfels, Schloß, 1839–46. Ansicht von Süden. 29. Juli 1998.
84.2. Stolzenfels, Schloß, 1839–46. Durchgang. 1. Okt. 2004.

84.1. Stolzenfels, castle, 1839–46. View from the south. 29 July 1998.
84.2. Stolzenfels, castle, 1839–46. Passageway. 1 Oct. 2004.

84.3. Stolzenfels, Schloß, 1839–46. Pergola und Brunnen. 1. Okt. 2004.
84.4. Stolzenfels, Schloß, 1839–46. Blick über den Gartenhof. 1. Okt. 2004.

84.3. Stolzenfels, castle, 1839–46. Pergola and spring. 1 Oct. 2004
84.4. Stolzenfels, castle, 1839–46. View across the garden courtyard. 1 Oct. 2004

84.5. Stolzenfels, Schloß, 1839–46. Kapelle. Ansicht von Süden. 1. Okt. 2004.

84.5. Stolzenfels, Schloß, 1839–46. Chapel. View from the south. 1 Oct. 2004.

84.7. Stolzenfels, Schloß, 1839–46. Wohnzimmer der Königin. 1. Okt. 2004.
84.8. Stolzenfels, Schloß, 1839–46. Erker und Betpult. 1. Okt. 2004.

84.7. Stolzenfels, castle, 1839–46. Living-room of the queen. 1 Oct. 2004.
84.8. Stolzenfels, castle, 1839–46. Oriel and prayer desk. 1 Oct. 2004.

85.1. Strzelce (Strelitz), Schloß, 1840–44. Ansicht von Süden. 14. Juli 2004.
85.2. Strzelce (Strelitz), Schloß, 1840–44. Östlicher Turm. 14. Juli 2004.

85.1. Strzelce (Strelitz), castle, 1840–44. View from the south. 14 July 2004.
85.2. Strzelce (Strelitz), castle, 1840–44. East tower. 14 July 2004.

85.3. Strzelce (Strelitz), Schloß, 1840–44. Ansicht von Südwesten. 14. Juli 2004.
85.4. Strzelce (Strelitz), Schloß, 1840–44. Westfassade. 14. Juli 2004.

85.3. Strzelce (Strelitz), castle, 1840–44. View from the south-west. 14 July 2004.
85.4. Strzelce (Strelitz), castle, 1840–44. West façade. 14 July 2004.

86.1. Tantow, ev. Kirche, 1858/59, Ansicht von Südwesten. 2. Juni 2004.
86.2. Tantow, ev. Kirche, 1858/59, Ansicht von Südosten. 2. Juni 2004.

86.1. Tantow, Prot. church, 1858/59, View from the
south-west. 2 Juny 2004.
86.2. Tantow, Prot. church, 1858/59, View from the
south-east. 2 Juny 2004.

86.3. Tantow, ev. Kirche, 1858/59, Blick zum Altar. 2. Juni 2004.

86.3. Tantow, Prot. church, 1858/59, View towards the altar. 2 Juny 2004.

86.4. Tantow, ev. Kirche, 1858/59, Blick zum Eingang. 2. Juni 2004.
86.4. Tantow, Prot. church, 1858/59, View towards the entrance. 2 Juny 2004.

Singet und spielet dem Herrn einen Lobgesang!

87.1. Werder, ev. Heilig-Geist-Kirche, 1856–58. Ansicht von Westen. 20. März 2003.
87.2. Werder, ev. Heilig-Geist-Kirche, 1856–58. Ansicht von Südosten. 20. März 2003.

87.1. Werder, Prot. Heilig-Geist-Kirche, 1856–58. View from the west. 20 March 2003.
87.2. Werder, Prot. Heilig-Geist-Kirche, 1856–58. View from the south-east. 20 March 2003.

87.3. Werder, ev. Heilig-Geist-Kirche, 1856–58. Blick zum Altar. 20. März 2003.

87.3. Werder, Prot. Heilig-Geist-Kirche, 1856–58. View towards the altar. 20 March 2003.

87.4. Werder, ev. Heilig-
Geist-Kirche, 1856–58.
Blick zur Orgel. 20. März
2003.

87.4. Werder, Prot. Heilig-
Geist-Kirche, 1856–58.
View towards the organ.
20 March 2003.

87.5. Werder, ev. Heilig-Geist-Kirche, 1856–58. Ziborium.
20. März 2003.
87.6. Werder, ev. Heilig-Geist-Kirche, 1856–58. Detailansicht der Kanzel. 3. Mai 2004.
87.7. Werder, ev. Heilig-Geist-Kirche, 1856–58. Kanzel.
3. Mai 2004.

87.5. Werder, Prot. Heilig-Geist-Kirche, 1856–58. Ciborium. 20 March 2003.
87.6. Werder, Prot. Heilig-Geist-Kirche, 1856–58. Detailed
view of the pulpit. 3 May 2004.
87.7. Werder, Prot. Heilig-Geist-Kirche, 1856–58. Pulpit.
3 May 2004.

88.1. Wielka Laka (Wielkalonka), kath. Pfarrkirche.
1861–63. Blick zum Altar.
6. Aug. 2003.

88.1. Wielka Laka (Wielkalonka), Cath. parish church,
1861–63. View towards
the altar. 6 Aug. 2003.

88.2. Wielka Łąka (Wielka-
łonka), kath. Pfarrkirche.
1861–63. Blick zur Orgel.
6. Aug. 2003.

88.2. Wielka Łąka (Wielka-
łonka), Cath. parish church,
1861–63. View towards the
organ. 6 Aug. 2003.

88.3. Wielka Laka (Wielkalonka), kath. Pfarrkirche, 1861 bis 1863. Ansicht von Westen. 6. Aug. 2003.
89.1. Wittenberg, Lutherhaus, 1846–83. Verbindungsgang. 24. Mai 2004.

88.3. Wielka Laka (Wielkalonka), Cath. parish church, 1861–63. View from the west. 6 Aug. 2003.
89.1. Wittenberg, Lutherhaus, 1846–83. Connecting passage. 24 May 2004.

89.2. Wittenberg, Lutherhaus, 1846–83. Erker. 24. Mai 2004.
89.3, 89.4. Wittenberg, Lutherhaus, 1846–83. Großer Hörsaal. 24. Mai 2004.

89.2. Wittenberg, Lutherhaus, 1846–83. Oriel. 24 May 2004.
89.3, 89.4. Wittenberg, Lutherhaus, 1846–83. Large lecture hall. 24 May 2004.

90.1. Wolfsberg, Mausoleum, 1858–61. Ansicht von Nordwesten. 10. Mai 2005.
90.2. Wolfsberg, Mausoleum, 1858–61. Ansicht von Westen. 10. Mai 2005.

90.1. Wolfsberg, mausoleum, 1858–61. View from the north-west. 10 May 2005.
90.2. Wolfsberg, mausoleum, 1858–61. View from the west. 10 May 2005.

319

90.3. Wolfsberg, mauso-
leum, 1858–61. Eingang
zur Gruft. 11. Mai 2005.

90.3. Wolfsberg, mauso-
leum, 1858–61. Entrance
to the tomb room. 11 May
2005.

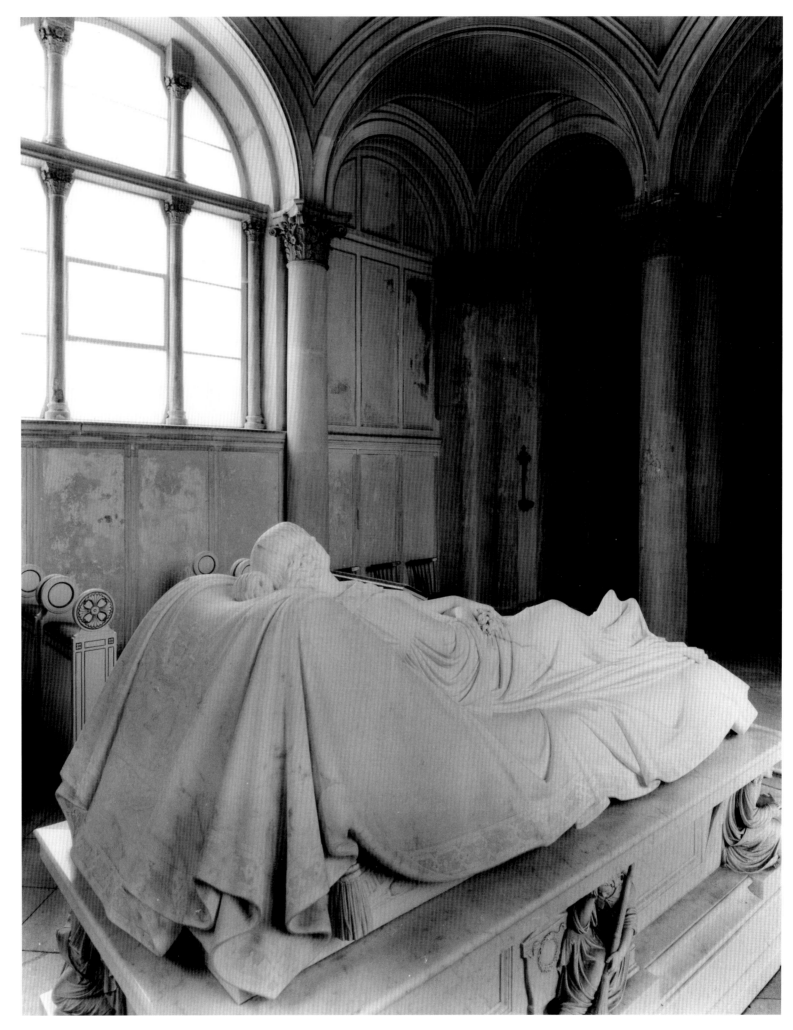

90.4. Wolfsberg, Mausoleum, 1858–61. Halle mit Skulptur von August Kiß. 11. Mai 2005.

90.4. Wolfsberg, Mausoleum, 1858–61. Hall with sculpture by August Kiß. 11 May 2005.

91.1. Wulkau, ev. Dorfkirche, 1859. Ansicht von
Norden. 8. Aug. 2005.

91.1. Wulkau, Prot. village
church, 1859. View from
the north. 8 Aug. 2005.

91.2. Wulkau, ev. Dorfkirche, 1859. Ansicht von der
alten in die neue Kirche.
8. Aug. 2005.

91.2. Wulkau, Prot. village
church, 1859. View from
the old into the new church.
8 Aug. 2005.

Katalog

Die Katalogtexte sind gekürzte Fassungen von Texten aus: Eva Börsch-Supan und Dietrich Müller-Stüler *Friedrich August Stüler, 1800–1865*, Deutscher Kunstverlag, München und Berlin 1997, ergänzt durch eigene Bemerkungen von Hillert Ibbeken. Einige Texte stammen von Eva Börsch-Supan und Anke Fritzsch, sie sind als solche ausgewiesen.

1. Alt-Tellin, Schloß Broock, 1840–50

Alt-Tellin liegt zwischen Anklam und Demmin in Mecklenburg-Vorpommern. Das große, siebzehnachsige und zweieinhalb Geschoß hohe Herrenhaus ist der Umbau eines barocken Vorgängers, Bauherr war der Baron von Seckendorf zu Brook, für dessen Parkanlage Lenné 1840 einen Entwurf geliefert hatte. Vorder- und Rückseite des Hauses sind fast identisch gehalten. Die Mitte bildet jeweils ein dreiachsiger, dreigeschossiger Risalit mit schmalen, achteckigen Fialen an den Ecken, diese Fialtürmchen schmücken auch die vier Ecken des Gebäudes. Das belassene Walmdach des Vorgängerbaus umgibt ein Zinnenkranz über einem Konsolgesims und einem Rautenfries. Auch das erste Stockwerk ist mit einem schmalen Gesims aus Klinkern abgesetzt. Der Bau ist glatt verputzt, Zinnenkranz, Gesimse und Fialentürme sind ziegelsichtig. An der nach Südsüdosten gewandten Vorderseite des Hauses sind die Reste einer flachen Auffahrt erhalten, dem entspricht an der Parkseite ein halbrund vorspringender Altan. Die Reste zweier geschwungener Treppen, die in den Garten hinabführen, sind erhalten. Der Risalit der Gartenseite zeigt im Obergeschoß drei rundbogige Doppelfenster, darunter ein großes Wappen. Die Pracht der von Rundbögen getragenen Eingangshalle läßt sich nur noch erahnen. 1944 wurde das Gebäude für Evakuierungszwecke beschlagnahmt, seit 1980 steht es leer. Während der Besatzungszeit wurden fast alle Holzdecken abgebrochen und verfeuert. Das nicht mehr betretbare Haus ist heute in einem beklagenswerten Zustand.

2. Altenburg (Thüringen), ehemals herzoglicher Marstall, 1846–51

Altenburg liegt etwa 40 km südlich von Leipzig. Der von 1834–48 regierende Herzog Joseph beauftragte Stüler mit dem Neubau eines Pferdestalls, eines Marstalls in der Nähe des Schlosses. Der Marstall ist eine große Dreiflügelanlage, die Abbildung zeigt den linken Seitenflügel. Die siebenachsige lange Seite ist mit einem zentralen Risalit, zwei rundbogigen Toren und zwei Biforien gegliedert. Dazu treten sechs Strebepfeiler, die auf halber Gebäudehöhe enden. Das erste Stockwerk des dreieinhalbgeschossigen Gebäudes ist als Mezzanin mit kleinen, rechteckigen Fenstern ausgebildet. Drei Giebel sind erhalten, die beiden äußeren am Sockel abgetreppt. Die Ecken des Marstalls zieren vier profilierte, achteckige Ecktürme, deren krönende Laternen nicht mehr erhalten sind. Das Gebäude ist entkernt und harrt einer umfassenden Renovierung.

3. Arendsee, Schloß, 1839–43

Arendsee liegt etwa 20 km westlich von Prenzlau. Stüler war bei diesem Schloßneubau relativ frei, weil er keine Vorgängerbauten berücksichtigen mußte. Bauherr war Graf Albert Schlippenbach. Leicht oberhalb des Arendsees in einem weiten, heute völlig verwilderten Park gelegen, zeigt der langgestreckte, asymmetrische Bau sowohl Elemente der englischen »Castle Gothic« mit Zin-

nen, Konsolfriesen und markanten Wasserschlagprofilen als auch moderne Formen der Berliner Schule: Der Bau, vorzüglich gemauert und erhalten, ist in roten Rohziegeln errichtet, die Fenster zieren flache Segmentbögen. Das Gebäude ruht auf einem solide gemauerten Feldsteinfundament aus sehr sauber gehauenen Quadern mit Ausgleichsschichten. Wichtigstes Bauelement ist ein zentraler, zweieinhalbgeschossiger Bauteil auf der Hofseite, dessen mittlere drei Achsen in einem zweigeschossigen Risalit vorspringen, der den Eingang birgt. Das Terrakotta-Gewände des Portals ist mit weitständigen Rosetten geschmückt, seitlich daneben stehen zwei schmale Pfeiler mit Zinkgußplatten, auf denen Pflanzenwerk und Tiere zu sehen sind, ähnlich dem Portal von Schloß Ramstedt (Nr. 57.2). Auf einer zentralen Terrakotta-Platte über der Tür halten zwei Löwen das Allianzwappen der Familie, allerlei heraldische Embleme und einen Stier, darüber die Grafenkrone, links und rechts davon zwei kleinere Terrakotta-Platten mit Pflanzenformen und Vierpässen. Auf der gegenüberliegenden Nordost- oder Seeseite wird das Gebäude rechts von einem dreigeschossigen Oktogon begrenzt, dessen Pendant, ein quadratischer Turm an der gegenüberliegenden Ecke des Schlosses, nach 1945 abgerissen wurde. Das Schloß, durch angeschlossene Nebenbauten verunziert, diente lange als Schule und steht heute leer.

4. Bad Oeynhausen, kath. Kirche St. Peter und Paul, 1871–74

Bad Oeynhausen liegt etwa halbwegs zwischen Minden und Herford. Der Kurort wurde erst 1830 gegründet, Friedrich Wilhelm IV. bestimmte bei seinem Besuch 1847 den Bau einer evangelischen und einer katholischen Kirche und gab die Bauplätze auf königlichem Badeterrain am Korso an. Die evangelische Kirche ist nicht erhalten. Stüler entwarf 1858 beide Kirchen im neugotischen Stil. Die Planung zog sich bis 1868 hin, der Bau wurde durch den deutsch-französischen Krieg verzögert, so daß mit ihm erst 1871 begonnen werden konnte. Der Grundriß zeigt ein kurzarmiges griechisches Kreuz, wie auch die allerdings neuromanische Kirche in Hasserode (Nr. 44). Die Kirche ist geostet, den 5/8 Chor schmücken Drei- und Vierpaßfenster und spitze Giebel wie bei der evangelischen Schloßkirche der Hohenzollernburg bei Hechingen (Nr. 45.10, 45.11). Die Westfassade ziert ein schlankes Glockentürmchen mit vielen Krabben. Das Innere wird von dem Gewölbe einer stark akzentuierten Holzdecke bestimmt, die sich mit jeweils vier Bögen in die Seitenarme fortsetzt. Die kleine, zentrale Glaskuppel einer Unterkirche im Kirchenboden macht eine zentrale Deckenaufnahme unmöglich. Die Kirche ist vorzüglich erhalten und gepflegt.

5. Barth, ev. Marienkirche, Innenausstattung, 1856 bis 1863

Barth liegt etwa 20 km westlich von Stralsund. Die Backsteinkirche stammt aus dem frühen 14., der Turm aus dem 15. Jahrhundert. Friedrich Wilhelm IV. wünschte bei seinem Besuch 1853 eine Verschönerung des Kircheninnern, deren Gestaltung Stüler übertragen wurde. Die Kanzel an der Nordseite des Schiffes steht auf schlanken Säulen, in den Sandstein des Seebergs bei Gotha sind christologische Embleme geschlagen, die Treppe gliedern reiche Vierpässe. Der aufwendige Schalldeckel mit vielen Fialen und Krabben wurde von dem Barther Tischlermeister Schlie nach einer Vorlage Stülers aus Eichenholz geschnitzt. Das Ciborium über

dem Altar am Übergang des Schiffes in den Chor schmücken die vier Evangelisten an den Pfeilern und Engelsfiguren von Afinger auf den Giebeln, ähnlich dem Ziborium von Werder (Nr. 87.5). Aus den sich kreuzenden Dachgiebeln wächst eine schlanke, hohe Fiale. Vor die Wände des Chorraums sind Blendarkaden mit gekuppelten neugotischen Bögen geschaltet, eine Stuckarbeit mit reichem Maßwerk. Den oberen Abschluß bildet eine horizontale Maßwerksbrüstung mit Drei- und Vierpässen. Die Kirche ist innen und außen gut erhalten.

6. Basedow, Marstall, 1835

Basedow liegt bei Malchin in Mecklenburg-Vorpommern. Stüler errichtete diesen eindrucksvollen Bau für das große Gestüt des Grafen Hahn. Der erhöhte Mitteltrakt beherbergte die Reithalle. Unter dem kräftig profilierten Giebel liegt eine große Rosette, die einstmals eine Uhr barg, und eine Gruppe von drei gekuppelten Drillingsfenstern mit Rundbögen. Die Eck-Akrotere sind erhalten, die der Giebelspitze nicht. Unter einem weit vorspringenden, jetzt fast völlig erodierten Gesims stehen drei große, abgetreppte Portale, deren mittleres die Einfahrt bildete. Das Motiv der Rundbogenfenster setzt sich an den Seiten des Gebäudes in drei Zwillingsfenstern fort. Das Gebäude wird von eingeschossigen Stallungen mit Rundbogenportalen flankiert. Neben der Uhr sind zwei reichhaltige Wappen angebracht, das linke zeigt einen Hahn über einem Helmvisier und einen weiteren Hahn im Wappen unter der Grafenkrone. Das Gebäude befindet sich in einem desolaten Zustand.

7. Berlin-Charlottenburg, Schildhorn, Schildhornsäule, 1841–44

Der Sage nach durchschwamm der Wendenfürst Jaczo hier die Havel nach der verlorenen Schlacht bei Spandau 1155. Er gelobte, Christ zu werden, wenn er das rettende Ufer erreichte. Dies gelang. Er hängte seinen Schild an einem Baum und ließ sich taufen. Diese Szene stand Friedrich Wilhelm IV. vor Augen, als er Stüler mit einem entsprechenden Denkmal beauftragte und dazu auch einige Skizzen lieferte. Das Denkmal, heute ziemlich zugewachsen und auf der sich nördlich erstreckenden Schildhorn-Halbinsel nicht ganz leicht zu finden, stellt eine schmale, achteckige Säule mit gedrungenen Aststümpfen dar. Sie steht auf einem achteckigen Sockel mit viereckiger Plinthe, darunter ein gemauerter Sockelkubus. Die Säule trägt in der Mitte einen metallenen, nach Norden weisenden Rundschild. Das Ganze krönt ein kreisrund geformtes, altertümliches Kreuz. Das Denkmal ist restauriert und gut erhalten.

8. Berlin-Charlottenburg, Spandauer Damm / Ecke Schloßstraße, ehemalige Garde-du-Corps-Kasernen, 1851–59

Der König wünschte 1844 den Bau zweier Kasernen gegenüber dem Charlottenburger Schloß. Komplikationen beim Grundstückskauf ließen den Bau erst 1851 beginnen, 1859 wurde er abgeschlossen. Der klar gegliederte Kubus liefert von allen Seiten den gleichen Anblick. Der Bau ist siebenachsig, die mittleren drei Achsen springen als Risalit geringfügig vor und werden von Giebeln abgeschlossen, die die umlaufende Balustrade unterbrechen. Der Sockel des dreigeschossigen Baues ist gequadert, die beiden oberen Stockwerke sind glatt verputzt und mit Pilastern gegliedert, die in korinthischen Kapitellen mit Adlern und ausgebreiteten Flügeln enden. Ein Konsolgesims und ein Band mit kreisförmigen Fenstern schließt den Bau nach oben ab. Beherrschendes Element ist eine zentrale Kuppel auf dem Dach, die den Bezug zum Schloß herstellen soll und vermutlich nicht auf Stüler zurückgeht. Sechzehn Säulen mit korinthischen Kapitellen aus Terrakotta der Firma March tragen einen Fries mit Blattwerk und Helmen, darüber spannt sich die gerippte Halbkugel der Kuppel. Das im Krieg beschädigte Gebäude wurde in den 1950er Jahren wiederhergestellt, es beherbergt heute das Museum Berggruen. Die Abbildungen zeigen das westliche der beiden ganz gleichartigen Gebäude.

9. Berlin-Kreuzberg, Oranienstr. 132–134, ev. St.-Jacobi-Kirche, 1844/45

Der König wünschte diese Kirche als altchristliche Basilika. Zu der Anlage gehören ein Schul- und ein Pfarrhaus. Zusammen mit der Kirchenfassade schließen sie ein weites, zur Straße hin offenes Atrium mit Arkaden. In dessen Mitte steht die Statue des Apostel Jacobus. Neben der Kirche, an der Ecke des Atriums, erhebt sich der hohe Turm auf quadratischem Grundriß. Die oberen fünf Geschosse tragen jeweils drei Klangarkaden nach allen Seiten, deren mittleres Fenster geöffnet ist. Die Fenstersohlbank des vorletzten Geschosses enthält die Uhren. Die Giebel der Kirche werden mit Streifen dunklerer Ziegel betont. An der Rückseite des Baues finden sich drei markante Apsiden, die mittlere doppelt so hoch und so groß wie die beiden seitlichen. Letztere tragen ein kaum erkennbares Ornament quadratischer, dunkler Ziegelstreifen. Die Hauptapsis besitzt sechs abgetreppte, quadratische Öffnungen mit blinden Rundfenstern unter der Traufe. Die Kirche wurde im Februar 1945 zerstört und 1954–57 wiederhergerichtet, wobei der eindrucksvolle Innenraum nicht restauriert werden konnte.

10. Berlin-Marzahn, Alt Marzahn, ev. Dorfkirche, 1870/71

Die Kirche wurde schon 1857 entworfen, sie ersetzt die abgerissene Feldsteinkirche aus dem 13. Jahrhundert, eine von über fünfzig alten Berliner Dorfkirchen. Der gut erhaltene und gepflegte gelbe Backsteinbau ist sehr klein, mit fünf Achsen; markante Strebepfeiler bestimmen das Äußere. An der Chorseite erhebt sich ein hoher Staffelgiebel, auch die Turmgiebel über einer einfachen Doppelarkade sind gestaffelt. Unter dem Traufgesims liegt ein einfaches, gekreuztes Schmuckband aus Formziegeln. Der kleine, angeschobene Chor ist rechteckig. Im Innern überraschen ein weitgespanntes Kreuzrippengewölbe sowie eine sorgfältig restaurierte Hufeisenempore auf schmalen Ständern, die sechs Arkaden bilden. Die Kirche ist in vorzüglichem Zustand, jedoch wurde bei der Restaurierung 1962 und 1982/83 die ursprüngliche Ausstattung zerstört.

11. Berlin-Mitte, Am Lustgarten, Altes Museum, Prunktüre, 1841–59

Die Türe führt von der Säulenhalle des Schinkelbaus in die Rotunde. Auch Schinkel soll einen Entwurf für die Türe geliefert haben, er ist nicht erhalten. Die Türe wurde nach einem Entwurf Stülers und nach Modellen der Bildhauer A. und W. Wolff, Holbein und anderen in der Kunstgießerei des königlichen Gewerbeinstituts gegossen. Das Eisengestell ist mit einer Bronzeschale überzogen. Die Eisenarbeiten sind von Morell, die Ziselierung ist von Kornazewsky. Die Türe wiegt 0.75 t, sie ist 5,1 m hoch und insgesamt 3 m breit. Sie zeigt sechs von Arabesken umgebene Felder mit Figuren. Oben sind es

sechs Grazien, unten die Genien des Ruhmes und des Lebens sowie Musen mit Zither und Lyra. Im Mittelfeld finden sich zwei Genien, Personifikationen der Malerei und Bildhauerei. Die Türe bedarf einer sachkundigen Reinigung.

12. Berlin-Mitte, Bodestr. 3, Alte Nationalgalerie, 1867–76

Der Bau wurde 1867–76 von Johann Heinrich Strack ausgeführt, also nach dem Tode von Stüler, der das Gebäude 1862–65 entworfen und dabei Skizzen von Friedrich Wilhelm IV. berücksichtigt hatte. Dem Baugedanken liegt der Entwurf Friedrich Gillys für ein Denkmal Friedrichs des Großen zugrunde, für den sich 1797 der damals sechzehnjährige Schinkel so sehr begeistert hatte. Der tempelartige Oberbau auf 12 m hohem Sockel in Gestalt eines römischen Pseudoperipteros hat eine gewollte und gelungene städtebauliche Fernsicht. Die Stirnseite ist von frei stehenden korinthischen Säulen geprägt, an den übrigen Fronten sind es korinthische Halbsäulen, zwischen denen die Namen deutscher Künstler eingemeißelt sind. Die Fenster sind nur wenig betont. Dies ist nach dem Brandenburger Tor der erste Werksteinbau in Berlin. Das Relief des Frontgiebels von Moritz Schulz zeigt Germania als Beschützerin der Künste, darüber die Gruppe der drei bildenden Künste von Rudolf Schweinitz auf dem Giebel. Dem Gebäude vorgeschaltet ist eine große, doppelläufige Freitreppe, zwischen deren Wangen im Erdgeschoß der rundbogige Eingang liegt. Darüber erhebt sich das Reiterstandbild von Friedrich Wilhelm IV., eine Bronzearbeit von Alexander Calandrelli, 1882. Die Rückseite zeigt eine Exedra über die ganze Höhe der Nationalgalerie. Den oberen Abschluß bilden ein reich bewegter, wellenartiger Bildfries und ein Konsolsims unter einem Palmettenfries. Das Gebäude wurde im Krieg schwer beschädigt und schon in den 1950er Jahren wiederhergerichtet, eine weitere Restaurierung reichte bis 2001. Von der Stülerschen Innenarchitektur hat sich nichts erhalten. Das Gebäude ist in sehr gutem Zustand.

13. Berlin-Mitte, Bodestr. 4, Neues Museum, 1843 bis 1846, 1855, 1865

Die Abbildungen aus dem Neuen Museum geben den ruinösen Zustand im Mai 2003 wieder, sie lassen die alte Pracht nur erahnen. Das klassizistische Gebäude in Schinkelscher Tradition ist das wichtigste Bauwerk von Friedrich Wilhelm IV. und, neben dem Nationalmuseum in Stockholm und der Akademie in Budapest, das Hauptwerk von Stüler. 1841 entworfen, wurde es 1843–46 gebaut und wegen der Revolution von 1848 erst 1855 vollendet, die Ausmalung des Treppenhauses erst 1865. Die Museumsinsel, in ihrem Nordteil überwiegend Hafengelände, wurde mit diesem Bau zu einer großartigen Museumslandschaft erweitert. Dies verlangten die gewachsenen Sammlungen und ein gesteigertes Interesse für weitere Kunstgebiete. Wie das Alte Museum gruppiert sich auch das Neue Museum um zwei Innenhöfe. Der Mittelteil ist von Giebeln mit reichen figürlichen Darstellungen gekrönt, die Seitenrisalite tragen Kuppeln mit innen zweigeschossigen Rotunden. Der schlechte Baugrund verlangte ein leichtes Gebäude mit andererseits großer Tragkraft für schwere Exponate. Stüler löste dieses Problem höchst professionell und elegant mit weitgespannten Eisenkonstruktionen, den ersten ihrer Art in einem Großbau in Berlin, sowie mit Gewölben, die aus hohlen Töpfen gemauert wurden. Die Ruine, ein

trauriger Vorteil, läßt diese Bauelemente deutlich erkennen. Alle Räume waren in ihrer Architektur und Ausmalung auf die jeweiligen Exponate abgestellt.

14. Berlin-Mitte, Chausseestr. 126, Dorotheenstädtischer Friedhof, Grabmale von Gottfried Wilhelm Stüler und Philippine Stüler, 1843 und 1865

Wilhelm Stüler, der ältere Bruder Stülers, lebte von 1798 bis 1840, er war homöopathischer Arzt. Seine Frau Philippine, 1784 bis 1862, war Erzieherin und Freundin der Königin Josephine von Schweden. Die spätere Stele ist der ersten nachgebildet: Ein Akroter mit einer glattrandigen Palmette aus schlesischem Marmor birgt ein Medaillon mit dem Kopf eines Genius aus Carrara-Marmor. Die Grabmale sind in gutem Zustand.

15. Berlin-Mitte, Chausseestr. 127, Friedhof I der Französischen Reformierten Gemeinde, Grabmal von Peter Ludwig Ravené, 1867 vollendet

Ravené, 1793–1861, war Industrieller und Kunstsammler. Eine Arkadenhalle aus poliertem Syenit birgt die liegende Figur Ravenés und zwei kniende Engel, Bronzegüsse von Gustav Bläser. Die gekuppelten Säulen tragen korinthisierende Kapitelle, die vier Ecken besitzen Pfeiler. Auf dem Dach steht längs des Firstes ein niedriges Gitter mit pflanzlichen Formen und Mohnkapseln, begrenzt von zwei Kreuzen. Das Motiv der Mohnkapseln, Bild des Schlafes und des Todes, wird auf dem fein gearbeiteten Gitter mit Vierpässen, das die ganze Anlage umgibt, wiederaufgenommen. Das Grabmal ist in einem vorzüglichen Zustand.

16. Berlin-Mitte, Koppenplatz, Denkmal Christian Koppe, 1855

Vor eine Rückwand mit vier Pilastern sind vier Säulen gestellt, alle mit korinthischen Kapitellen, einer sehr eleganten Abwandlung des Typus vom Lysikrates-Denkmal in Athen. Auf den Säulen ruht ein Architrav mit einem Palmettenband. Das ursprünglich frei stehende Denkmal lehnt sich heute an eine Hauswand. Die Inschrift an der Rückwand lautet: »Christian Koppe, Raths Verwandter und Stadt Hauptmann in Berlin widmete diesen Platz und dessen Umgebung im Jahre 1705 als Ruhestätte den Armen und Waisen, in deren Mitte er selbst mit den Seinigen ruhen wollte und ruht. Sein Andenken ehrt dankbar die Stadt Berlin 1855.« Das Denkmal ist gut erhalten.

17. Berlin-Pankow, Breite Straße, ev. Dorfkirche, 1857–59

Bei dieser Kirche handelt es sich um einen Erweiterungsbau, der an eine mittelalterliche Kirche angeschlossen ist. Die alte Kirche wird als Chor benutzt, die neue ist dreischiffig mit höherem und breiterem Mittelschiff. Dieses Dreiermotiv wird in dem Durchbruch zum Chor wieder aufgenommen, wo zwei niedrigere und schmalere neben dem höheren zentralen Bogen stehen. Ein an der Ostwand des Chores abgesetzter breiter Bogen erweckt innen den Eindruck einer Apsis, die es jedoch nicht gibt. Taufstein und Kanzel sind erhalten, letztere zeigt die Kirchenlehrer, darunter Luther, Zinzendorf und Calvin. Zwei hohe, achteckige Chorflankentürme betonen die Grenze zwischen alter und neuer Kirche. 1908 wurde eine große Vorhalle mit zwei Nebengebäuden vor die Westseite gesetzt, die den Bau harmonisch abschließt. Die Kirche ist innen und außen in vorzüglichem Zustand.

18. Berlin-Schöneberg, Hauptstr. 46, Friedhof Alt-Schöneberg, Grabmal von Wilhelm Stier, 1858 bis 1860

Wilhelm Stier (1799–1856) war ein bei seinen Schülern sehr beliebter Lehrer an der Bauakademie. Ein vom Architekten-Verein ausgelobter Aufruf für einen Grabmalsentwurf brachte 54 Vorschläge ein, von denen keiner akzeptiert wurde. So erhielt Stüler den Auftrag, einen bereits vorformulierten Auftrag zu vollenden. Er baute einen dorischen Tempel mit sechs Säulen und einem Baldachin über der Grabplatte, das Ganze aus schlesischem Marmor. Auf dem Architrav findet sich über jeder Säule eine schlichte Rosette. Das Grabmal ist in gutem Zustand.

19. Berlin-Tiergarten, Alt-Moabit 25, ev. Kirche St. Johannis, 1851–57

Die Johanniskirche ist eine der von Schinkel gebauten Vorstadtkirchen, 1833–35. Die Gemeinde wünschte schon früh ein Pfarrhaus. Nach einigen Entwurfsänderungen baute Stüler 1851–53 das Pfarr- und Schulhaus, 1856 die Arkadenhalle und 1856/57 den Turm, der zur Zeit der photographischen Aufnahme für eine Renovierung eingerüstet war. Die elfachsige Arkadenhalle zeigt in der Mitte vor dem Haupteingang der Kirche eine große Vorhalle mit einem Christuskopf und zwei schwebenden Engeln im Giebel, getragen von zwei korinthischen Säulen vor ebensolchen Pilastern. An den Seiten vier Nischen mit Figuren der Evangelisten. Die Arkadenhalle ist gut erhalten.

20. Berlin-Tiergarten, Matthäikirchplatz, ev. Kirche St. Matthäus, 1844–46

Der 1843 gegründete Kirchenbauverein beauftragte Stüler mit einem Entwurf, der König übernahm das Patronat. Die Kirche ist eine dreischiffige Halle, die Seitenschiffe werden von kleineren Apsiden abgeschlossen, das Mittelschiff von einer höheren und größeren Apsis. An den Seiten des sechsachsigen Baues finden sich im Erdgeschoß jeweils kleine rundbogige Fensterpaare, im oberen Geschoß sowie an den Giebelseiten sind es Dreierfenster, deren mittleres etwas erhöht ist. Der eingestellte Turm an der Nordseite ist etwas schmaler als das Mittelschiff. Unter seiner achteckigen Spitze liegt ein Arkadenumgang, den vier Ecktürmchen begleiten, die aus den Lisenen hervorgehen. Durch schmale Nischen, die die Regenrohre aufnehmen, sind die Giebelfronten klar voneinander getrennt. Der ziegelsichtige Bau mit gelben Blendziegeln ist mit horizontalen roten Streifen und einem Sims unter den oberen Fenstern klar gegliedert, die zentrale Apsis und die Giebel zieren Rundfenster. Die Kirche wurde kurz vor Kriegsende stark zerstört und 1956–60 im äußeren Bild wiederhergestellt, sie ist vorzüglich erhalten. Das zerstörte Innere wurde vollständig verändert, es hat allerdings eine hervorragende Akustik und wird gerne zu Konzerten benutzt. Eine fast identische, aber etwas kleinere Stülerkirche steht in Peitz nördlich von Cottbus (Nr. 63.). Die Matthäuskirche ist in sehr gutem Zustand.

21. Berlin-Zehlendorf, ev. Kirche St. Peter und Paul auf Nikolskoe, 1834–37

Der erste Anstoß zum Bau dieser Kirche war der romantische Wunsch der Zarin, auf der Pfaueninsel Kirchenglocken läuten zu hören. Der König entschied sich für einen Entwurf Stülers, auch Vorschläge des Kronprinzen wurden aufgenommen. Die Kirche liegt auf dem relativ

steilen Hang des Havelufers gegenüber dem südwestlichen Ende der Pfaueninsel, was eine hohe Aufsockelung auf der Nordostseite erforderlich machte, auf die auch der hohe Querriegel verweist. Er trägt einen zentralen, erst vier-, dann achteckigen Turm mit reich verzierter Kuppel. Der Turm wird von zwei seitlichen, dreifachen Arkadenhallen flankiert, die das berühmte Geläut der Kirche bergen. Eine große, zentrale Fensterrose enthält auch eine Uhr. Die Lisenen an den Ecken des Querriegels sind ein wenig über das Dach hinausgezogen, ganz wie bei der Kirche von Christdorf (Nr. 21.1), die der Nikolskoer Kirche sehr ähnlich . Der hohe Saalbau hat vier Rundbogenfenster und eine Apsis mit fünf Rundfenstern. Der rückwärtige Giebel ist mit dunkelroten Ziegelquadraten geschmückt, ein umlaufender Sims umgibt fast die gesamte Kirche. Unter dem hölzernen Vorbau im russischen Stil liegt das große Portal, dessen Archivolte mit Terrakotta-Steinen mit pflanzlichen Motiven ausgelegt ist. Das gesamte ziegelsichtige Mauerwerk der Kirche ist äußerst akkurat ausgeführt. Ebenso gut ist das Innere der Kirche in der originalen Ausstattung erhalten. Die tief gegliederte Kassettendecke korrespondiert mit den Brüstungen der Emporen, die das gesamte Schiff umziehen. Der große Triumphbogen vor der Apsis findet seinen Widerpart in dem ebenso großen Bogen der Orgelnische. In den Zwickeln der Bögen sind vier Tondi mit den Evangelisten gemalt. Die Kapitelle der achteckigen, schlanken Emporenpfeiler sind wie Bildstöcke gehalten, mit Engelsbildern und Akanthusblättern. Eine Besonderheit ist die hohe Kanzel auf vier Pfeilern mit korinthischen Kapitellen und geflügelten Engelsköpfen. Am Korb finden sich ovale Mosaiken mit Petrus und Paulus. Gegenüber der Kanzel auf gleicher Höhe befand sich die Hofloge. Die Kirche ist ganz vorzüglich erhalten.

22. Berlin-Zehlendorf, Wilhelmplatz, ev. Dorfkirche am Stölpchensee, 1858/59

Auf einem Hügel über dem Stölpchensee, in beherrschender Lage, steht die kreuzförmige Kirche im Rundbogenstil, ein Auftrag an Stüler durch den König. Der mächtige Turm über der Vierung trägt, wie alle anderen Bauteile, Lisenen an den Ecken, die hier in Fialen übergehen. Chor und Querschiff sind als fünfteilige Konchen angelagert, das einschiffige Langhaus besitzt drei Achsen, auch seine Wände sind durch Lisenen gegliedert. Das gelbe, ziegelsichtige Mauerwerk mit roten, horizontalen Streifen ist vorzüglich erhalten. Die Westfassade zeigt eine große Fensterrose nach romanischem, italienischem Vorbild. Im Innern entwickeln sich die Bögen der Vierung ohne Kämpfer aus den Pfeilern. Bei der Restaurierung Anfang der 1990er Jahre wurde statt einer leichten, sandsteinfarbigen Quaderbemalung der Raum komplett geweißt und damit ein ungünstiger Kontrast zu den zu dunkel gestrichenen Decken erzeugt. Die Balkendecke des Langhauses ist flach, die der Vierung und der Konchen relativ steil. Die achteckige Kanzel auf schlanken Säulen zeigt stehende Apostelfiguren. Die Kirche besitzt ein prächtiges Grabmal der Hofgärtnerfamilie Heydert von 1777. Sie ist sehr gut erhalten.

23. Birkenwerder, ev. Pfarrkirche, 1847–49

Birkenwerder liegt im Nordwesten Berlins am Berliner Ring. Leicht erhöht über dem flachen Tal des Briese-Baches steht der einschiffige Saalbau mit vier Rundbogenfenstern auf jeder Seite. Vor der Westfassade mit großer Fensterrose befindet sich eine Arkadenhalle, wie sie Stüler oft baute, etwa in Bobrowice (Nr. 24.1) oder

Rothenburg (Nr. 76.1). Daran schließt sich der hohe Turm an der Nordwestecke an, unten vier-, darüber achteckig, mit spitzem Turm hinter Ziergiebeln. Ein Zickzacksims rahmt das Uhrengeschoß vom Turm und begleitet den Westgiebel sowie die Traufen von Seiten und Apsis. Die vier Rundbogenfenster verbindet ein Kaffgesims aus schmalen Dachziegeln. Die Apsis ist durch Lisenen in fünf Segmente gegliedert, die jeweils ein Rundfenster zeigen. Darunter sind Reste von Rundbogenfenstern sichtbar, die von zwei späteren Anbauten verdeckt werden. Die Apsis ähnelt derjenigen der Matthäuskirche in Berlin-Tiergarten (Nr. 20.2). Der ziegelsichtige Bau besteht aus gelben Birkenwerder Ziegeln. Das schlichte Innere wird von einer hohen, sehr dunklen und flachen Balkendecke beherrscht. Die Kirche ist gut erhalten.

24. Bobrowice (Bobersberg), ehemals ev., jetzt kath. Kirche, 1853–56

Die Kirche von Bobersberg, wenig südlich von Krossen an der Oder und wenig östlich der deutschen Grenze, steht an einem großen, weiten und leeren Marktplatz. Schon 1843 lag der Oberbaudeputation ein Entwurf vor, zu dem Stüler einen eigenen Gegenentwurf lieferte. Es ist eine sechsachsige Emporenbasilika in Rundbogenformen. Den westlichen Giebel schmückt eine große Fensterrose, die innen von der Orgel verdeckt wird. Vorgelagert findet sich eine dreibogige Arkadenhalle mit dem Eingang, an der südwestlichen Gebäudeecke schließt sich der sehr hohe Turm an, den stark profilierte Lisenen gliedern. Darüber erhebt sich, eingezogen, die Turmspitze. Die Situation ähnelt derjenigen von Birkenwerder (Nr. 23.1). Die Arkaden des Innern stehen mit schmalen Kämpferbändern auf quadratischen Pfeilern. Der Abbruch der seitlichen Emporen macht die Kirche sehr hell, da sie sowohl durch die Seiten- als auch die Obergadenfenster Licht empfängt. Die fensterlose Apsis liegt hinter einem großen Triumphbogen, der keine Inschrift mehr enthält. An den Wänden ist eine Quaderung angedeutet. Äußeres und Inneres der Kirche sind vorzüglich erhalten und gepflegt.

25. Brodowin, ev. Dorfkirche, 1852/53

Brodowin liegt südlich von Angermünde nahe dem Parsteiner See. Der Vorgängerbau war 1848 abgebrannt. Ein von der Oberbaubehörde bereits revidierter Entwurf wurde vom König abgelehnt, er beauftragte Stüler. Die Kirche ist eine neugotische Halle aus glatt gespaltenem Feldstein in Zyklopenmauerwerk. Die Ecken der fünfseitigen, dreifenstrigen Apsis sind in Ziegeln abgesetzt. Der eingezogene Westturm setzt sich über dem Giebel im Achteck fort und ist bis in die Spitze ausgemauert. Den Baukörper des Schiffes begrenzen im Osten und Westen aus Backstein aufgeführte Staffelgiebel mit doppelten, tief abgestuften Blendarkaden und Fialen. Das Innere der etwas düster wirkenden Kirche wird von einem relativ flachen Giebeldach überspannt, dessen Binder mit schmalen Spitzbögen mit Dreipässen ausgefüllt sind, ganz ähnlich der Kirche von Lietzow (Nr. 56.4). Der dreiteilige Prospekt der Orgel wird von zwei schlanken Fialen gerahmt. Die Kirche ist vorzüglich erhalten.

26. Budapest, Akademie der Wissenschaften, 1862 bis 1865

Die Akademie liegt in beherrschender Lage nördlich des Roosevelt-Platzes mit der Kettenbrücke an der hier von Norden nach Süden fließenden Donau. Zum Stüler-Entwurf gab es seinerzeit eine Fülle von konkurrierenden

Entwürfen, darunter auch einen von Leo von Klenze. Die Vierflügelanlage hat nur einen Innenhof, die Ostseite wurde wegen der begleitenden Akademiestraße leicht abgeschrägt, so daß kein rechteckiger Grundriß entstand. Die Schauseite weist mit weit vorspringendem Mittelrisalit nach Süden auf den Roosevelt-Platz. Dieser Risalit ist fünfachsig mit Eingangsarkaden und gekuppelten Säulen, hinter denen sich im ersten Stock der große Festsaal verbirgt. Die Südseite zählt insgesamt dreizehn Achsen. Auch die westliche Donauseite ist dreizehnachsig, enger gestaffelt und mit einem wenig vorspringenden, dreiachsigen Mittelrisalit. Den Sockel des ersten Stocks über dem Kranzgesims umgeben Balustraden an den Fenstern und Balkonen. Auch wird das ganze Gebäude von einer umlaufenden Balustrade gekrönt. Der reiche Skulpturenschmuck der Fassaden besteht aus Terrakotta der Firma March. Es sind Statuen berühmter Wissenschaftler und Künstler. Auch die Schäfte der Säulen und Eckpilaster des südlichen Risalits sind reich geschmückt, sowohl mit männlichen Skulpturen als auch mit reichem Akanthus-Blattwerk. Das Vestibül, eine prächtige fünfschiffige Säulenhalle, führt auf einen leicht erhöhten Quergang, der rechts zur heutigen Bibliothek und links zum Restaurant und dem dahinter liegenden heutigen Klubraum führt. Die schlanken, gußeisernen Säulen des Klubraums sind dreigeteilt: Im unteren Drittel achteckig, im mittleren mit reichem Pflanzenwerk geschmückt und oben kanneliert. Das repräsentative Treppenhaus leitet zum ersten und zweiten Stock. Im ersten Stock liegt der große, durch zwei Geschosse gehende Festsaal. Die schwere, gewölbte Decke mit Kassetten wird über der Empore von jeweils doppelten Karyatiden getragen, darunter von Säulen. Im ersten Stock liegt auch der große Vorlesungssaal mit tief profilierter Kassettendecke. Im dritten Stock befindet sich die Esterhazysche Gemäldegalerie, teilweise mit Oberlichträumen, deren Deckenfelderung an den Raffaelsaal im Orangerieschloß in Potsdam (Nr. 67.4, 67.5) und ähnliche Räume im Nationalmuseum in Stockholm erinnert. Kriegsschäden wurden in mehreren Restaurierungen beseitigt, das Gebäude ist innen und außen in vorzüglichem Zustand.

27. Caputh, Straße der Einheit, ev. Kirche, 1850–52

Caputh liegt etwas südlich von Potsdam am Templiner und Schwielow-See. Die Kirche steht ganz in der Nähe des kurfürstlichen, frühbarocken Schlosses. Ein Umbauentwurf der Regierung Potsdam war vom König abgelehnt worden, der Stüler mit einem neuen Entwurf beauftragte und auf Details, so die Gestaltung des Turmes, Einfluß nahm. Die Kirche ist eine dreischiffige, fünfjochige Emporenbasilika im Stil der italienischen Romanik, etwa San Zeno in Verona. Auf Wunsch des Königs wurden Teile der Mauern des Vorgängerbaus beibehalten. Die reich gegliederte südwestliche Fassade zeigt Putzquaderwerk mit gelbem Ziegelwerk an den Lisenen und Gebäudeecken. Im Hauptgiebel liegt eine große Fensterrose, der kleine Giebel der Vorhalle hat fünffache Rundbogenfenster, zur Mitte hin ansteigend. An der Nordwestseite, zur Straße hin, erhebt sich der hohe, frei stehende Campanile, mit dem Schiff durch eine kleine Zwischenhalle mit einer Sakristei verbunden. Der Turm, im Sockel viereckig, geht in einen achteckigen Teil über, dessen Ecklisenen den Bau deutlich gliedern. Darüber ein flacher Helm mit Kreuz. Im Innern werden die Arkaden von Pfeilern mit schlanken Ecksäulen, bekrönt von Würfelkapitellchen, getragen, die kassettierte Decke ist flach. Der Orgelprospekt ist original erhalten, vor der Apsis wölbt sich ein großer Triumphbogen mit einem Spruchband. Die beiden großen Kronleuchter sind über sinnreiche Seilzüge und Rollen miteinander verbunden. Die Kirche wurde nach der Wende vorzüglich renoviert und ist sehr gut erhalten.

28. Caputh, Marienquelle, 1855

Der Entwurf der Quellfassung geht auf eine Anregung des Königs zurück, der das Grab der Maria im Kidrontal bei Jerusalem als Vorlage wünschte. Die Marienquelle liegt etwa 400 m nördlich vom Ortsende seitlich der Uferstraße, recht einsam im dichten Wald, davor der Quelltümpel, der keine Fassungen mehr erkennen läßt. Der Bau besteht aus einer schlichten, gelben Ziegelmauer mit seitlichen, niedrigeren Fortsätzen und drei übereinandergestaffelten, weiten Spitzbögen aus roten Ziegeln, die an sarazenische Formen erinnern. Die beiden äußeren Bögen werden von vier Säulen getragen, hinter dem inneren Bogen mit dem eigentlichen Quelldurchlaß liegt ein ausgeputztes Quadrat, in dessen Zwickeln zwei Tondi mit zerstörten Reliefs angebracht sind. Die Marienquelle wurde vor einigen Jahren renoviert, auch eine spätere, arge Verunzierung durch Graffitti wurde entfernt.

29. Christdorf, ev. Dorfkirche, 1835–37

Das winzige Christdorf liegt etwas südlich von Wittstock/ Dosse in der Nähe der Autobahn, kurz: südlich des Dreiecks Wittstock mit der Gabelung Hamburg / Rostock. Da der Patron der Kirche die Baukosten trug, wurde der Entwurf nicht von der Oberbaudeputation unter Schinkel erstellt oder begutachtet. Eine Mitarbeit an der Kirche durch Stülers Bruder Carl Askan wird diskutiert. Die Kirche ist nicht geostet und weist mit dem großen Querriegel nach Südwesten. Die Ähnlichkeit mit der etwa zeitgleichen Kirche St. Peter und Paul auf Nikolskoe in Berlin-Zehlendorf ist verblüffend (Nr. 21). Wie dort enden die Ecklisenen des südwestlichen Querriegels in kleinen Türmchen, mit einer Balustrade mit kreuzförmigen Aussparungen verbunden. Der durch verschiedene Gesimse gegliederte Turm ist viereckig und trägt ein flaches Pyramidendach mit Kreuz über dem Glockengeschoß, es gibt also keine Kuppel wie bei St. Peter und Paul. Eine Fensterrose mit darüber geführtem Sims und eine kleine Giebelvorhalle mit rundbogigem Tor schmücken diese Vorderseite des Baues. Die Kirche schließt mit einer gedrungenen, halbrunden Apsis mit fünf Rundfenstern sowie zwei ebensolchen Fenstern rechts und links an der Rückwand ab. Starke Gesimslinien gliedern den ganzen Bau, besonders deutlich an den Seiten des Schiffes als Sohlbank-, Kämpfer- und Traufgesims. Durch drei nicht eben große Rundbogenfenster auf jeder Seite fällt Licht in das Innere. Es ist ungleich schlichter gehalten als St. Peter und Paul. Hohe und breite Emporen beanspruchen viel Platz und machen die Kirche relativ dunkel, die Bretterdecke ist flach und sparsam bemalt, sie wird auch von den zweigeschossigen Emporenstützen getragen. Die Kanzel mit geschwungener Treppe steht hinter dem Altar an der rückwärtigen Apsisrundung. Auch hier geben die fünf kleinen Rundfenster nur wenig Licht, sie sind teilweise bunt verglast. Die Taufe stammt aus der ursprünglichen Ausstattung. Die Wangen des Gestühls sind fein und reich bemalt. Sehr auffallend sind die breiten, ebenfalls reich bemalten Doppelvoluten an den Emporenstützen, die zu breiten Kraghölzern überleiten. Die Kirche ist außen gut erhalten.

30. Colbitz, ev. Dorfkirche, 1866–69

Colbitz liegt am Rande der Colbitz-Letzlinger Heide, etwa 20 km nördlich von Magdeburg. Stülers Entwurf der Kirche stammt von 1861, ihren Bau hat er nicht mehr erlebt. Die Kirche ist so eng mit Bäumen zugestellt, daß sie nicht von außen photographiert werden konnte. Dafür belohnt das Innere, eine weite, lichte Emporenhalle mit schlanken, hölzernen Bündelsäulen, aus denen sich, über geschnitzten Kapitellen große Arkaden entwickeln, sowohl parallel zu den Schiffswänden als auch quer dazu. In den Zwickeln der Arkaden sitzen Sechspässe. Die Decke des Mittelschiffs zeigt keinen Dachgiebel, sondern ist ebenso flach wie die der Seitenschiffe, aber um ein weniges erhöht. Die beiden so entstehenden seitlichen Begrenzungswände sind mit vorgesetzten kleinen Säulen und Arkaden in langer Reihe geschmückt. Die die Emporen tragenden Kapitelle und Kraghölzer sind aufwendig geschnitzt. Die Apsis ist fensterlos, die Ausmalung nicht original. Der Triumphbogen und die südliche Türe zur Sakristei sind mit Rundstäben besetzt, die Würfelkapitelle tragen. Die Kirche ist innen und außen sehr gut erhalten.

31. Cottbus-Branitz, Parkschmiede, 1853?

Schloß Branitz liegt südöstlich von Cottbus, gehört aber noch zu dessen Stadtgebiet. Stüler hat mit Sicherheit für den Fürsten Pückler gearbeitet, seine Urheberschaft für die Parkschmiede läßt sich durch Quellen nicht belegen. Die Bauausführung soll in den Händen von Reinhold Persius gelegen haben, dem Sohn von Ludwig Persius. Östlich des Schlosses liegt das zweistöckige Wohnhaus, das auch die Schmiede enthält. Das Gebäude vereinigt Schmuckelemente der Castle Gothic und orientalisierende Säulen, die aus den Ecklisenen hervorgehen. Die Giebelspitze krönt ein großer Stern, der wohl die Sonne symbolisieren soll. Das Baudatum ist nicht sicher. Das Gebäude wurde 1994 sorgfältig restauriert und wird heute von der Parkverwaltung genutzt.

32. Dabrowka Wielkopolska (Groß Dammer), Schloß, 1856–59

Groß-Dammer liegt knapp 80 km westlich von Posen. Der »Landsitz des Grafen Schwartzenau zu Dammern« ist ein ausgeprägter Bau der Neurenaissance über regelmäßigem Grundriß. An den Ecken des rechteckigen Baues, der sich nach Südsüdwest zum Park hin öffnet, sind vier achteckige Türme angeschoben, die das Schloß mit nur einer Ecke berühren. Sie überragen das zweigeschossige Haus um zwei Stockwerke. Die Parkfassade prägt ein dreiachsiger Mittelrisalit, dreistöckig und mit Halbkreisgiebel, in jedem Stockwerk mit Pilastern und drei Arkaden, deren mittlere im Erdgeschoß die Türe zu Freitreppe und Park bildet. Das Walmdach besitzt zwei breite Schleppluken. Beherrschendes Element der Fassaden sind die gekuppelten Drillingsarkaden mit reichem Terrakotta-Schmuck an den Kompositkapitellen und in den Wölbungen. Dieses Motiv ist der oberitalienischen Renaissance entlehnt. Das Schloß ist baulich in keinem guten Zustand, besonders die Dächer der Türme bedürfen dringend der Reparatur.

33. Demmin, ev. Bartholomäuskirche, Turm und Restaurierung, 1862–67

Demmin liegt in Mecklenburg-Vorpommern etwa 40 km westlich von Anklam oder 30 km südöstlich von Greifswald. Die mittelalterliche Kirche war im Nordischen Krieg 1676 fast vollständig zerstört worden. Nach einer

Restaurierung 1684–1707 und einer neuen Einwölbung 1734 befand sich der turmlose Baukörper in einem desolaten Zustand. Stüler errichtete einen neuen Turm und besorgte eine umfassende Restaurierung des Kircheninnern. Der knapp 100 m hohe Turm erhebt sich fast abrupt über dem alten Mauerwerk der Westfassade, mit aus Lisenen hervortretenden Fialen im Uhrengeschoß, einem Glockengeschoß, jetzt achteckig und mit hohen, gestuften Maßwerkfenstern. Die Spitze ist massiv gemauert, mit Kreisfenstern, darunter liegt ein schmales Geschoß mit Giebelfenstern. Der Chorgiebel mit Blendfenstern und krabbenbesetzten Fialen wurde ebenfalls neu aufgemauert. Im Innern überraschen die gemauerten Emporen an den Wänden der Seitenschiffe mit flachen Stichbögen und gemauerten, achteckigen Ziegelpfeilern, die Kapitelle tragen Blattmotive. Die Kanzel mit um den Pfeiler geschwungener Treppe zeigt stehende Figuren in den Korbfeldern, darüber befindet sich ein reicher Schalldeckel mit Giebeln, Dreipässen und krabbenbesetzten Fialen. Die Restaurierung kostete seinerzeit 97 000 Taler, die Kirche ist in einem hervorragenden Zustand.

34. Dippmannsdorf, ev. Kirche, 1860

Dippmannsdorf liegt südlich von Brandenburg am Rande des Fläming. Die kleine, dreiachsige Saalkirche ist die einzige noch stehende Fachwerkkirche von Stüler. Der Bau ruht auf einem sauber gequaderten Feldsteinsockel. Er besitzt eine fünfseitige Apsis mit drei Fenstern. Am Giebel darüber ein Doppelfenster und eine Uhr. Alle Fenster bis auf die unteren kleinen an den Seiten zeigen Tudorbögen. Die Kirche hat keinen Turm, sondern nur einen kleinen, verbretterten Dachreiter über dem westlichen Eingang. Das Innere ist sehr schlicht. Eine flache, hell gestrichene Balkendecke überspannt den gesamten Raum, von nur vier Schrägstützen getragen. Eine Hufeisenempore reicht bis zu den eingezogenen Wänden der Sakristei und eines Nebenraumes gegenüber. Der Raum unter der Orgelempore ist geschickt als Winterkirche abgetrennt, der fünfteilige Orgelprospekt ist sehr schlicht. Der Triumphbogen vor der Apsis besitzt einen tudorartigen Spitzbogen, die Decke der Apsis hat keine Wölbung, sondern einfaches Gebälk. Von der 1994 durchgeführten Restaurierung ist im Innern leider nicht mehr viel zu sehen.

35. Ellrich, ev. Pfarrkirche St. Johannis, 1866–83

Ellrich liegt am Südrand des Harzes zwischen Bad Lauterberg und Nordhausen. Die mittelalterliche Kirche war 1860 abgebrannt. Erhalten blieben nur das Mauerwerk des Turmes und des Chores. Dazwischen wurde die neue Kirche von lokalen Architekten gebaut, mit weitgehenden Eingriffen von Stüler. Die neugotische Kirche hat ein dreischiffiges Langhaus, eine Halle mit quergerichteten Dächern der Seitenschiffe. Dazu tritt im Osten ein viertes, breiteres Schiff als Querschiff. Alle Giebel tragen einfache Fialen an den Spitzen mit wenigen Krabben, in die Giebel sind kreisrunde Fenster mit Maßwerk eingelassen. Hohe Maßwerkfenster stehen über kleinen Doppelfenstern im Sockelbereich, über denen das Gesims hochgezogen ist. Die Doppeltürme der alten Kirche sind abgebrochen, bis auf klägliche Reste verschwunden. Das unverputzte Innere zeigt Kreuzrippengewölbe zwischen Gurtbögen auf kräftigen Säulen aus Dolomitquadern, aus denen auch die Außenmauern sind. Die Kapitelle sind schmucklos und einfach gestaltet. Die eigentlichen Gewölbe bestehen aus Ziegelmauerwerk. Die Kirche ist in trostlosem Zustand.

36. Emsdetten, kath. Pfarrkirche St. Pankratius, 1846–48

Emsdetten liegt nördlich von Münster, westlich des Teutoburger Waldes. Von dieser Kirche baute Stüler lediglich das Langhaus und den Chor. Die mittelalterliche Westfront mit Turm wurde 1905 abgebrochen und ersetzt. Die Kirche ist einer der ersten neugotischen Bauten in Westfalen. Die Seiten des fünfachsigen Langhauses werden von hohen Strebepfeilern und schmalen Maßwerkfenstern mit Drei- und Vierpässen gegliedert. Das Innere ist eine weite, dreischiffige Halle, deren Kreuzrippengewölbe auf schlanken, achteckigen Pfeilern mit schlichten Kapitellen liegen. Die Orgelempore geht von Wand zu Wand. Sie hat eine sehr offene, durchbrochene Brüstung mit Vierpässen. Der Chorraum stammt nicht von Stüler, er wurde 1900 verändert. Die Kirche ist innen und außen in sehr gutem Zustand.

37. Fehrbellin, ev. Pfarrkirche, 1866/67

Fehrbellin liegt im Rhin Luch, etwa 15 km südlich von Neuruppin. Der Entwurf zur Kirche stammt von 1858, erst 1866, also nach dem Tode von Stüler, wurde mit dem Bau begonnen. Das fünfachsige Langhaus dieser neugotischen Kirche ist zwischen zwei Staffelgiebel gestellt, vor dem westlichen befindet sich der hohe Turm, vor dem östlichen der 5/8-Chor. Beide werden von kleinen, polygonalen Türmchen flankiert, die im Westen die Emporentreppen, im Osten die Sakristei und Nebenräume aufnehmen. Aus den Ecklisenen des Turmes wachsen achteckige Fialen, die das Uhrgeschoß umgeben, darüber setzt die achteckige, gemauerte Spitze an. Die Staffelgiebel zieren doppelte Blend- und offene Kreisfenster. Die Fensterrose des Ostgiebels geht auf den Dachraum, unter dem Kreisfenster des Turmes befindet sich ein Christuskopf von March. Unterhalb der Maßwerkfenster des Langhauses sitzen doppelte Lanzettfenster. Das Sohlbankgesims ist neben den Fenstern nach unten gezogen. Die Wand gliedern vier Strebepfeiler, die allerdings keinen Gewölbedruck aufnehmen, weil es im Innern keine Wölbung gibt. Die Balkendecke des Innern ist in den Seitenschiffen eben, im Hauptschiff in eine flache Giebelschräge gelegt. Schlanke, sehr hohe Emporenstützen tragen als elegante Bündelsäulen die Decke. Die Hufeisenempore umgibt fast das ganze Schiff, ihre Brüstung ist ganz schlicht kassettiert, sie ist um ein Joch verkürzt. Das Rippengewölbe der Apsis mündet in einen Ring. Die Kirche wurde nach den Aufnahmen 2003 renoviert.

38. Friedewalde, ev. Kirche, 1854–56

Friedewalde liegt wenige Kilometer nördlich von Minden. Die Westfassade ist hinter dichten Bäumen verborgen, der Turm wurde erst 1893 angebaut. Das fünfachsige, ziegelsichtig gemauerte Langhaus hat fünf schmale, einfache Fenster über den Emporen und kleinere Doppelfenster im Obergaden. Der Ostgiebel der geosteten Kirche zeigt eine große Fensterrose, die jedoch verblendet, im Innern also nicht sichtbar ist. Die Kirche wird von einer sauber gemauerten 5/8 Apsis mit drei Fenstern abgeschlossen. Den Ostgiebel begleitet ein gestaffeltes Traufgesims. Die Balkendecken von Haupt- und Seitenschiffen sind flach, im Hauptschiff haben sie große Zapfenbalken. Massive, achteckige Pfeiler mit schlichten Kapitellen tragen die Spitzbögen des Langhauses und die Hufeisenempore. Der Orgelprospekt ist modern, vor der Apsis mit schlichtem Rippengewölbe steht ein doppelter Triumphbogen, ein Chorjoch. Dieses Element geht

auf einen Entwurf des Königs zurück. Die Kirche ist innen und außen vorzüglich erhalten.

39. Frombork (Frauenburg), ev., jetzt kath. Kirche, 1857–61

Frombork liegt östlich von Danzig an der Zalew Wislany, einem Teil der Danziger Bucht, wenige Kilometer vor der russischen Grenze. Der König wählte 1854 den Bauplatz am Fuße des Dombergs aus, übernahm das Patronat und beauftragte Stüler mit dem Bau. Vielleicht lieferte der König auch eine Skizze. Die kleine Kirche mit sehr hohem Turm ist ein neugotischer Backsteinbau, an der engen Straßenfront kaum und an der Rückseite gar nicht photographierbar. Dort befindet sich ein Staffelgiebel mit Blendfenstern. Die Kirche ist vierachsig. Die westliche Straßenfassade zeigt drei Maßwerkfenster über dem wenig vorgezogenen Portal mit spitzem Giebel. Auffälligstes Element sind je zwei Blendarkaden neben dem eingezogenen Turm, die von verspielten Bogenformen, einem Eselsrücken, gekrönt werden, wohl einmalig im Œuvre Stülers. Die Strebepfeiler der Ecken nehmen, in schlanke Fialen mündend, diese Bögen seitlich auf. Auch der Turm wird von scharf profilierten Ecklisenen gegliedert, die in spitz behelmte Fialen übergehen. Diese Helme wurden später umgestaltet. Das Innere der Kirche wurde 1928 ausgemalt. Äußerlich ist die Kirche gut erhalten.

40. Glindow, ev. Kirche, 1852/53

Glindow liegt südwestlich von Potsdam, nahe Werder. Das siebenachsige Langhaus der neugotischen Kirche ist zwischen zwei Staffelgiebel gestellt. Vor dem westlichen steht der sehr hohe Turm, eventuell inspiriert von dem Architekten Soller, dessen Entwurf auf Befehl des Königs die Grundlage des Stülerschen Bauplans war. Der klar gegliederte Turm endet mit einer Giebelwand unter der Turmspitze, die mittleren Fenster der dazu gehörenden Dreifenstergruppe enthalten heute unauffällige Richtfunkantennen. Der östliche Staffelgiebel ist besonders prächtig und aufwendig gestaltet, mit zahllosen Blendfenstern und Nischen. Der Sockel der Kirche bis zur kräftigen Fenstersohlbank ist aus Feldstein aufgeführt. Das schlichte Innere der Kirche wird von der flachen Decke in Fischgrätenmuster bestimmt, deren Balken auf wenig hervortretenden Halbpfeilern ruhen. Die Brüstungen der Hufeisenempore, die den Altarraum frei läßt, sind mit gotisierenden Profilleisten bemalt, ebenso die Ostwand des Altarraums. Die Kirche ist innen und außen vorzüglich erhalten.

41. Gliwice (Gleiwitz), ehemals ev., jetzt kath. Kirche, bis 1859

Gleiwitz liegt am Westrand des großen Industriereviers von Kattowitz im Süden Polens. Die evangelische Gemeinde war gewachsen und benötigte einen eigenen Neubau, der König gab einen Zuschuß von 6000 Talern. Die dreischiffige, nach Süden exponierte Emporenbasilika hat einen schwach vorgezogenen Mittelrisalit, dessen Ecklisenen wie die der Seitenschiffe in spitze Fialentürme übergehen, genauso ist der Turm gehalten, dessen Lisenen über eine Brüstung hinaus zu Fialen werden. Die Brüstung umgibt eine schmale Plattform, über der sich der spitze Turm erhebt. Über der sehr großen Fensterrose, deren Rundung im Innern der Orgelprospekt kunstvoll nachgeführt ist, befindet sich eine Nische mit einer Statue. Drei kleine Fenster unter der Rose beleuchten den Vorraum unter der Orgel, den Narthex, darunter liegt das große Eingangsportal mit drei eng aneinandergekuppelten Arkaden. Die ursprünglich siebenjochige Kirche wurde 1930 an der Apsisseite um ein Joch erweitert, wobei eine neue Apsis angebaut wurde. Die stark profilierten Balkendecken von Schiff und Seitenschiffen sind flach, die großen Fenster über den Emporen und die Obergadenfenster geben, teilweise bemalt, relativ wenig Licht. Die von schmalen Profilen begleiteten Arkaden ruhen auf schlanken, achteckigen Pfeilern mit großblättrigen korinthischen Kapitellen. Die Kirche ist sehr gut erhalten und gepflegt.

42. Groß Linde, ev. Dorfkirche, 1861

Groß Linde liegt wenig nördlich von Perleberg. Der Patron Graf C. O. F. von Voss auf Stavenow veranlaßte den Neubau und beauftragte Stüler. Die geostete Kirche ist ein neugotischer Saalbau in Feldsteinmauerwerk zwischen zwei Staffelgiebeln. An den östlichen lehnt sich ein 5/8-Chor mit drei Fenstern und kräftigen Strebepfeilern in Ziegelmauerwerk. Der hohe Turm ist sehr klar gegliedert, mit deutlichen Lisenen, die über dem Glockengeschoß mit zwei Arkaden in niedrigen Türmchen enden und mit einer über mehrere Stockwerke reichenden Arkade mit einem Kreisfenster. Die Turmspitze ist mit Schiefer gedeckt. Das schöne Portal in Ziegelwerk ist vierfach tief gestuft. Die Balkendecke im Innern ist dachförmig. Die westliche Orgelempore ruht auf acht schlanken Pfeilern mit kleinen Kapitellen. Das Gewölbe des Chores wird von kleinen Diensten mit Blattkapitellen getragen, der Triumphbogen zeigt das gleiche Motiv. Die Ausmalung von etwa 1900 wurde bis 1993 zusammen mit der ganzen Kirche restauriert, die Kirche ist in hervorragendem Zustand.

43. Hammer, ev. Kirche, 1856

Hammer liegt nördlich von Berlin, bei Liebenwalde. Etwa zwei Drittel der von Stüler gebauten Kirchen sind neugotisch, das dritte Drittel bestreiten Kirchen im Rundbogenstil im weiten Sinne des Wortes. Die Kirche von Hammer ist ein besonders prägnantes Beispiel für den Rundbogenstil romanischer Prägung. Die Kirche benutzt Mauern eines Vorgängerbaus, der auf Wunsch des Königs frei stehende Turm berührt das Gebäude nur an der nordwestlichen Ecke der Fassade. Die hohen Rundbogen im Glockengeschoß und die senkrechten Öffnungen in dem niedrigen Uhrengeschoß sind typisch für Stüler. Die eingezogene, achteckige Turmspitze ist mit Schiefer gedeckt. Die Kirche ist fünfachsig, mit hohen Rundbogenfenstern und kleineren Doppelfenstern unter den Emporen. Die halbkreisförmige Apsis erreicht fast die Höhe des Schiffes, sie ist mit einer fensterlosen Zwerggalerie geschmückt, mit kleinen Säulen und kleinen Würfelkapitellen. Im Innern überraschen hohe und schlanke Pfeiler, die die geschlossen durchgehende Empore und eine kunstvoll bemalte Balkendecke tragen. Auch die Kapitelle sind reich bemalt, besonders aber die weitgespannten Arkaden, die die flach gedeckten Seitenschiffe von der zentralen dachförmigen Decke trennen. In der schlichten Apsis mit Triumphbogen steht die Kanzel hinter dem Altar. Die prächtige Orgel hat drei große, runde Prospekte und dazwischen zwei kleinere, flache. Die Kirche ist vorzüglich renoviert und erhalten.

44. Hasserode, ehemals ev. Kirche, jetzt Kindergarten, 1847

Hasserode liegt am Nordrand des Harzes, unmittelbar südlich von Wernigerode, zu dem es gehört. Zur Vorge-

schichte des Baues gehören mehrere Entwürfe verschiedener Architekten und Beurteilungen durch die Oberbaudeputation, bis 1841 der endgültige Entwurf Stülers vorlag, der eine Kirche über dem Grundriß des griechischen Kreuzes vorsah. Durch die großen Nebengebäude in den Zwickeln der sich kreuzenden Schiffe hat die Kirche einen quadratischen Grundriß. Die westliche Fassade mit dem Eingang hat in jedem der drei Gebäudeteile eine Arkade mit Türe und im Mittelteil eine Fensterrose im Giebel. Darunter liegt eine große, gekuppelte Dreierarkade mit Rundbogenfenstern, deren mittleres erhöht ist. Die Ostseite zieren drei große Apsiden. Die unteren Fenster der Südseite wurden eingebrochen, als nach der Aufgabe des Gebäudes als Kirche 1909 Zwischendecken eingezogen wurden. Das Gebäude dient als Kindergarten und ist gut erhalten.

45. Hechingen, Burg Hohenzollern, 1850–67

Hechingen liegt etwa 20 km südlich von Tübingen, landschaftsbeherrschend erhebt sich darüber die Hohenzollernburg, übrigens in einer erdbebengefährdeten Zone, am Rande der Schwäbischen Alb. Die Aufnahme der Nr. 45.1 wurde vom Raichberg aus, 2,5 km südöstlich der Burg, gemacht. Die 1454 wiederaufgebaute Burg bestimmt im Kern die heutige Anlage. Kronprinz Friedrich Wilhelm besuchte die Burg 1819 und setzte sich für eine Restaurierung ein. Nach verschiedenen Entwürfen verschiedener Architekten entwarf Stüler 1846/47 die grundlegende Baugestalt. 1854 wurde mit dem Bau begonnen, 1856 war der Rohbau vollendet. Der innere Ausbau reichte bis zur Weihe am 3.10.1867 und darüber hinaus. Man betritt das Schloß durch das Adlertor mit dem Reiterrelief und darüber der Hohenzollerndevise »Vom Fels zum Meer«. Dann führt der Weg durch viele Schleifen durch die eigentlichen Festungsanlagen, die bis 1853 als Antwort auf den Badischen Aufstand gebaut wurden. An der evangelischen Kirche vorbei betritt man dann den eigentlichen, nach Südosten hin offenen Burghof mit seinen tief gestaffelten Gebäuden und der Freitreppe mit ihren abgestuften Säulen und der Statue des Jos Niklas, eines Zollern-Grafen. Im Hauptgeschoß hinter der Treppe liegt die hohe, schmale Stammbaumhalle, an die sich der den ganzen Flügel einnehmende Grafensaal anschließt. Mit seinem breiten Mittelschiff und den schmalen Seiten erinnert er an einen Sakralraum. Säulen mit vergoldeten Kapitellen tragen ein spitzwinkliges Kreuzrippengewölbe. Hinter der darauffolgenden Bibliothek liegt das Königszimmer im Markgrafenturm, ein zehneckiger Zentralraum, zur Hälfte durch Fenster geöffnet. Über dem Kamin ein mit Fialen geschmückter Treppengiebel. Danach folgen die Zimmer der Königin, besonders das Wohnzimmer im Michaelsturm mit anglisierender, maßwerkverzierter Kassettendecke und zahllosen Möbeln, darunter ein von Stüler entworfener Schreibtisch. Ein erhöhter Erkerplatz weist zum Hof, ein fünfseitiger Aussichtserker gegenüber bietet einen wunderbaren Blick in die süddeutsche Landschaft. Der Erker ist durch eine zweischalige Dreibogen-Arkade vom Hauptraum abgetrennt. Da der süddeutsche Zweig der Hohenzollern katholisch ist, besitzt die Burg auch eine katholische Kirche. Diese Kirche am südöstlichen Beginn des Hofes tritt außen baulich nicht besonders in Erscheinung, eine zweijochige, schmale Halle mit Kreuzrippengewölbe, deren Rippen ohne Kämpfer aus der Wand hervorgehen. Der spitzbogige Chor hat drei Fenster, den Triumphbogen begleiten mehrere Rundstäbe. Die evangelische Kirche ist das erste

Gebäude der Burg, mit dem der Besucher konfrontiert wird. Den Chor gliedern in Fialen übergehende Strebepfeiler, dazwischen hohe, schmale Maßwerkfenster und spitze Giebel. Auch die Eingangshalle ist spitz übergiebelt. Der Chor besitzt ein Kreuzrippengewölbe, die Gewölbe sind mit dichten pflanzlichen Motiven ausgemalt. Das Altarkreuz steht in einem Ciborium. In dieser Kirche ruhte Friedrich der Große, bis er 1991 nach Sanssouci überführt wurde. Die gesamte Anlage ist gut erhalten und gepflegt, sie wird stark besucht.

46. Hennickendorf, ev. Dorfkirche, Bauzeit unbekannt

Hennickendorf liegt südöstlich von Beelitz im Nuthe-Urstromtal. Die Kirche entspricht Stülers Entwurf für Dorfkirchen im Musterwerk. Die turmlose Feldsteinkirche besitzt sowohl an der südwestlichen Fassade als auch an der nordöstlichen Chorseite einen Staffelgiebel mit Blendarkaden, offenen Arkaden und einem offenen Kreisfenster sowie an jeder Seite eine Uhr. Die Strebepfeiler der Ecken und des dreiseitigen Chores sind mit Backstein gemauert. Die kleine Kirche ist fünfachsig. Das schlichte Innere bestimmt eine flache Bretterdecke, das Zentralgestühl läßt keinen Mittelgang zu. Der Triumphbogen wird von einem feinen Rundstab begleitet, das Rippengewölbe der polygonalen Apsis geht aus einfachen Rundstäben hervor. Die Kirche hat keine Orgel, der verglaste Raum über der Orgelempore dient als Winterkirche. Die Orgelempore stützt interessantes Balkenwerk. Die Kirche wurde 2004 renoviert und ist in sehr gutem Zustand.

47. Hohensaaten, ev. Pfarrkirche, 1858–60

Hohensaaten liegt nördlich von Bad Freienwalde an der Oder. Die Vorgängerkirche war 1850 baufällig geworden, Stülers Entwurf wurde vom König genehmigt. Kirche und Turm sind fast ganz aus extrem sauber gequaderten Feldsteinen erbaut, nur die Kanten ziert ein schmaler Backsteinsaum. Der Turm steht an der Südseite des 5/8-Chores und schließt an dessen Südwand an. Nur das Glockengeschoß ist mit Backstein gemauert. Der Turmhelm wurde 1901–05 nach einem Blitzschlag erneuert. Die Ostwand der Kirche besitzt an ihrer Nordseite einen kleinen Giebel mit Maßwerkfenster. Das Langhaus der großen Kirche ist fünfachsig, mit großen Spitzbogenfenstern über und kleineren unter den Emporen. Die dachförmige Binderdecke des Innenraums ruht auf kräftigen Konsolen. Die den ganzen Raum einnehmende Hufeisenempore lagert auf schlanken, achteckigen Pfeilern mit weitgespannten Segmentbögen. Die Orgelwand, außen zugewachsen und kaum sichtbar, zeigt eine große Fensterrose im Giebel und zwei Maßwerkfenster. Der Orgelprospekt ist aus der Bauzeit, ebenso die Kanzel auf schlanken Säulen und mit einigen Kirchenlehrern am Korb. Giebel, Seiten und Triumphbogen sind an den Rändern fein ausgemalt. Der Chor hat ein Kreuzrippengewölbe, das sich aus schlanken Rundstäben zwischen den Maßwerkfenstern entwickelt. Die Kirche ist innen und außen geradezu vorbildlich restauriert und gepflegt.

48. Jablonowo Pomorskie, kath. Pfarrkirche St. Adalbert, 1859–66

Jablonowo Pomorskie liegt etwa 30 km südöstlich von Graudenz (Grudziadz), im nordöstlichen Polen. Stülers Entwurf wurde von der Gemeinde gebilligt, weil der Patron Graf Narzymski die Mehrkosten übernahm. Die Kirche ist ein überaus reich ausgestatteter neugotischer

Bau mit eingezogenem Südturm. Der Turm ist bis einschließlich der Glockenstube quadratisch, mit kräftigen Ecklisenen, aus denen mit Krabben besetzte Fialen werden. Der obere Turm ist achteckig, mit Giebeln, darüber erhebt sich die mit Metallplatten beschlagene Spitze. Den Eingang schmückt ein reiches Wimpergportal. Das Langhaus ist vierachsig, mit kräftigen Strebepfeilern gegliedert. Das Innere prägen Kreuzrippengewölbe auf Halbpfeilern und Halbsäulen mit Blattkapitellen. Vor die polygonale Apsis ist ein breiteres Chorjoch geschaltet, das vom Schiff durch eine Schranke aus Maßwerkkaskaden und einen heruntergelassenen Schildbogen abgetrennt ist. Nur die Orgelseite besitzt eine Empore, die Brüstung ist mit reichem Maßwerk durchbrochen. Im Langhaus stehen die vier Evangelisten auf Konsolen, am östlichen Chorpfeiler vermutlich der heilige Adalbert. Dazu zwei reich geschnitzte Beichtstühle. Die Kirche hat einen Haupt- und zwei Nebenaltäre und eine Kanzel mit den Kirchenlehrern und hohem Schalldeckel. All diese Ausstattungsstücke sind in überreicher Neugotik gestaltet, mit Giebeln, Vierpässen, Fialen und Krabben. Die Kirche ist in hervorragendem Zustand.

49. Jablonowo Pomorskie, Schloß, 1854–59

Jablonowo Pomorskie liegt etwa 30 km südöstlich von Graudenz (Grudziadz), im nordöstlichen Polen. Bauherr war Graf Stefan Narzymski, der wenig später auch die Kirche des Ortes durch Stüler bauen ließ. Das Schloß verbindet romanisierende Formen mit denen der englischen Gotik. Der gelbe Ziegelbau, heute einheitlich verputzt, ist eine unregelmäßige Dreiflügelanlage, die sich nach Südwesten öffnet. Hier, auf der Eingangsseite, springt ein zweigeschossiger Trakt als halbes Achteck vor, der wie das ganze Schloß mit Zinnen bekrönt ist. Daran schließt sich im Süden ein viergeschossiger Turm an, ebenfalls im gestreckten Achteck. Der Südflügel ist fünf Achsen lang und zwei Achsen breit, der Nordflügel, durch einen viertelrunden Balkon mit dem Hauptflügel verbunden, ist nur zwei Achsen lang und drei Achsen breit. Ganz im Süden dominiert ein hoher, quadratischer, fünfgeschossiger Turm mit Ecktürmchen. Die gegenüberliegende Nordostflanke wird im Süden durch einen runden, im Norden durch einen achteckigen Turm begrenzt. Rundbogenfenster und rechteckige Fenster mit abgeknicktem Profilgesims sind ganz unregelmäßig über die Anlage verteilt. Das große Schloß, seit 1933 im Besitz katholischer Schwestern, dient bis heute als Heim für behinderte Kinder. Es ist in sehr gutem Zustand.

50. Kemberg, ev. Kirche Unser Lieben Frauen, Turm, 1854–59

Kemberg liegt etwa 10 km südlich von Lutherstadt Wittenberg in der Elbaue. Stüler baute diesen Turm zusammen mit Baurat Ritter an die mittelalterliche Kirche an. Der 86 m hohe Turm beherrscht das Stadtbild und ist schon von weitem zu sehen. Der schlechte Baugrund machte eine umfangreiche Pfahlgründung nötig, wegen der möglichen unterschiedlichen Setzung wurde der Turm von der Kirche abgetrennt, nur durch einen einjochigen Verbindungstrakt mit ihr verbunden. Der Turm ist in fünf Abschnitte gegliedert: im Erdgeschoß das Eingangsportal mit reichem Maßwerk im Tympanon und mit einem Wappen, darüber ein einfenstriges und dann ein zweifenstriges Geschoß mit Schallöffnungen. Das vierte, das Hauptgeschoß ist mit reichem Maßwerk in zwei Untergeschosse gegliedert. Darüber enden die Eckpfei-

ler in mit Krabben besetzten Fialen, die die Giebel des Wimperg-Geschosses begleiten, in denen sich die Uhren befinden. Die achteckige Turmspitze ist mit Schiefer gedeckt. Der Turm wurde gleich nach der Wende 1991/92 renoviert.

51. Kepnow (Kempen), ev. Kirche, 1863

Kempen liegt etwa 70 km nordöstlich von Breslau. Die schon immer evangelisch gewesene und auch heute noch evangelische Kirche ist ein vierachsiger Ziegelbau in Rundbogenformen und mit polygonaler Apsis. Der Turm, auf Höhe der Traufe vom Quadrat ins Achteck übergehend, endet über dem Glocken- und Uhrgeschoß mit einfachen Giebeln, aus denen die steile, mit Metallplatten belegte Turmspitze wächst. Der Turm ist vor die Südostecke der Kirche gestellt, er schließt mit der Chorwand ab. Die Kirche wirkt gut erhalten, leider war es nicht möglich, ins Innere zu gelangen. Die Arkaden über schlanken Emporenstützen ähneln sehr denjenigen von Hammer (Nr. 43.3).

52. Köln, Filzengraben, ev. Trinitatiskirche, 1857–61

Die Kirche liegt am Filzengraben, nahe am Rhein. Dem Bau geht seit 1845 eine lange, wechselvolle und teilweise kontroverse Planungsgeschichte voraus. Der König wünschte den altchristlichen Stilcharakter, wogegen Stüler auch romanisierende, italienische Formmerkmale verwendete. Die sehr große Kirche ist eine vierjochige Emporenbasilika mit einer neunachsigen Vorhalle an der nördlichen Straßenseite. Das hohe Mittelschiff trägt an beiden Giebeln eine Fensterrose, die innen unter dem Orgelbogen liegt und zugleich über dem Bogen der runden Apsis. Die Ecklisenen der Giebel sind auf der Rückseite ziegelsichtig gemauert, an der Vorderseite sind sie aus Quadersteinen mit vertieften Spiegeln gearbeitet. Die Bogenfriese aller Schrägen sind ebenfalls schräg gehalten. Die Vorhalle ist mit Marmor verkleidet. Ein Triforium beleuchtet die Nordempore, die Apsis im Süden ist außen polygonal mit kleinen Blendpfeilern, zwischen kleine Nebengebäude gestellt. Der Campanile neben dem südwestlichen Ende des Schiffes ist durchgehend quadratisch. Der ganz ziegelsichtige Turm ist mit Lisenen sparsam gegliedert, über dem hohen Glockengeschoß mit einfachem, rundbogigem Schallfenster folgt ein niedrigeres oberstes Geschoß mit rechteckig abgestuften Feldern, in denen sich je ein Kreis- und zwei kleinen Rundbogenfenstern befinden. Im Innern empfängt die Kirche sehr viel Licht durch die eng gestaffelten, sehr hohen Obergadenfenster. Das Mittelschiff ist annähernd doppelt so hoch wie die Seitenschiffe, um die hohen Nachbargebäude zu überragen. Die Decken der Seitenschiffe sind heute glatt, die Decke des Hauptschiffes ist kassettiert. Der großartige Raumeindruck dieser Kirche ist sowohl von den weitgespannten Arkaden auf quadratischen Pfeilern mit Engelskopf-Kapitellen bestimmt als auch in besonderer Weise durch die enggestaffelten Arkaden, die die Emporen zusätzlich tragen. Die moderne Ausstattung der 1942/43 schwer zerstörten und bis 1965 wiederaufgebauten Kirche ist karg. Altar, Kanzel und Orgel, alle sehr klein, verlieren sich fast in der Kirche. Ein Gestühl fehlt, was den Raumeindruck erheblich verstärkt. Die Kirche ist in sehr gutem Zustand.

53. Kribbe, ev. Dorfkirche, 1865

Kribbe liegt etwa 20 km nördlich von Perleberg. Der kleine neugotische Saalbau hat keinen Turm, sondern nur einen dreistufigen Staffelgiebel im Westen, der von ei-

ner dichten Eiche so gut wie zugedeckt wird. Den Giebel zieren Blendarkaden mit offenen Kreisfenstern und einem größeren Fenster in der Mitte, in dem die Glocke hängt. Der aus sehr großen, einseitig behauenen Feldsteinen gefügte Bau ist dreiachsig, der Chor dreiseitig. Die Spitzbogenfenster sind zweistufig gerahmt. An der Südseite des Chores hat sich noch eine hölzerne Türe mit gotisierendem Schnitzwerk erhalten. Die Kirche wurde renoviert.

54. Letzlingen, Schloß, Umbau 1843–53

Letzlingen liegt in der Colbitz-Letzlinger Heide, nordwestlich von Magdeburg. Den Kern der Anlage bildet ein 1559–62 von Lorenz Arndt erbautes Jagdschloß für den Kurprinzen Johann Georg. Das zentrale Wohngebäude auf quadratischer Grundfläche, das Corps de Logis, ist allseitig von einem Hof, einer Mauer und vier Rundbauten an den Ecken umgeben, an die wieder kleinere Türme angegliedert sind. Rundherum läuft ein Wassergraben. Stüler war vom König mit dem Umbau beauftragt worden. Er stattete den gesamten Komplex mit Zinnen aus, das Hauptgebäude mit vorkragenden Ecktürmchen. Auch das Torhaus wurde erhöht und mit Ecktürmchen geschmückt. Das Schloß war in den 1920er Jahren eine Waldorfschule, nach 1945 ein Krankenhaus, heute beherbergt es die Schloßverwaltung. Innenausstattungen sind nicht erhalten. Das Schloß ist als Museum und Ausstellungshaus der Öffentlichkeit zugänglich. Es wurde aufwendig renoviert.

55. Letzlingen, ev. Schloßkirche, 1859–61

Letzlingen liegt in der Colbitz-Letzlinger Heide, nordwestlich von Magdeburg. Die Kirche liegt östlich vom Schloß, in Sichtweite desselben in seiner Hauptachse. Ursprünglich war der Umbau eines neben dem Schloß gelegenen Vorgängerbaus geplant gewesen. Stülersche Entwürfe existieren nicht mehr. Der König hat auf die Ausgestaltung der Kirche vielfachen Einfluß genommen, besonders auf das große Fassadenfenster mit Tudorbogen, darinnen ein dreifaches Fenster mit Maßwerk, mit Drei- und Sechspässen. Zwei achteckige, schlanke Türme flankieren die Fassade, sie sind bis in die Spitzen hinein ziegelsichtig gemauert und reich mit Krabben besetzt. Im Inneren überrascht die Höhe des von Tudorbögen überspannten Raumes mit flacher, gegiebelter Decke. Der Chor besitzt ein Rippengewölbe, auch die Balkenkonstruktion der Vierung ähnelt einem Rippengewölbe. Die Kirche ist mit Ranken- und Schablonenornamenten ausgemalt. Sie ist, einschließlich der Kanzel am nördlichen Triumphbogen und den Emporen, im Originalzustand sehr gut erhalten.

56. Lietzow, ev. Kirche, 1862–64

Lietzow liegt 3 km westlich von Nauen, im Nordwesten von Potsdam. Der Vorgängerbau brannte 1859 ab. Eine Nutzung des alten Mauerwerks war nicht mehr möglich. Der Neubauentwurf entstand in der Oberbaubehörde. Die Kirche, ein fünfachsiger, neugotischer Saalbau, steht parallel zur Straße, mit einem Staffelgiebel sowohl an der östlichen Apsisseite als auch an der westlichen Turmseite. Die Apsis ist fünfseitig, mit hohen Strebepfeilern, die am Langhaus fehlen. Der Turm geht auf Höhe des Dachfirsts vom Quadrat ins Achteck über, mit kräftigen Prismen. Das Uhrengeschoß liegt unter dem Glockengeschoß mit sehr schmalen Fenstern und einem Giebelkranz, aus dem die gemauerte Spitze hervorgeht. Der Eingang liegt an der Südseite des Turmes, er besitzt eine schöne, originale Klinke mit der Inschrift: »Frieden sei mit Euch«. Das Innere bestimmt eine ziemlich steile, gegiebelte Bretterdecke mit aufwendig bemalten Balken und kräftigen Bindern, die ganz wie in der Kirche von Brodowin (Nr. 25.2) mit gotischen Spitzbogen ausgestattet sind, hier allerdings einfach und ohne angedeutete Dreipässe. Die Apsis besitzt ein steiles Kreuzrippengewölbe. Die ursprüngliche Ausmalung hat sich weitgehend erhalten, gemalte Quaderung und Spitzbögen entlang des Giebels und am Langhaus. Die Orgel existiert nicht mehr. Unter der Orgelempore befindet sich die Winterkirche. Wegen der undichten Traufe sind die Wasserschäden erheblich, am Uhrengeschoß des Turmes sind ganze Mauerpartien ausgebrochen oder weggewittert.

57. Loitsche, Schloß Ramstedt, 1835

Schloß Ramstedt liegt, tief verborgen in den Wäldern nördlich von Magdeburg und westlich von Colbitz, bei dem winzigen Ort Loitsche. Stüler baute das Schloß für den Grafen Adrian von Ziethen zu Ramstedt und Dechtow um ein altes Herrenhaus herum. Die reich gegliederte Baugruppe wird von einem hohen Turm auf quadratischem Grundriß beherrscht, dessen galerieartiges Obergeschoß mit Zinnen bekrönt ist. Im unteren Geschoß befindet sich eine Fenstertüre mit Erker auf der Nordseite, das obere Geschoß hat vier Fenster mit Maßwerk und Vierpässen. Zentrum der Gruppe ist ein breiter und niedriger, achteckiger Turm mit flachem Zeltdach. Davor liegt eine Eingangshalle mit sieben Fenstern, vor die das gegiebelte, eigentliche Eingangsportal gestellt ist. Dessen Ecklisenen sind in Terrakotta-Platten aufgeführt, mit Vögeln und Eichhörnchen in reichem Blattwerk, ähnlich dem Portal von Arendsee (Nr. 3.1). Auf dem Giebel steht eine mannshohe Figur mit einem Horn, vielleicht ein Jäger. Die nach Norden orientierte Gebäudegruppe wird im Osten durch einen schwach vorgezogenen Giebel begrenzt. Alle Mauern zeigen eine grobe Putzquaderung. An den Giebel schließt sich ein niedrigerer, halbrunder Turm an. Das Gebäude steht heute leer, es ist noch recht gut erhalten und harrt einer neuen Bestimmung.

58. Neindorf, Schmiede, 1835

Neindorf liegt westlich von Magdeburg und wenig nördlich von Oschersleben, zu dem auch die große Klinik von Neindorf im ehemaligen Schloß des Grafen von Asseburg gehört, an dessen Innenausstattung auch Schinkel beteiligt gewesen sein soll. Das kleine, noch heute funktionstüchtige Gebäude besitzt sowohl an der West- als auch an der Ostseite einen großen, abgetreppten Giebel aus Bruchstein mit Rollbändern aus Ziegeln. Beide Seiten haben rundbogige Zwillingsfenster, darüber ein mächtiges, durchbrochenes Ziegelband, das aber nicht bis zu den Gebäudeecken durchgeht. Den westlichen Giebel mit der Jahreszahl 1835 krönt ein gedrungener Schornstein, der aus dem Quadrat abgeschrägt in ein Achteck übergeht und in einem kapitellartigen Aufsatz endet. Das Dach, nach Süden zur Straße hin abgetreppt, überdeckt einen rundbogigen Vorbau mit Pfeilern, unter dem wohl die Pferde beschlagen wurden. Das Motiv des durchbrochenen Ziegelbands wird auf der Nordseite wieder aufgenommen, wo es unter der Traufe die ganze Seite begleitet. Das 1981 teilweise renovierte Gebäude ist in gutem Zustand.

59. Niemberg, ev. Pfarrkirche St. Ursula, 1861

Niemberg liegt wenige Kilometer nordwestlich von Halle. Die heute fast völlig zugewachsene Kirche wurde von Stüler als Neubau entworfen. Sie ist aus einseitig behauenem Bruchstein aufgeführt, mit sauber geschlagenen Quadern an den Ecken. Die halbrunde, fensterlose Apsis hat lediglich einen Rundbogenfries unter der Traufe. Den Giebel schmückt ein Vierpaßfenster. Der Emporensaal ist fünfachsig. An der im Norden gelegenen Eingangsseite erhebt sich der eingezogene Turm. Hier liegt auch das rundbogige Eingangsportal mit der Inschrift im Tympanon: »Wie lieblich sind Deine Wohnungen, Herr Zebaoth, Psalm 84 n. 2«. Das gestufte Portal besitzt je zwei Säulen mit Würfelkapitellen, auf denen Blattmotiven zu sehen sind. Das Innere ist schlicht. Die ebene Balkendecke ruht auf wenig hervortretenden Wandpfeilern mit Kämpfern und kleinen Voluten. Die Empore ist dreiseitig und lastet auf Säulen mit Würfelkapitellen. Die Orgel steht in einem sich zum Turm hin öffnenden Bogen, in der einfach gewölbten Apsis befindet sich ein schöner Flügelaltar aus dem 15. Jahrhundert. Der Triumphbogen wird von Ecksäulen mit Würfelkapitellen begleitet. Die Kirche ist in einem hervorragenden Zustand.

60. Niemegk, ev. Kirche St. Johannis, 1851–53

Niemegk liegt im Fläming, etwa halbwegs zwischen Potsdam und Lutherstadt Wittenberg. Die Vorgängerkirche war 1850 abgebrannt, der Magistrat legte einen Neubauentwurf vor, der sich nach einem von Stüler im Musterband vorgestellten Kirchenplan für evangelische Kirchen für 650 Plätze richtete und vom König akzeptiert wurde. Auffälligstes Merkmal außen ist der vor die westliche Giebelfassade gestellte Turm. Er ist durchgehend achteckig, was bei Stüler nicht oft vorkommt. Über dem Uhren- und Glockengeschoß erscheint ein letztes Geschoß mit gerahmten Kreisfenstern. Die erneuerte Brüstung darüber besteht aus einem einfachen Metallgitter, die Turmspitze ist nicht mehr gemauert, sondern mit Kupferplatten belegt. Die neugotische Kirche hat sechs hohe Fenster, darunter moderne Zwillingsfenster unter den Emporen. Die Gebäudeecken sind als Fialen hochgezogen. Das Innere zeigt elegante Emporenstützen, die über Arkaden eine relativ flach gegiebelte Balkendecke tragen, die Decken der Seitenschiffe sind flach. Vor der Apsis mit Kreuzrippengewölbe steht ein Chorjoch mit Durchbrüchen zu den Seitenschiffen und einem zentralen Triumphbogen, an dessen südlicher Seite die Kanzel steht. Die Hufeisenempore ist an der Orgelseite verdoppelt, sie wird von den schlanken Stützen mitgetragen und ruht auf vorkragendem Balkenwerk mit angedeuteten Kapitellen. Die Kirche ist in gutem Zustand, an der Westseite erscheint die Dachpartie als nicht dicht.

61. Oderberg, ev. Kirche St. Nikolai, 1853–55

Oderberg liegt nördlich von Bad Freienwalde, ganz in der Nähe von Brodowin und Hohensaaten, wo sich ebenfalls Kirchen von Stüler befinden. Der Vorgängerbau, wegen der Hanglage statisch gefährdet, war abgetragen worden. Nach einigem Hin und Her wurde der Stülersche Entwurf vom König genehmigt, der die Hälfte der Baukosten übernahm. Die neugotische, fünfachsige Basilika ist aus Bruchstein aufgeführt, die Fugen wurden verzwickelt. Die Ecken des Langhauses und des 5/8-Chores sowie die Fensterlaibungen sind in Ziegeln ausgeführt, ebenso die Obergadenwände und die Giebel. Diese sind über den Pultdächern der Seitenschiffe glatt,

am Mittelschiff fünffach gestaffelt, mit Blendmaßwerk. Der achteckige Turm, nördlich an den Chor angeschlossen, endet mit einer sehr steilen Spitze. Im Innern überraschen die Weite und Höhe des Mittelschiffs. Es ist, wie die Seitenschiffe, flach gedeckt. Die Arkaden ruhen auf achteckigen Pfeilern mit Sternmotiven unter dem Kämpfergesims, ein solches Sternenband ziert auch die Apsis, deren Rippengewölbe von schlanken Diensten mit Blattkapitellen getragen wird. Eine Empore umgibt den gesamten Innenraum. Die Kirche ist sehr gut erhalten.

62. Oleszna (Langenöls), ehemals ev., jetzt kath. Kirche, 1847/48

Langenöls liegt etwa 40 km südwestlich von Breslau. Der mittelalterliche Vorgängerbau brannte 1840 ab, der Neubau entstand nach Stülers Plan. Die neugotische Basilika ist aus Bruchstein aufgeführt, mit roten Ziegelstreifen, die die Horizontale betonen. Alle Fensterlaibungen sind mit Ziegeln gemauert. Der Bau ist fünfachsig, die Obergadenfenster sind Zwillingsfenster. Der 5/8-Chor wird von kräftigen Strebepfeilern gestützt. Auffallendstes Merkmal ist der gedrungene, quadratische, vor die Westfassade gestellte Turm. Er hat einen relativ schmalen, achteckigen Aufsatz, den vier aus Fialen entwickelte Strebebogen stützen. Der Turm endet flach, ohne Spitze, mit acht schlanken Fialen und einer durchbrochenen Brüstung. Er ähnelt mehr einem Schloßturm als dem einer Kirche. Die Balkendecken des Innern sind sowohl im Mittelschiff als auch in den Seitenschiffen flach. Die Emporen gehen nur über die beiden westlichen Joche, auf der Orgelseite sind sie doppelt. Die Arkaden ruhen auf achteckigen Pfeilern mit schlichten Kämpfergesimsen. Apsis, Obergadenwände und Arkaden sind mit biblischen Szenen dicht bemalt. Die Kirche ist vorzüglich erhalten.

63. Peitz, ehemals ev. Kirche, jetzt Gemeindezentrum, 1854–60

Peitz liegt 12 km nördlich von Cottbus. Der Vorgängerbau war baufällig geworden. Die neue Kirche richtet sich nach dem Vorbild der Matthäuskirche in Berlin (Nr. 20). Sie ist ziegelsichtig in gelbem Backstein gebaut. Das Langhaus ist ebenfalls sechsachsig, mit Dreierfenstern, deren mittleres erhöht ist. Die Apsiden und die Türme der beiden Kirchen weichen aber deutlich voneinander ab. Der Peitzer Turm besitzt kein Arkadengeschoß wie in Berlin, sondern endet in vier Giebeln mit einem Kreuzdach, dem ein Dachreiter mit Laterne aufsitzt. Deutlicher noch sind die Unterschiede bei den Apsiden und den rückwärtigen Giebeln der Seitenschiffe. Sie besitzen in Peitz keine Fenster. Auch die Nebenapsiden sind fensterlos. Nur die Hauptapsiden der beiden Kirchen sind ähnlich. Die Peitzer Kirche ist insgesamt deutlich kleiner als ihr Berliner Vorbild. Das Innere der Kirche in Peitz wurde 1979 zu einem Gemeindezentrum umgebaut. Die Kirche ist äußerlich in sehr gutem Zustand.

64. Perleberg, Rathaus, 1837–39

Perleberg liegt 14 km nordöstlich von Wittenberge an der Elbe. 1836 war der Ostteil des mittelalterlichen Rathauses abgerissen worden. Stüler erhielt den Bauauftrag anscheinend direkt von der Stadt, inwieweit sein Bruder Askan beteiligt war, wird diskutiert. Er richtete sich in den Formen nach dem erhaltenen Westteil, besonders mit den Maßwerkfriesen aus schwarz glasierten Formziegeln, die die Staffel des Ostgiebels horizontal und vertikal betonen. Auch die Stichbogenfenster, in allen drei Stock-

werken paarig angeordnet, besitzen ein Vierpaß-Maß-
werk in den Oberlichtern. Vor die Ostwand ist der achteckige Turm gestellt, der das Gebäude weit überragt. Er
ist mit drei Achteln an die Wand angeschlossen und mit
Gesimsen sparsam gegliedert. Sein Dach mit acht markanten Profilrippen ist mit Schindeln gedeckt. Das Rathaus ist in sehr gutem Zustand.

65. Perleberg, Gymnasium, ab 1861

Der Neubauentwurf stammt von Baedecker, er wurde
jedoch von Stüler so entscheidend überarbeitet, daß
das Gymnasium im wesentlichen als Stülerbau gelten
darf. Das zweiflügelige Gebäude hat elf Achsen und
einen weit vorspringenden Mitteltrakt, der den Eingang
birgt. Abgetreppte Eckpfeiler, ein kräftiges Stockwerkge-
sims und drei neugotische Fenster mit reichem Maßwerk
gliedern dessen Fassade. Dahinter liegt die Aula. Über
die Fenster sind drei Ziergiebel gestellt. Das eindrucksvolle Vestibül ist dreischiffig und drei Achsen tief. Das
Kreuzrippengewölbe tragen achteckige Granitpfeiler mit
Blattkapitellen. Der rückwärtige Korridor liegt einige
Stufen höher als das Vestibül, was an das Vestibül der
Akademie der Wissenschaften in Budapest erinnert
(Nr. 26.4). Im ersten Stock liegt die große Aula mit einer
tief profilierten Balkendecke. Die Empore ist als Galerie
mit einer Maßwerkbrüstung angelegt, die Arkaden zeigen Dreipässe in den Zwickeln. Die Türe ist als Wimperg
gebaut mit dem Stadtwappen im Tympanon und zwei
Fialen, deren Sockel ein krähender Hahn und eine Eule
schmücken, Symbole von Tag und Nacht. Das Gymnasium ist in vorzüglichem Zustand und wird bis auf den
heutigen Tag als Schule genutzt.

66. Potsdam, Nedlitzer Straße, Pfingstbergschloß, Arkadenhalle, 1860

Wie beim Orangerieschloß hatte Friedrich Wilhelm IV.
auch für diesen Hügel nördlich von Potsdam architektonische Anlagen nach verschiedenen italienischen Vorbildern geplant: eine Kaskade (1825), eine Villa am Fuße,
ein Belvedere auf der Höhe. 1840 stand als Hauptmo-
tiv das würfelige Casino von Caprarola mit zwei dem
Hang angepaßten Terrassenstufen fest, 1843 wurde
das Grundstück erworben, 1844 als Höhenabschluß ein
Wasserkastell mit hohem Turmriegel festgelegt. Dies
wirkt in Persius' Entwurf für die kolossalen Dimensionen
zu einfach und spröde. Nach seinem Tod steuerten Ludwig Hesse (1847) und Stüler (1848, vielleicht auch schon
1846) Detailformen der italienischen Renaissance zur
Belebung bei. Zwei bildhafte Zeichnungen Stülers sind
nur als Photographien erhalten. Ein Aquarell von Ferdinand von Arnim, 1856, hält die Gesamtplanung fest.
1849–52 wurden Wasserkastell und Turmriegel erbaut,
dann blieb das Projekt zugunsten der Orangerie ste-
cken. 1860 mußte es Stüler mit einer Arkadenwand
abschließen, die das Motiv der Villa Caprarola gewissermaßen als Zitat vor die hohe Substruktion stellt und
Durchblick und Durchgang zur Wasserstelle schafft.
Obwohl die Anlage im Grunde ein Selbstzweck war,
wobei der König auch seine Möglichkeiten überschätzte,
so ist sie in dem intendierten Charakter als »Belvedere«,
mit weiter Fernsicht über die Potsdamer Landschaft,
gerade nach der kürzlich erfolgten Restaurierung, ein
wichtiger Teil der Potsdamer Kulturlandschaft.

Eva Börsch-Supan

67. Potsdam, Park Sanssouci, Orangerieschloß und Raffaelsaal, 1850–60

Friedrich Wilhelm IV. plante schon als Kronprinz, begeistert von den Villen in der Umgebung Roms, den Hügel
nordwestlich von Sanssouci mit einer Anlage aus Oran-
geriehallen und Schloß beziehungsweise Villa zu krönen.
Unter den wechselnden römischen Vorbildern war auch
Raffaels unvollendete Villa Madama. Ab 1840 schuf Persius Entwürfe mit einem Mittelbau, der ein Theater ent-
hielt, seit 1847 erscheint in den Skizzen des Königs als
grundlegendes Gestaltungselement das »Palladiomotiv«
(Mittelbogen, seitlich gerades Gebälk). Im April 1850,
nachdem der Pfingstbergentwurf vollendet war, schuf
Stüler in drei Entwürfen, die der König jeweils veränderte, die gültige Baugestalt: Mittelbau mit Vorhof, Zwei-
turmriegel zwischen Kolonnaden (mit weitem Blick über
Sanssouci), Orangenhallen durch breite Pfeiler rhythmi-
siert, schmale, aber tiefe Seitengebäude. Diese öffnen
mit Palladio-Bogen die 300 m lange Terrasse und den
Blick von der Heilig-Geist-Kirche bis zum Belvedere –
die »Direktionslinie« der geplanten Höhenstraße, deren
glanzvoller Abschluß die Orangerie sein sollte, in der
Mittelarkade das Standbild Friedrich Wilhelms IV. von
Gustav Bläser, 1873.

Der Raffaelsaal, 1857/58, ein rechteckiger Oberlicht-
saal für die seit 1814 von Friedrich Wilhelm III. und IV.
gesammelten Raffael-Kopien, hat die gleichen Abmessungen wie der Vorhof und ist mit ihm durch eine mächtige Türe aus Palisanderholz verbunden. Die ungewöhnli-
che Idee eines Museums der Raffael-Verehrung – angeregt auch durch das Raffaelfest der Akademie in Berlin
1820 – galt wohl schon für die frühe Planung mit dem
Rundsaal der Villa Madama. Stüler schuf einen gut be-
leuchteten, vornehm dekorierten Gemäldesaal. Der Tür
gegenüber hängt die Kreuztragung (Kopie von Jacob
Schlesinger), ausgezeichnet durch den 1850 von Josef
Alberty nach Stülers Entwurf geschnitzten Rahmen mit
reicher Renaissancearchitektur und auf das Bildthema
bezogenen Engelsfiguren. Zwei Figuren in Lunetten unter der Deckenvoute zeigen Florenz und Rom, die Wir-
kungsorte Raffaels. Die meist genrehaften Marmorfigu-
ren, zwischen 1834 und 1860 von verschiedenen Künstlern geschaffen, haben nichts mit der Thematik des
Raumes zu tun.

Eva Börsch-Supan

68. Potsdam, Park Sanssouci, Pferdetränke, 1849

Die Pferdetränke liegt auf der Sichtachse vom »Napole-
on-Tor« zwischen den Kolonnaden des Schlosses Sanssouci zum Ruinenberg hin an der Zufahrtsstraße zum
Schloß. Zwei Baluster, der untere steht in einem flachen,
runden Wasserbecken, tragen eine größere untere und
eine kleine obere Schale, deren überlaufendes Wasser
den eigentlichen Brunnen bildet. Das Ganze steht auf
einer Terrasse, die von einer zur Straße hin offenen Balustrade umgeben ist. An der Straßenseite speit ein bär-
tiges Haupt einen Wasserstrahl in ein halbkreisförmiges
Becken, die Pferdetränke. Der Brunnen nimmt römische
Renaissance-Motive auf. Er ist zur Zeit eingerüstet und
wird renoviert.

69. Potsdam, Ribbeckstraße, ev. Kirche, 1855/1856

Für die Kirche gab es einen Vorentwurf von Ludwig Persius sowie mehrere Entwürfe von Stüler. Als besonders
problematisch erwies sich ihre Ausrichtung auf den
Friedhof, da möglichst wenige Gräber zerstört werden

sollten. Die Kirche im Rundbogenstil ist ein vierachsiger
Saalbau mit gelben Verblendziegeln aus Joachimsthal.
Die Ecken tragen Baldachine mit Apostelfiguren aus Terrakotta. Die Westseite mit dem Eingang als Giebelpor-
tal ist mit einer großen Fensterrose und einem kleinen
Glockenstuhl auf dem Giebel geschmückt. Die Seiten
des Langhauses haben je drei gekuppelte Rundbogenfenster zwischen den Lisenen. Im Osten wurde 1881–83
ein Chor durch Reinhold Persius, den Sohn von Ludwig
Persius, angebaut. Die Balkendecke im Innern ist flach
und sehr dunkel, das gilt auch für die Emporen, die auf
quer gestellten hölzernen Arkaden ruhen. Da sich unter
den Emporen keine Fenster befinden, ist die Kirche relativ dunkel. Zur Straße hin ist die Kirche durch einen
neunfachen Arkadengang mit Rundbögen und Giebeldach abgeschlossen. Er wird im Süden von einem ein-
achsigen kleinen Kopfbau, im Norden durch den großen
Campanile abgeschlossen. Der Arkadengang hat zur
Straße hin eine Brüstung aus engständigen Doppelsäul-
chen mit Kapitellchen und Rundbögen. Der Turm ist mit
wenig vortretenden Ecklisenen und einer Mittellisene
gegliedert und zeigt jeweils zwei Rundbogenfenster in
jedem der fünf Geschosse. Sein Dach ist ein flaches
Pyramidendach über einem Rundbogengesims. Die Kirche wurde 1977–81 restauriert und ist sehr gut erhalten,
wegen des nahen Kronguts Bornstedt wird sie viel besucht.

70. Potsdam, Ribbeckstraße, Friedhof der Kirche Bornstedt, Grabmal von Ludwig und Pauline Per-sius, 1845?

Auf dem Friedhof findet sich das von Stüler entworfene
Grabmal für seinen Freund und Kollegen Ludwig Persius (1803–1845). Die Stele ähnelt derjenigen vom Grab
Schinkels auf dem Dorotheenstädtischen Friedhof in
Berlin. Die Palmette des Akroters wächst aus Akanthusblättern und -blüten. Unter einem Eierstab ist ein qua-
dratisches Relief von August Kiß in vertieftem Spiegel
angebracht, darunter folgen die Inschriften für Persius
und seine Frau, die ihn um 38 Jahre überlebte. Die
Abschiedsszene in griechischer Manier ist in Marmor
aus Carrara gearbeitet.

71. Potsdam, Schopenhauerstraße, Weinbergstor, 1850/51

Stüler machte zwei Entwürfe und verarbeitete mehrere
Skizzen des Königs, der hier, am geplanten Abzweig
der Höhenstraße von der damaligen Bornstedter Allee,
einen Triumphbogen wie den der Geldwechsler in Rom
wünschte. Auf der Rückseite des Architravs wird des
niedergeschlagenen Aufruhrs in der Rhein-Pfalz und in
Baden gedacht, auf der Vorderseite unverfänglich nur
das Baudatum 1851 genannt. Die Terrakotta-Platten
wurden von March und Feilner hergestellt, sie zeigen an
der Vorderseite die vier Kardinaltugenden: links Stärke
und Gerechtigkeit, rechts Mäßigkeit und Klugheit, darunter als Liegefiguren Symbole der Telegraphie und der
Eisenbahn, auf der Rückseite entsprechend die Künste.
An den inneren Laibungen finden sich der Auszug und
die Wiederkehr der Truppen. Das Bauwerk ist in gutem
Zustand.

72. Poznan (Posen), ehemals ev., jetzt kath. Kirche St. Paul , 1866–69

Nach verschiedenen Streitigkeiten über den Bauplatz
konnte erst 1866 mit dem Bau begonnen werden. Stüler
modifizierte den Entwurf des Architekten Butzke und

zeichnete eine neugotische Backsteinhalle mit vier Achsen. Im Westen und Osten begrenzen das Gebäude Staffelgiebel mit je zwei Blendfenstern und einer Maßwerksrosette. Der Turm ist vor die Westfassade gestellt, er verliert seinen quadratischen Grundriß erst weit über dem Dachfirst und geht ins Achteck über. Ein großes Wimpergportal und eine Fensterrose zieren die Eingangsseite, darüber folgt ein hohes, schmales Maßwerksfenster. Über dem Uhrengeschoß steht eine Brüstung mit vier Fialen, die aus den Eckpfeilern hervorgehen. Der Turm mit Giebelkranz ist bis in die Spitze gemauert. Das Sterngewölbe des Innern wird von hohen und schlanken, achteckigen Pfeilern getragen, die Kapitelle haben sparsame Blattornamente. Die Orgelempore ist gegenüber den Seitenemporen leicht erhöht, der Orgelprospekt stammt nicht aus der Erbauungszeit. Die Kirche ist mit Ausnahme einiger Schäden des Mauerwerks in der Mitte des Turmes hervorragend erhalten.

73. Putbus, Orangerie, Umbau 1853/54
Putbus liegt im Süden der Insel Rügen. Ein Vorgängerbau besaß hölzerne und gläserne Seitenwände, der Umbau sollte zu einer feuersicheren Eisen-Glas-Konstruktion führen. Der langgestreckte Bau hat einen zweigeschossigen Mittelpavillon, an den sich rechts und links die ehemaligen Pflanzensäle mit je sechs Achsen und Rundbogenarkaden anschließen. Beidseitig abgeschlossen wird das Gebäude durch wenig vorspringende Seitenrisalite mit Türöffnungen, wie sie auch der Mittelpavillon besitzt. Der hat abgeschrägte Seitenwände mit einer Figurennische im Obergeschoß. Die Vorderseite gliedert hier eine dreiteilige Pilasterordnung, dieses Motiv kehrt unter den Giebeln der Seitenrisalite wieder. In dem Gebäude, das 1995–98 restauriert wurde, residieren heute die Kurverwaltung und die Stadtbibliothek. Es finden Wanderausstellungen statt. Das Haus ist in einem vorzüglichem Zustand.

74. Reitwein, ev. Kirche, 1855–58
Reitwein liegt etwa 20 km nördlich von Frankfurt/Oder, ganz in der Nähe der Oder, wegen der Überschwemmungen der Oder steht die Kirche an einem Hang. Patron war Graf Finck von Finckenstein, der Stüler den Bauauftrag direkt erteilte. Die Kirche ist eine kreuzförmige Halle mit Westturm, gebaut in roten Reitweiner Ziegeln. Sie wurde im Frühjahr 1945 sehr stark beschädigt, es stehen nur die Außenmauern und der wiederhergestellte Turm. Dieser hat einen quadratischen Grundriß und geht auch nicht in ein Achteck über, wie so oft bei Stüler. Er wird von Lisenen gegliedert, die über dem Glocken- und Uhrengeschoß in Fialen münden, zwischen denen Giebel mit Maßwerksfenstern stehen. Darüber erhebt sich die achteckige, sehr steile Turmspitze mit Schieferdeckung. Auffälligstes Merkmal ist die reich gegliederte, vollständig erhaltene Ostfassade. Den 5/8-Chor gliedern kräftige Strebepfeiler, seitlich angeschlossen in dem Zwickel zur Chorfassade hin ist ein dreiseitiges Nebengebäude mit einem Eingang und vorgelegter Treppe. Die Ostwand wird von einem Staffelgiebel mit Blendarkaden und hohen Fialen bekrönt. Der Turm ist restauriert, das Mauerwerk gesichert.

75. Rokosowo, Schloß, 1849–54
Rokosowo liegt etwa 85 km nördlich von Breslau. Stüler baute das Schloß für den Grafen Mycielski. Das Schloß ist in Formen des Rundbogenstils gehalten, es verbindet

»florentinische« Elemente wie das Maßwerk der Fenster mit »normannischen« wie den Zinnenkränzen. Die vordere, die Westfassade, ist sehr klar gegliedert. Das Gebäude ist dreigeschossig, ein den Dachsims leicht überragender, dreiachsiger Mittelrisalit wird an den Seiten von Strebepfeilern begrenzt. Zwei Rundtürme flankieren den Bau und überragen ihn um ein weiteres Geschoß. Die Fassade zeigt Quaderputz, die Rundtürme sind glatt, mit weitständigen Rundstäben in den Obergeschossen. Das prachtvolle Vestibül ist eine fünfjochige, dreischiffige Säulenhalle mit Kreuzrippengewölbe und zwei Kaminen. Auch die Kapitelle sind von Stüler, sie zeigen einen Kranz von Akanthusblättern, aus denen Glockenblüten aufsteigen, darüber folgt der achteckige Kämpfer. Das Haus ist in sehr gutem Zustand, es dient als Hotel und Tagungsstätte.

76. Rothenburg, ev. Pfarrkirche, 1840–44
Rothenburg liegt an der Saale, 20 km nordwestlich von Halle. Die Kirche entstand auf den ausdrücklichen Wunsch des Königs. Rothenburg liegt in einer Umgebung mit vielen romanischen Bauten, dem trägt der Entwurf Rechnung. Baumaterial ist der örtliche rötliche Sandstein. Der relativ kurze Hallenbau hat drei in die Wandmitte gedrängte Rundbogenfenster und eine fensterlose Halbkreisapsis. Die Eckpfeiler, als Fialen hochgeführt, enden in stumpfen Pyramiden. Der sich kaum merkbar nach oben verjüngende Turm hat ein rundbogiges Drillingsfenster im Glockengeschoß über den Uhren, die abgeknickte Spitze ist mit Schiefer gedeckt. Der an die Westseite angeschlossene Turm steht zwischen zwei Eckarkaden, deren südliche den Haupteingang birgt. Die Decke im Innern zeigt in der Mitte einen offenen Dachgiebel, an den Seiten, über den Emporen, ist sie eben. Die Empore ist dreiseitig und steht auf einfachen Stützen, die bis zur Decke hochgezogen sind. Die Apsis hinter einem großen Rundbogen ist einfach gewölbt. Die Kirche ist in einem vorzüglichen Zustand.

77. Rüdersdorf, ev. Pfarrkirche, 1871
Rüdersdorf liegt ein wenig östlich von Berlin bei den berühmten Kalksteinbrüchen, von denen auch das Baumaterial der Kirche stammt. Sie ist mit dünnen Platten aus Rüdersdorfer Kalkstein verblendet. Stüler entwarf 1859 den neugotischen, sechsachsigen Saalbau mit zwei Staffelgiebeln und angeschobenem 5/8-Chor. Die einzelnen Staffeln tragen flache Giebel, deren Kanten ein wenig hervortreten. Die vier diagonal gestellten Strebepfeiler der Ecken sind in Fialen hochgezogen, mit Krabben geschmückt und von einer Kreuzblume gekrönt. Der westlich vorgestellte Turm zwischen zwei offenen Vorhallen ist quadratisch, erst die mit Ziegeln gemauerte Spitze mit markanten Rippen ist achteckig. Das Glockengeschoß zeigt vier Giebel zwischen Fialen, die Fenster sind dreiteilig gegliedert, diejenigen des Langhauses nur zweifach. Die Kapitelle der Vorhalle zieren reichhaltige, stark skulpierte Blattmotive. Die spitzbogigen Arkaden im Innern ruhen auf schlanken, achteckigen Pfeilern mit Blattkapitellen. Die sehr dunkle Decke ist im Gegensatz zu vielen Stülerbauten in der Mitte gerade und an den Seiten abfallend, der äußeren Dachschräge folgend. Die Apsis hat ein Kreuzrippengewölbe mit schmalen Rundbogenstäben und kleinen Kapitellen. Leider ist die Triumphbogenwand viel zu dunkel, fast schwarz gemalt. Die Kanzel stammt aus der Erbauungszeit, mit geschwungener Treppe und schlanken, den Zentralpfeiler umgebenden Säulen. Die für die Figuren der Kirchenleh-

rer vorgesehener Felder sind allerdings leer. Die Kirche ist in sehr gutem Zustand.

78. Rzepin (Reppen), ehemals ev., jetzt kath. Pfarrkirche St. Katharinen, 1879
Reppen liegt knapp 20 km östlich von Frankfurt/Oder. Stüler entwarf diese Kirche 1860; daß bis zum Abschluß des Baues fast 20 Jahre verstrichen, lag an der unsicheren Finanzierung und der strittigen Frage, inwieweit der Vorgängerbau aus Feldstein einbezogen werden sollte. Die Kirche ist eine neugotische Emporenhalle mit rechteckigem Chor und Dreifenstergruppen am Langhaus sowie an der Westfassade. Diese ist, wie auch das übrige Schiff, unten mit Feldstein, oben mit Ziegeln gemauert. Die Kirche ist sechsachsig. Der relativ gedrungene Turm steht fast separat von der Kirche in der Flucht der östlichen Chorwand, er ist auf Senkkästen gegründet. Bis zum Glockengeschoß quadratisch, wird er dann achteckig mit einem Giebelkranz und einer gemauerten Turmspitze mit kräftigen Rippen. Die Fialen am Glockengeschoß wirken wie aufgesetzt, weil sie sehr viel schmaler sind und, um 45 Grad gedreht, nicht aus den Eckpfeilern des Turmes hervorgehen. Da die Emporen im Innern bis auf kurze Reste an der Orgelempore entfernt wurden, wirken die hohen Bündelsäulen besonders schlank, fast elegant, sie tragen längs und quer gestellte hölzerne Arkaden und eine sehr steile Balkendecke im Mittelschiff, die Seiten dagegen sind flach. Auch die Decke des Chores hinter dem Triumphbogen ist in der Art eines Dachgiebels gehalten und nicht gewölbt, wie das sonst Stülers Stil ist. Die Kirche ist in einem vorzüglichen Zustand.

79. Rzucewo (Rutzau), Schloß, 1840–45
Schloß Rutzau liegt knapp 50 km nördlich von Danzig, über dem hohen Ufer der Zackota Pucka, dem Putziger Wieck, praktisch in der Achsel der Mierzeja Helska, der Putziger Nehrung oder Halbinsel Hela. Bauherr war der Adjutant Friedrich Wilhelms IV., Gustav Friedrich Eugen von Below. Der Bau ist dreigegliedert. Auf den östlichen Hauptbau mit flachem Dach, auf quadratischem Grundriß und mit zweieinhalb Stockwerken folgt im Westen ein schmalerer, eineinhalbgeschossiger Trakt mit Satteldach und schließlich ein sehr gedrungener, niedriger Turm, ein zweigeschossiges Oktogon. Dem gegenüber steht an der Nordwestecke ein kleiner Rundturm. Den Ostteil über dem zum Ufer abfallenden Park überragt ein ebenfalls nicht sehr hoher, quadratischer Turm. Alle Bauteile sind zinnenbekrönt, den Hauptbau flankieren vier achteckige Eckpfeiler, deren Zinnen von kleinen Dächern überdeckt werden. Vor den niedrigen Mitteltrakt ist eine spitzbogige, dreifache Arkadenhalle als Eingang gestellt, mit Granitsäulen und einer durchbrochenen Brüstung mit Vierpässen. Hauptteil und Oktogon zieren schmale Lisenen mit flach gespannten Segmentbögen. Im Innern hat sich nur das Netzgewölbe im Vestibül erhalten. Das Gebäude, heute ein Hotel, ist in erstklassigem Zustand.

80. Sandebeck, kath. Pfarrkirche St. Dionysius, 1859–61
Sandebeck liegt knapp 20 km nordöstlich von Paderborn. Nachdem der Entwurf eines anderen Architekten abgelehnt worden war, entwarf Stüler diese dreischiffige, vierjochige Hallenkirche, die noch ein weiteres Mal revidiert werden mußte, bis der endgültige Bau durchgeführt werden konnte. Die Kirche ist in sauber gehauenem Bruchstein aufgeführt. Das Äußere gliedern kräftige, dia-

gonal gestellte Eckpfeiler, auch am Turm, und drei Strebepfeiler an den Langhauswänden. Die Eckpfeiler enden in schlanken, hohen Fialen mit Krabben und Kreuzblume. Die Fenster sind Maßwerksfenster mit Vierpässen. Der Turm, bis zum Dachfirst quadratisch, dann achteckig, hat in diesem Übergangsbereich eine Brüstung mit Fialen. Die achteckige Spitze setzt leicht abgeknickt ein, mit nur vier Giebeln. Im Innern überrascht die Breite des Raumes, die Kirche wirkt von außen schmaler. Die Kreuzrippengewölbe ruhen auf achteckigen Pfeilern ohne markante Kapitelle oder Kämpfer. Im 5/8-Chor steht ein neugotischer Hochaltar, die Orgel ist modern. Die Kirche befindet sich in bestem Zustand.

81. Scherfede, kath. Pfarrkirche St. Vinzenz, 1857 bis 1862
Scherfede liegt ungefähr halbwegs zwischen Kassel und Paderborn, am südlichen Teutoburger Wald. Für diese Kirche gab es eine Fülle von Vorentwürfen, von denen eine von dem Wasserbau-Inspektor Lundehn vorgelegte Version vom König genehmigt wurde, Stüler hat sie revidiert. Die Kirche ist eine dreischiffige, dreijochige Basilika mit einem Querschiff und hohem 5/8-Chor. Diagonal gestellte Strebepfeiler gliedern Chor- und Querschiffecken, dort gehen sie in Fialen mit Krabben über. Der in das Hauptschiff eingezogene Turm bleibt bis zu seiner Spitze quadratisch, die setzt, achteckig und mit Schiefer gedeckt, auf einer kleinen Plattform mit Brüstung ein, deren Ecken wiederum Fialen tragen. Die Kirche liegt auf einer Anhöhe in einem engen, stark umbauten Gebiet, dem die Konstruktion Rechnung tragen mußte. Die profilierten Arkaden des Hauptschiffes ruhen auf achteckigen Pfeilern, die Rippen des Kreuzrippengewölbes dagegen auf kleinen Konsolen an der Wand des Obergadens. Die Arkaden der Vierung überspannen die volle Höhe des Schiffes. In dem ebenfalls von einem Kreuzrippengewölbe überdachten Chor steht ein großer Flügelaltar. Zusätzliche Altäre stehen im Querschiff. Die Kirche ist in einem vorzüglichen Zustand.

82. Schwerin, Schloß, 1846–57
Schwerin ist die Hauptstadt von Mecklenburg-Vorpommern. Nachdem 1837 die Residenz von Mecklenburg-Schwerin aus Ludwigslust in die alte Hauptstadt zurückverlegt wurde, wählte der 1842 zur Regierung gelangte Großherzog Friedrich Franz II. auch das historische, malerisch zwischen zwei Seen gelegene Renaissanceschloß als Wohnsitz. Den repräsentativen Um- und Weiterbau der unregelmäßigen fünfeckigen Anlage entwarfen Georg Adolph Demmler und Hermann Willebrandt, beeinflußt von einer Skizze Stülers und einem ausführlichen Entwurf Sempers, 1843. Stilvorbild war, wohl von Friedrich Wilhelm IV. angeregt, das französische Renaissanceschloß Chambord. Seine Fassade wurde zu einer sechsten, stadtsei-tigen Front verwendet. Als Demmler 1850 aus politischen Gründen entlassen wurde, übernahm Stüler den bis zum Kranzgesims gediehenen Bau. Er veränderte vor allem die Fassade zur Stadt. Mit einer Mitte-Betonung durch Triumphbogenmotive, der Reiterfigur des Obotritenfürsten Niklot, der erhöhten, glänzend farbigen Kuppel mit dem heiligen Michael über der Durchfahrt und einem Vorhof machte er sie zugleich monumental und einladend und unterstrich den denkmalhaft-dynastischen Charakter. Stüler entwarf fast sämtliche Innenräume. Von diesem bedeutenden Dekorationsensemble überstand nur ein Teil den Schloßbrand von 1913. Der fast quadratische Thronsaal liegt in dem

1553–55 umgebauten mittelalterlichen Bischofshaus. Gebunden an die niedrigen, gekuppelten Dreierfenster, gewann Stüler durch Aufschichtung formverwandter Zonen die erforderliche Pracht, verbunden mit einem Bildprogramm von Herrschertugenden und Repräsentation der Landesteile und Gewerke. Das vornehmste Element sind die klassischen Marmorsäulen der Tür- und Fenster-Ädikulen. In der Bibliothek wandte Stüler die Renaissanceformen der Bücherschränke und Balkendecke vornehm zurückhaltend an. Gemälde (wie im Thronsaal von Heinrich Peters) und Büsten thematisieren Wissenschaften und künstlerische Bildung.
Eva Börsch-Supan

83. Stockholm, Nationalmuseum, 1847–66
1845 stimmten die Ausschüsse der Stände einem Museumsbau für die Präsentation der königlichen Sammlungen zu. Die 1847 eingereichten Entwürfe für einen solchen Neubau waren sehr unterschiedlich, so daß diese Stüler, einem im Museumsbau bereits erfahrenen Architekten, zur Begutachtung vorgelegt wurden. Als Ergebnis seiner Einschätzung erhielt er den Auftrag, das Museum selbst zu entwerfen. Die Realisierung des 1848 vorgelegten Stüler-Entwurfs wurde zwar im folgenden Jahr begonnen, konnte aber erst 1866 erfolgreich abgeschlossen werden. Für das frei stehende, dreigeschossige Gebäude wählte Stüler den für seine öffentlichen Bauten charakteristischen Grundrißtyp, einen Rechteckblock mit Mitteltrakt und zwei Innenhöfen. Dabei ist der Mitteltrakt mit einem reich dekorierten Vestibül und einer repräsentativen Treppenanlage das Kernstück und bildet den Ausgangs- bzw. Endpunkt eines jeden Rundgangs durch die Sammlungen der einzelnen Geschosse. Ebenso bestimmt er mit seiner reichen Gestaltung im Stil der italienischen Renaissance die Vorderfront des Museums und ist »im eigentlichen Sinne das Gesicht des Museums, an dem es seine Bestimmung und seinen Kunstcharakter ausspricht.« (Eva Börsch-Supan.) Seinem Anspruch an Museumsbauten folgend, wendete Stüler auch hier die »neuen Materialien« und ihre Techniken an. So kombinierte er wie im Neuen Museum in Berlin beispielsweise Eisenträger mit Tontopfausmauerungen bei der Konstruktion der feuersicheren Stütz- und Wölbsysteme. Das Museum ist einer der am besten erhaltenen Bauten Stülers. Auch wenn mit den Restaurierungsmaßnahmen der letzten Jahrzehnte die bauzeitlichen Oberflächenfassungen weitestgehend verhüllt wurden, sind doch die Strukturen, Konstruktionen und Raumproportionen noch sehr gut erlebbar.
Anke Fritzsch

84. Stolzenfels, Schloß, 1839–46
Burg Stolzenfels liegt linksrheinisch, rund 15 km südlich von Koblenz. Die mittelalterliche Burgruine war von Schinkel für den Kronprinzen ausgebaut worden (1836 bis 1839). Nach dem Regierungswechsel und dem Tode Schinkels hatte Stüler die oberste Bauleitung. Die Kirche, die Arkadenhalle, die Pergola im Garten und die Ausstattung der Wohnräume gehen auf ihn zurück. Da der Garten tiefer liegt als der Schloßhof, mußte eine Treppe angelegt werden, die drei spitzbogige Arkaden überspannen, deren schlanke, achteckige Pfeiler ein Kreuzrippengewölbe tragen. Das Drillingsfenster darüber beleuchtet das königliche Schlafzimmer. Die Rosenpergola auf schlanken, achteckigen Stützen mit angedeuteten Kapitellen umgibt fast kreisförmig den Springbrunnen über achteckigem Becken. Auch die Kirche geht im

wesentlichen auf Stüler zurück, der die Wünsche des Königs berücksichtigte. Zwei achteckige Glockentürme erheben sich jäh über dem Steilufer zum Rhein, die dunkel gehaltenen Strebepfeiler setzen sich in hohen, schlanken Fialen fort, die wie die Glockentürme dicht mit Krabben besetzt sind. Auch die gedrungene, tief gestaffelte Kirche ist der steilen Hanglage geschuldet, wie die Aufnahme von der ebenerdigen Empore aus zeigt. Alle Zimmer haben ein Paneel aus poliertem Eichenholz, mit gotisierendem Stabwerk oder Kassetten. Das Wohnzimmer der Königin besitzt eine Balkendecke aus Tannenholz mit reicher Vergoldung. Die pflanzlichen Motive der Wandbemalung sind jedoch nicht mehr original. Ob das Betpult im Erker von Stüler stammt, wird diskutiert. Die Anlage erscheint in der Bausubstanz gefährdet.

85. Strzelce (Strehlitz), Schloß, 1840–44
Strehlitz liegt 70 km nördlich von Posen. Bauherr war Ferdinand von Zacha. Das Gebäude steht an der Stelle eines 1840 abgebrannten Vorgängerbaus, eines Nonnenklosters, dessen Fundamente teilweise benutzt wurden. Die lange, Ost-West gerichtete Baugruppe ist sehr differenziert. Im Westen liegt das rechteckige, zweigeschossige Hauptgebäude, dessen gedrungene Westtürme an Schinkels Schloß in Tegel erinnern. Östlich schließt sich daran eine heute fast zugewachsene Orangerie an, die über einen gedrungenen Vorbau mit engständigen Arkaden an einen hohen Turm mit Brüstung und Akroteren grenzt, den östlichen Schluß des Schlosses. Der Turm enthält eine breite Durchfahrt unter einem Rundbogen. Die südliche Schauseite des Schlosses präsentiert sich im italienischen Villenstil. Besonders markant ist die Westseite, die sich zu einem heute fast völlig zugewachsenen Park hin öffnet. Vorgelagert ist eine in Feldstein und Zyklopenmauerwerk aufgeführte Terrasse. Der nur wenig vorspringende Mittelrisalit ist zweigeschossig, mit fünf eng gekoppelten Arkaden im Rundbogenstil vor dem Gartensaal. Darüber liegen drei rechteckige Doppelfenster, fast versteckt zwischen vielen Pilastern, die eine Galerie bilden. Die nur ein Halbgeschoß höheren Türme haben Rundbogenfenster im Erdgeschoß und Stichbogenfenster darüber. Unter der Traufe liegt ein weitständiger Konsolfries. Das im Krieg beschädigte Schloß wurde in den 1960er Jahren wiederaufgebaut, es ist äußerlich in gutem Zustand, wird aber nicht genutzt.

86. Tantow, ev. Kirche, 1858/59
Tantow liegt etwas westlich der Oder, etwa 20 km südwestlich von Stettin. Bauherr war der Gutsbesitzer von Eickstädt, dessen Vorlage vom König kritisiert und von Stüler neu entworfen wurde. Die Kapelle am Rande des Gutsparks ist eine einfache, dreiachsige Halle in gelben Ziegeln. Übereck gestellte Doppelpfeiler der Gebäudeecken setzen sich in kleinen Blendarkaden fort und enden in Fialen. Auch der kleine 5/8-Chor mit drei Rundbogenfenstern besitzt schmale Eckpfeiler. Den Westgiebel schmückt ein kleiner Glockenstuhl mit einem achteckigen Türmchen. Das schlichte Innere wird von einer dachförmigen Balkendecke überspannt, deren Binder auf hölzernen Konsolen ruhen. In der Apsis steht das Grabmal des 1596 verstorbenen Ritters Hans von Eickstädt und seiner Frau. Die Kirche scheint nie eine Orgel besessen zu haben. Auf der Westempore ist eine Winterkirche mit einer großen Glaswand abgetrennt. Die renovierte Kirche ist in vorzüglichem Zustand.

87. Werder, ev. Heilig-Geist-Kirche, 1856–58

Werder liegt etwa 8 km südwestlich von Potsdam, in schöner Insellage an der Havel. Die Kirche hat eine reiche Planungsgeschichte, so hatte der König auch Persius mit Entwürfen beauftragt, die aber nicht erhalten sind. Auch Stüler modifizierte seine Entwürfe mehrfach. Die Kirche ist eine große, hochdifferenzierte neugotische Anlage auf kreuzförmigem Grundriß, im Kern unter Einbeziehung eines Vorgängerbaus. Zwei hohe, achteckige Türme flankieren den zweiachsigen Chor. Das gesamte Gebäude einschließlich der polygonalen Apsis wird von schlanken, hohen Strebepfeilern gegliedert, die an den Ecken des Chores in hohe Fialen übergehen. Alle Wände sind verputzt, mit Quaderritzung, die Strebepfeiler sind ziegelsichtig. Der Turm bleibt bis zum Glockengeschoß quadratisch, die übereck gestellten Strebepfeiler enden in hohen Fialen, an einer Brüstung mit schmalem Umgang, darunter liegt ein Wimperggeschoß mit je zwei Giebeln. Die mit Schiefer gedeckte Turmspitze ist achteckig. Die schöne Decke des Innenraumes steigt in der Mitte dachförmig an, die mit Vierpässen verzierten Binder ruhen auf kleinen Konsolen. Das Hauptschiff hat keine Pfeiler oder Arkaden, nur das Querschiff und die Wand zum Chor. Die Hufeisenempore setzt sich, leicht abgesetzt, im Querschiff fort. Über dem Altar steht ein von Stüler entworfenes Ciborium mit den vier Evangelisten an den Ecken, eine Stuckarbeit von Koch. Die Kanzel zeigt die Kirchenlehrer Augustinus, Melanchthon, Luther und Calvin. Die Kirche wurde mehrfach restauriert und ist in hervorragendem Zustand.

88. Wielka Laka (Wielkalonka), kath. Pfarrkirche, 1861–63

Wielkalonka liegt etwa 30 km nordwestlich von Thorn (Torun). Der Bau entstand unter dem Patronat des Grafen Ksawery Dzialowski, er ist ein Neubauentwurf von Stüler. Das Langhaus ist in Feldstein aufgeführt, das Querschiff in Ziegeln. Der ein wenig eingezogene Turm wird im Nordwesten von einem polygonalen Treppenhaus flankiert. Der Turm ist bis zum Wimperggeschoß quadratisch, die relativ gedrungene Spitze ist achteckig. Am Portal, hinter rückgestuften Profilen, befindet sich ein sehr differenziertes Tympanon mit Drei- und Vierpässen. Das Innere wird von einem zarten Kreuzrippengewölbe überspannt, dessen schmale Rippen ziegelsichtig gemauert sind oder dies, gemalt, vortäuschen. Sie ruhen auf kleinen Kapitellen über schlanken, ebenfalls gemauerten oder so gemalten Diensten. Der 5/8-Chor hat fünf Fenster, was den Altarraum sehr hell macht. Die Kanzel auf achteckiger Säule und der Orgelprospekt sind von Stüler entworfen. Die Kirche hat eine dreieckig vorspringende Orgelempore mit reich verzierter Brüstung. Die Kirche ist sehr gut erhalten.

89. Wittenberg, Lutherhaus, 1846–83

Die Lutherstadt Wittenberg liegt an der Elbe östlich von Dessau. Das Augusteum ist eine dreiflügelige Anlage um einen Gartenhof herum gebaut. Das Lutherhaus ist der südliche Trakt und wurde 1504 errichtet. Das Gebäude war in so schlechtem Zustand, daß 1842 eine Renovierung beschlossen wurde, die Stüler zusammen mit anderen Architekten durchführte. Der neue Westgiebel mit seinen Staffeln ist heute so zugebaut, daß er sich photographisch nicht mehr darstellen läßt. Gut erhalten ist der neugotische Erker am eigentlichen Lutherhaus und dessen Verbindung zum Westflügel, eine schmale, diagonale Verbindungshalle mit einer spitzbogigen

Durchfahrt und einer Arkadenhalle mit Segmentbögen im Obergeschoß. Sie wurde erst 1883, also lange nach Stülers Tode, jedoch nach seinen Plänen ausgeführt. Wichtigster Innenraum ist der große Hörsaal mit dem gestuften Katheder. Die Kassettendecke des relativ niedrigen, fünfachsigen Raumes wird von markanten eisernen Unterzügen in sehr flacher Kielbogenform getragen, die ihrerseits auf Wandpfeilern mit Blattkapitellen ruhen. Auch die Wände zwischen den Pfeilern sind mit kaum hervortretenden Kielbögen geschmückt, Anregungen, die Stüler von seiner Englandreise 1842 mitgebracht haben dürfte. Das Gebäude ist als Museum völlig neu strukturiert worden und in vorzüglicher Verfassung.

90. Wolfsberg, Mausoleum, 1858–61

Wolfsberg liegt auf halbem Wege zwischen Graz und Klagenfurt. Weihnachten 1857 war die Gattin des Grafen Hugo I. von Henckel-Donnersmark, eine geborene Gräfin von Hardenberg, gestorben. Die daraufhin von den Angehörigen bei Wiener Architekten angeforderten Entwürfe für ein Mausoleum waren nicht zufriedenstellend ausgefallen. Die Mutter der Verstorbenen wünschte eine Grabstätte wie das Mausoleum der Königin Luise in Berlin-Charlottenburg. So erhielt Stüler den Auftrag. Das Mausoleum liegt am Hang, einem Ausläufer der Koralpe am Lavanttal. Da es mit seiner Längsachse quer zum Hang angelegt ist, führen Stufen zur Vorhalle hinauf, während der rückwärtige Teil leicht in den Hang eingetieft ist. Den Grundriß bilden ein etwas kleineres vorderes und ein größeres rückwärtiges Quadrat. Vorn steht die dreijochige Arkadenvorhalle und eine innere Säulenhalle mit der Treppe zur Gruft und zum Kapellenraum. Im größeren Quadrat liegen unten die Gruft und darüber der Kapellenraum mit dem Sarkophag, einer Skulptur von August Kiß. Dieser Raum ähnelt einem italienischen Baptisterium. Dreiteilige Thermenfenster beleuchten ihn, dasjenige hinter dem Altar war von Stüler nicht vorgesehen. Ein Gewölbe mit Rundbogenfenstern schließt das Oktogon nach oben ab, dem entspricht draußen eine Zwerggalerie mit je fünf Arkaden, darüber ein flaches Zeltdach. Die Säulen des Innern tragen korinthische Kapitelle mit Mohnkapseln, ein Todesmotiv, das sich auch beim Grabmal Ravené in Berlin findet (Nr. 15.2). Die Tür zur Gruft besitzt einen einfachen Stichbogen. Die lateinische Inschrift darüber lautet in der Lutherübersetzung: »Wer an mich glaubt, der wird leben, ob er gleich stürbe.« Das Gebäude ist mit weißgrauem Leiwalder Marmor verblendet, Wasserschäden und Risse an der Decke verraten ein undichtes Dach.

91. Wulkau, ev. Dorfkirche, 1859

Wulkau liegt wenig südlich von Havelberg, wo die Havel in die Elbe mündet. Es handelt sich um den Erweiterungsbau einer spätromanischen Dorfkirche, vor die im Westen ein dreischiffiges Langhaus mit drei Achsen gelegt wurde, ganz wie in Berlin-Pankow (Nr. 17.2). Dort ist der mittelalterliche Bau allerdings in Feldstein angelegt, hier in Klosterziegelwerk. Die Fenster sind Biforien mit Stichbögen, jedes der drei Schiffe hat sein eigenes Dach. Da die Kirche eine relativ hohe Hufeisenempore besitzt, finden sich unter den Doppelfenstern einfache Rundbogenfenster. Der Turm im Westen, ein wenig ins Hauptschiff eingezogen und schmaler als dieses, geht über dem Uhrengeschoß vom Quadrat ins Achteck über, mit Lisenen und einem Rundbogenfries über den großen Fenstern, die das Geschoß optisch weit öffnen. Darüber erhebt sich die achteckige, leicht eingezogene Spitze,

mit Schiefer gedeckt. An die beiden Seiten des Turmes sind niedrige Treppenhaustürme für die Emporen angeschlossen. Das Innere zeigt eine ebene Balkendecke über allen drei Schiffen und zwei große Arkaden, die das Langhaus überspannen. Die alte Kirche, durch einen großen Triumphbogen abgetrennt, ist recht finster. Das Äußere der Kirche wirkt gut erhalten und gepflegt.

Catalogue

The catalogue texts are abridged versions of texts from: Eva Börsch-Supan and Dietrich Müller-Stüler, *Friedrich August Stüler, 1800–1865*, Deutscher Kunstverlag, Munich and Berlin, 1997, with additional observations by Hillert Ibbeken. Some texts are by Eva Börsch-Supan and Anke Fritzsch; they are identified as such.

1. Alt-Tellin, Schloß Broock, 1840–50

Alt-Tellin is between Anklam and Demmin in Mecklenburg-Vorpommern. This stately home with seventeen axes and two and a half storeys high was developed from a Baroque predecessor for Baron von Seckendorf zu Brook, for whose park Lenné had also produced a design in 1840. The front and rear of the house are almost identical, centred in each case on a projection with three axes and three storeys with narrow, octagonal pinnacles on the corners, and these little pinnacle turrets also decorate the four corners of the building. The hipped roof from the earlier building is surrounded by battlements over a bracket cornice and a lozenge frieze. The first floor is also recessed by means of a small glazed brick cornice. The building is smoothly rendered, and the battlements, cornices and pinnacles are in exposed glazed brick. Remains of a level drive have survived by the south-south-east facing front of the house; there is a corresponding semi-circular projecting gallery on the park side. Remains of two curving flights of steps leading down into the garden have survived. The projection on the garden side has three round-arched windows on the upper floor, with a large coat of arms underneath them. The splendour of the round-arched entrance hall can now only be imagined. The building was requisitioned for evacuation purposes in 1944, and it has stood empty since 1980. In the occupation period almost all the wooden ceilings were removed for firewood. It is no longer possible to go into the house, which is in lamentable condition.

2. Altenburg (Thuringia), former ducal stables, 1846–51

Altenburg is about 40 km south of Leipzig. Duke Joseph reigned from 1834 to 1848. He commissioned Stüler to design new stables, court stables near the palace. This resulted in a large complex with three wings, the illustration shows the wing on the right-hand side. The side is seven axes long with a central projection, two round-arched doors and two biforia. There are also six buttresses ending halfway up the building. The first floor of the three and a half storey building is in the form of a mezzanine with small, rectangular windows. Three gables have survived, the two outer ones are stepped at the base. The corners of the stables are decorated with for profiled octagonal towers; the lanterns that topped them have not survived. The core of the building has been removed and it is awaiting comprehensive restoration.

3. Arendsee, Schloß, 1839–43

Arendsee is about 20 km west of Prenzlau. Stüler had a relatively free hand when building this new palace as he did not have to accommodate any earlier buildings. It was commissioned by Count Albert Schlippenbach. The palace stands slightly above the Arendsee in a spacious park that has now run completely wild. The long, asymmetrical building features elements of English »castle Gothic« with battlements, bracket friezes and striking dripstone profiles and modern forms from the Berlin School: the building has excellently laid masonry that has survived in good condition; it is in red brick and the windows are decorated with flat segmental arches. The building is on solid rubblestone foundations in finely hewn ashlar with compensation courses. The most important structural element is a central two and a half storey section of the building on the courtyard side. Its three central axes thrust forward in a two storey projection containing the entrance. The terra-cotta jamb of the portal is decorated with widely spaced rosettes, and to the side are two narrow piers with cast zinc sheets showing plant and animal decoration, similar to the portal of Schloß Ramstedt (no. 57.2). Two lions hold the family's marshalled coat of arms on a central terracotta panel above the door, also all kinds of heraldic creatures and a bull, above them the count's crown and to the left and right of that are two smaller terracotta panels with plants and quatrefoils. On the opposite north-east or lake side the building is bordered on the right by a three-storey octagon; its counterpart, a square tower on the opposite side of the palace was pulled down after 1945. The palace has been disfigured by new extensions. It was used as a school for a long time, and now stands empty.

4. Bad Oeynhausen, Cath. church of Peter und Paul, 1871–74

Bad Oeynhausen is about halfway between Minden and Herford. The spa was not founded until 1830. Friedrich Wilhelm IV ordered the building of a Protestant and a Catholic church when he visited in 1847, and presented sites on royal spa land on the Korso. The Protestant church has not survived. Stüler designed both churches in the neo-Gothic style in 1858. The planning phase extended to 1868, and building was delayed by the Franco-Prussian War, so a start was not made until 1871. The ground plan is in the form of a Greek cross with short arms, like the church in Hasserode (no. 44), though that is neo-Romanesque. The church faces east, the 5/8 choir is decorated with tre- and quatrefoil windows and pointed gables, as in the case of the Protestant palace church in the Hohenzollernburg near Hechingen (nos. 45.10, 45.11). The west façade is decorated with a small bell turret with many crockets. The interior is defined by the vaults of a strongly accented wooden ceiling, continuing with four arches in each case in the transepts. The small, central glass dome of a lower church in the church floor ruled out a central ceiling shot. The church is in excellent conditions and well looked after.

5. Barth, Prot. Marienkirche, interior, 1856–63

Barth is about 20 km west of Stralsund. The brick church dates from the early 14th, the tower from the 15th century. Friedrich Wilhelm IV requested that the church interior be enhanced during a visit in 1853, and Stüler was commissioned to create a design. The pulpit, on the north side of the nave, is supported by slender columns, christological emblems are carved into the sandstone from the Seeberg near Gotha, and the steps are articulate with rich quatrefoils. The elaborate canopy with many pinnacles and crockets was carved in oak to a design by Stüler by the Barth master carpenter Schlie. The ciborium above the altar at the point of transition from the nave to the choir is decorated with the four Evangelists on the piers and figures of angels by Afinger on the gables, similarly to the ciborium in Werder (no. 87.5). A slender, high pinnacle rises from the point where the roof gables intersect. Blind arcades with coupled neo-Gothic arches, stucco work with rich tracery, stand before the walls of the choir, topped by horizontal masonry parapet with tre- and quatrefoils. The church is in good condition inside and outside.

6. Basedow, court stables, 1835

Basedow is near Malchin in Mecklenburg-Vorpommern. Stüler built this impressive structure for Count Hahn's great stud. The high central section accommodates the indoor riding school. Under the powerfully profiled gable is a large rosette that once contained a clock, and a group of three coupled triplet windows with round arches. The corner acroteria have survived, the one on the gable tip has not. Three large stepped portals, the central one forming the entrance, are placed under a widely projecting cornice that has now eroded almost completely. The round-arched window motif continues at the sides of the building with two twin windows. The building is flanked by single storey stabling with round-arched portals, with a clock and two elaborate coats of arms. The left-hand one shows a cock above a helmet visor and another cock in the coat of arms under the count's crown. The building is in a dire state.

7. Berlin-Charlottenburg, Schildhorn, Schildhorn-säule, 1841–44

Legend has it that the Wend prince Jaczo swam across the Havel here after his defeat in the Battle of Spandau in 1155. He vowed to become a Christian if he reached the rescuing shore. He did. He hung his shield on a tree and had himself baptized. Friedrich Wilhelm IV had this scene in mind when he commissioned an appropriate monument from Stüler and also provided some sketches for it. The monument is somewhat overgrown today, and not very easy to find on the Schildhorn peninsula, which extends towards the north. It is a narrow, octagonal column representing squat branch stumps. It stands on an octagonal base with a square plinth, and underneath is a base cube in masonry. The column supports a round metal shield pointing towards the north in the middle. The whole structure is topped with a rounded, ancient cross. The monument has been restored and is in good condition.

8. Berlin-Charlottenburg, Spandauer Damm / Schloßstraße junction, former Garde-du-Corps-Kasernen, 1851–59

The king asked for two barracks to be built opposite Schloß Charlottenburg in 1844. Building was delayed until 1844 because of complications over purchasing the plot. Work finished in 1859. The clearly articulated cube is the same when viewed from all sides. The building has seven axes, the middle three axes project slightly and are topped with gables that interrupt the balustrade running round the building. The base of the three-storey building is in ashlar, the two upper storeys are smoothly rendered and articulated with pilasters ending in Corinthian capitals with eagles and spread wings. The building is topped by a bracket cornice and a band of circular windows. The dominant element is a central dome on the roof intended to relate to the Schloß and presumably not to Stüler's design. Sixteen columns with terracotta capitals supplied by March support a frieze with leaf decoration and helmets, and above this is the ribbed hemisphere of the dome. The building was damaged in the war and restored in the 1950s, and now houses the Berggruen Museum. The illustrations show the west building; the two are identical.

9. Berlin-Kreuzberg, Oranienstraße 132–134, Prot. St.-Jacobi-Kirche, 1844/45

The king wanted this church to be an old Christian basilica. The complex includes a school and a parsonage. With the church façade, they conclude a wide, atrium with arcades, open on the street side. The statue of the Apostle James stand at the centre of this. The high tower on a square ground plan stands by the church, at the corner of the atrium. The top five storeys each have three sound arches on all sides, with the central window open. The window sill block on the last floor but one houses the clocks. The church gables are picked out with strips of darker brick. There are three striking apses at the sides of the building, the central one twice as high and as large as the two side ones. The latter carry scarcely discernible ornamentation in square, dark strips of brick. The main apse has six stepped, square apertures with blind round windows under the eaves. The church was destroyed in February 1945 and rebuilt in 1954–57, though it was not possible to restore the impressive interior.

10. Berlin-Marzahn, Alt Marzahn, Prot. village church, 1870/71

The church was designed as early as 1857, replacing a 13th-century rubblestone church, which was pulled down; it was one of over fifty old village churches in Berlin. The yellow brick building is well preserved and cared for. It is very small, with five axes, and striking buttresses defining the exterior. On the choir side is a high stepped gable, and the tower gables under a simple double arch are also stepped. A simple decorative band of crosses in moulded brick is placed under the eaves cornice. The small rectangular choir is pushed up against the body of the building. The interior surprises with a wide ribbed vault and a carefully restored horseshoe gallery on small supports forms six arches. The church is in excellent condition, but the original decoration was destroyed when the building was restored in 1962 and 1982/83.

11. Berlin-Mitte, Am Lustgarten, Altes Museum, grand door, 1841–59

The door leads from the columned hall of Schinkel's building into the rotunda. Schinkel is also said to have supplied a design for the door, but it has not survived. The door was cast to a design by Stüler and models by the sculptors A. and W. Wolff, Holbein and others in the art casting shop in the royal institute of trade and industry. The iron frame has a shell of bronze over it. The ironwork is by Morel, the chasing by Kornazewsky. The door weighs 0.75 t, is 5.1 m high and 3 m wide overall. It has six fields with figures surrounded by arabesques. At the top are the six graces, below the spirits of fame and life and muses with zither and lyre. Two spirits personifying painting and sculpture are to be found in the centre field. The door needs expert cleaning.

12. Berlin-Mitte, Bodestraße 3, Alte Nationalgalerie, 1867–76

The building was realized by Johann Heinrich Strack in 1867–76, in other words after Stüler died. Stüler had designed the building in 1862–65, taking sketches by Friedrich Wilhelm IV into account. The idea for the building is based on a design by Friedrich Gilly for a monument to Frederick the Great, who had so caught the imagination of the then sixteen-year-old Schinkel in 1797. The temple-like structure on a 12 m high base in the form of a Roman pseudodipteros was intended to make an impact on the cityscape from a distance, and succeeded. The main façade is defined by free-standing Corinthian columns, and the other façades have Corinthian half-columns with the names of German artists chiselled between them. The windows are not very conspicuous. This is the first quarry-stone building in Berlin, after the Brandenburg Gate. Moritz Schulz's relief on the main gable shows Germania as the protectress of the arts, and above this is Rudolf Schweinitz's group of the three fines arts, on top of the gable. There is a large double flight of steps in front of the building, and the round-arched entrance is on the ground floor, between its side pieces. Above this is the equestrian statue of Friedrich Wilhelm IV, a work in bronze by Alexander Calandrelli, 1882. The rear façade has an exedra running across the full height of the Nationalgalerie. It is topped by a richly mobile, undulating pictorial frieze and a bracket cornice above a palmette frieze. The building was badly damaged in the war and rebuilt as early as the 1950s, and a second restoration phase lasted until 2001. Nothing has survived of Stüler's interior architecture. The building is in very good condition.

13. Berlin-Mitte, Bodestraße 4, Neues Museum, 1843–46, 1855, 1865

The illustrations from the Neues Museum show its ruinous condition in May 2003, giving only an inkling of it former splendour. The neoclassical building in the Schinkel tradition is Friedrich Wilhelm IV's most important building and Stüler's main work, alongside the National Musem in Stockholm and the Academy in Budapest. It was designed in 1841, built from 1843–46 and not completed until 1855 because of the 1848 revolution, the staircase not being painted until 1865. This building extended the Museum Island, predominantly a harbour in its northern section, into a magnificent museum landscape. This was needed because the collections were growing and there was increasing interest in other art fields. Like the Altes Museum, the Neues Museum is grouped around two inner courtyards. The central section is topped with gables adorned with lavish figures, the side projections support domes, with two-storey rotundas inside. The poor subsoil demanded a light building, but it had to be able to accommodate heavy exhibits. Stüler solved this problem professionally and elegantly with wide iron structures, the first of their kind in a large building in Berlin, and with vaults constructed from hollow pots. The building's ruinous state has one regretful advantage: it is possible to see these structural elements clearly. All the galleries were specifically matched to their exhibits.

14. Berlin-Mitte, Chausseestraße 126, Dorotheenstädtischer Friedhof, tombs of Gottfried Wilhelm Stüler and Philippine Stüler, 1843 and 1865

Wilhelm Stüler, Stüler's elder brother, lived from 1798 to 1840, and was a homeopathic doctor. His wife Philippine, 1784 to 1862, was a governess and friend of Queen Josephine of Sweden. The later column is a copy of the original: an acroterion with a smooth-edged palmette in Silesian marble conceals a medallion with the head of a genius spirit in Carrara marble. The tombs are in good condition.

15. Berlin-Mitte, Chausseestraße 127, Friedhof I der Französischen Reformierten Gemeinde, tomb of Peter Ludwig Ravené, accomplished in 1867

Ravené, 1793–1861, was an industrialist and art collector. An arcaded hall in polished syenite contains the recumbent figure of Ravené and two kneeling angels, cast in bronze by Gustav Bläser. The coupled columns support Corinthian-style capitals, there are piers at the four corners. On the roof, a low railing with plant designs and poppy capsules runs along the ridge, with bounded by two crosses. The poppy capsule motif, an image of sleep and death, recurs on the finely worked grille with quatrefoils surrounding the whole tomb. The tomb is in excellent condition.

16. Berlin-Mitte, Koppenplatz, monument to Christian Koppe, 1855

Four columns, all with Corinthian capitals, are placed in front of a rear wall with four pilasters, a very elegant modification of the pattern of the Lysikrates memorial in Athens. The columns carry an architrave with a palmette band. The memorial was originally free-standing, but now leans against the wall of a building. The inscription on the rear wall says: »Christian Koppe, Council and Town Captain in Berlin dedicated this place and its surroundings in the year 1705 as a resting-place for the poor and orphaned, in whose midst he wanted to rest himself and rests with those close to him. The City of Berlin gratefully honours his memory in 1855.« The monument is in good condition.

17. Berlin-Pankow, Breite Straße, Prot. village church, 1857–59

This church is an extension attached to a medieval church. The old church is used as the choir, the new one has a nave and two aisles, the nave being higher and wider. This use of three as a motif is taken up again at the point of connection with the choir, where two lower, narrower arches stand by the high central one. Inside, a wide arch set back against the east wall of the choir gives the impression of an apse, which in fact does not exist. Font and pulpit have survived, the latter shows the Doctors of the Church, including Luther, Zinzendorf and Calvin. Two high, octagonal towers flanking the choir emphasize the border between the old and the new church. A large porch with two ancillary buildings was placed in from ot the west front in 1908, forming a harmonious conclusion to the building. The church is in excellent condition inside and out.

18. Berlin-Schöneberg, Hauptstraße 46, Alt-Schöneberg cemetery, tomb of Wilhelm Stier, 1858–60

Wilhelm Stier (1799–1856) was a very popular teacher among his pupils at the Bauakademie. An appeal by the Architekten-Verein for a tomb design brought in 54 proposals, none of which was accepted. So Stüler was invited to complete a commission that had already been formulated. He built a Doric temple with six columns and a baldacchino over the tombstone, all in Silesian marble. There is a simple rosette above every column on the architrave. The tomb is in good condition.

19. Berlin-Tiergarten, Alt-Moabit 25, Prot. church of St. Johannis, 1851–57

The Johanniskirche is one of the suburban churches built by Schinkel, 1833–35. The congregation asked for a parsonage at an early stage. After a few changes to the design, Stüler built the parsonage and school house in 1851–53, the arcaded hall in 1865 and the tower in 1856/57. The tower was in scaffolding for renovation purposes when the photographs were taken. The arcaded hall has eleven axes, with a large porch in the middle in front of the main entrance. The porch has a head of Christ and two hovering angels on the gable, supported by two Corinthian columns in front of Corinthian pilasters. At the sides are four niches with figures of the Evangelists. The arcaded hall is in good condition.

20. Berlin-Tiergarten, Matthäikirchplatz, Prot. church of St. Matthäus, 1844–46

The church building association, founded in 1843, commissioned the design from Stüler, the king became the patron. The church is a hall with a nave and two aisles, the aisles conclude in smaller apses, and the nave in a higher and larger apse. The sides of the six-axis building have two pairs of small round-arched windows on the ground floor, the upper storey and the gable sides have windows in threes, with the middle one slightly raised. The integral tower on the north side is somewhat narrower than the nave. Under its octagonal spire is an arcaded gallery accompanied by four corner turrets developing from the pilaster strips. The gable fronts are clearly separated from each other by narrow niches carrying the gutters. The exposed brick structure with yellow facing bricks is clearly articulated with horizontal red stripes and a string course under the upper windows, the central apse and the gable are decorated with round windows. The church was badly damaged shortly before the end of the war and its exterior was restored in 1956 to 1960. It is in excellent condition. The interior was destroyed and completely changed, but it has outstanding acoustics and is a popular concert venue. There is an almost identical but somewhat smaller Stüler church in Peitz north of Cottbus (no. 63). The Matthäuskirche is in very good condition.

21. Berlin-Zehlendorf, Prot. church of Peter und Paul auf Nikolskoe, 1834–37

The first reason for the building of this church was the Tsarina's romantic desire to hear church bells ringing on the Pfaueninsel. The king decided on a design by Stüler, and suggestions by the crown prince were accepted as well. The church is on the relatively steeply sloping bank of the Havel opposite the south-western end of the Pfaueninsel, which required the construction of a high base on the north-east side, as the high transepts also suggest. This base supports a central tower, four-cornered at first, then octagonal, with a lavishly decorated dome. The tower is flanked by two triples arcaded halls containing the church's famous peal of bells. A large, central window rose also features a clock. The pilaster strips on the corners of the transepts extend a little above the roof, in exactly the same way as the church at Christdorf (no. 29.1), which is very similar to the Nikolskoe church. The high single room has four round-arched windows and an apse with five round windows. The rear gable is decorated with dark red brick squares, and a cornice runs almost the whole of the way round the church. The great portal, whose archivolt is inlaid with terracotta bricks with plant motifs, is under the wooden porch in the Russian style. All the church's exposed masonry is executed accurately. The interior has survived equally well with the original decoration and furnishings. The deeply articulated coffered ceiling corresponds with the top sections of the galleries running right round the space. The great triumphal arch in front of the apse finds its counterpart in the equally large arch for the organ niche. The spandrels of the arches contain four painted tondi showing the Evanelists. The capitals of the octagonal, slender gallery pillars are rather like wayside shrines, with pictures of angels and

acanthus leaves. One special feature is the high pulpit on four pillars with Corinthian capitals and winged angels' heads. The basket carries oval mosaics of St. Peter and Paul. The court pew was opposite the pulpit at the same level. The church has been outstandingly well looked after.

22. Berlin-Zehlendorf, Wilhelmplatz, Prot. village church, 1858/59

This cruciform church in the round-arched style stands on a hill above the Stöpchensee, in a dominant position. The king commissioned it to Stüler. Like all the other parts of the building, the mighty tower above the crossing carries pilaster strips on its corners, here topped with pinnacles. The choir and transepts are arranged as five-part conches, the single-aisled nave has three axes, and its walls too are articulated with pilaster strips. The yellow, exposed masonry with red horizontal stripes has survived in excellent condition. The west façade has a large rose window following a Romanesque, Italian model. In the interior, the crossing arches develop from the piers without imposts. When the church was restored in the early 1990s the space was painted white overall, instead of lightly applied, sandstone-coloured ashlar painting, thus creating an unfavourable contrast with the ceilings, which are painted in far too dark a colour. The beamed ceiling of the nave is flat, that of the crossing and conches relatively steep. The octagonal pulpit on slender columns shows standing figures of the Apostles. The church contains a magnificent tomb for the Heydert family of court gardeners, dating from 1777. The church is in a good condition.

23. Birkenwerder, Prot. parish church, 1847–49

Birkenwerder is in north-west Berlin on the Berlin ring road. The single-aisle church with four round-arched windows on each side stands on a slight eminence above the shallow valley of the Briese brook. An arcaded porch of the kind that Stüler often built, in Bobrowice, for example (no. 24.1) or Rothenburg (no. 76.1) is placed in front of the west façade with its large rose window. Attached to this on the north-west side is the high tower, square at the bottom and octagonal at the top, with a pointed tower behind ornamental pediments. The lower floor of the tower is framed by a zigzag cornice, which accompanies the west gable and the eaves of the sides and apse. The four round-arched windows are linked by drip-moulding made of narrow roof tiles. The apse is articulated with pilaster strips in five segments, each with a round window. Underneath remains of round-arched windows can be seen. They have been concealed by later additions. The apse is similar to the one on the Matthäuskirche in the Tiergarten district of Berlin (no. 20.2). The exposed yellow bricks are Birkenwerder bricks. The simple interior is dominated by a high, very dark and flat beamed ceiling. The church is in good condition.

24. Bobrowice (Bobersberg), formerly Prot., now Cath. church, 1853–56

The church in Bobersberg, a little south of Krossen an der Oder and a little east of the German border, stands on a large, wide, empty market-place. The Oberbaudeputation submitted a design as early as 1843, and Stüler submitted his own counter-design. It is a galleried basilica with six axes using round-arched forms. A large rose window, covered in the interior by the organ, decorates the west gable. In front of the church is an arcaded porch with three arches, the very tall tower, arcticulated with strongly profiled pilaster strips, is attached to the south-western

corner of the building and topped by the integral spire. The situation is similar to that in Birkenwerder (no. 23.1). The interior arches have narrow impost bands and stand on square pillars. The side galleries break off, which makes the church very light, as it is lit from the side windows as well as clerestory windows. The windowless apse is behind a large triumphal arch which no longer carries an inscription. There is a hint of imitated ashlar on the walls. The church is cared for both outside and inside.

25. Brodowin, Prot. village church, 1852/53

Brodowin is south of Angermünde near the Parsteiner See. An earlier building burned down in 1848. The king rejected a design that had already been revised by the Oberbaubehörde and commissioned Stüler. The church is a neo-Gothic hall in smoothly split rubblestone in cyclopean masonry. The corners of the five-sided apse with three windows are set off in brick. The integral west tower continues above the gable in the octagon and is in masonry to its tip. The nave section of the building is bordered on the east and west sides bricked step gables with double, deeply stepped blind arches and pinnacles. The interior of the somewhat gloomy-looking church is spanned by a relatively flat gable roof whose trusses are filled in with narrow pointed trefoil arches, very similarly to the church in Lietzow (no. 56.4). The tripartite organ case is framed by two slender pinnacles. The church in excellent condition.

26. Budapest, Academy of Sciences, 1862–65

The Academy is in a dominant position north of Roosevelt Square with the chain bridge over the Danube, which is flowing from north to south here. Stüler's design had a lot of competition at the time, including a submission by Leo von Klenze. The complex has four wings and only one courtyard, the east side was shifted slightly on to the diagonal by Academy Street , which runs along it, so that the ground plan was not rectangular. The show façade points south to Roosevelt Square with a greatly protruding central section, with five axes and entrance and coupled pillars behind which is the large banqueting hall on the first floor. The south side has a total of thirteen axes. The western side on the Danube also has thirteen axes, more tightly staggered and with a slightly protruding central section with three axes. The base of the first floor is surrounded by balustrades on the windows and balconies over the cornice. The whole building is also topped by a continuous balustrade. The lavish sculptural decoration on the façades is in terracotta made by a company called March. The decoration consists of statues of famous scientists and artists. The column shafts and corner pilasters of the south protruding section are also lavishly decorated, both with sculptures of male figures and rich acanthus foliage. The vestibule, a magnificent columned hall with five aisles leads into a slightly raised transverse corridor; this goes on to what is now the library on the right, and on the left to the restaurant and what is now the club room behind it. The slender cast-iron columns in the club room are in three parts: octagonal in the lower third, decorated with lavish plant motifs in the middle and fluted at the top. The imposing stairs lead to the first and second floors. The large banqueting hall, rising through two storeys, is on the first floor. The heavy, vaulted coffered ceiling is supported by double caryatids above the gallery, and with columns below it. The first floor also contains the large lecture room with a deeply profiled coffered ceiling. On the third floor is the Esterhazy picture gallery, with some toplit rooms whose ceiling field patterns are reminiscent of the Raphael room in the Orangerieschloß in Potsdam (nos. 67.4, 67.5) and similar rooms in the National Museum in Stockholm. Several restoration phases removed war damage, and the building is in excellent condition inside and out.

27. Caputh, Straße der Einheit, Prot. church, 1850–52

Caputh lies somewhat south of Potsdam on the Templiner and Schwielow See. The church is close to the early Baroque princely palace. The king had rejected a rebuilding plan by the Potsdam government and commissioned Stüler to produce a new design and gave advice about details like the tower design. The church is a gallery basilica with nave, two aisles and five bays in the Italian Romanesque style, like San Zeno in Verona, for example. Parts of the walls from the previous building were retained at the king's request. The lavishly articulated south-west façade has decorative ashlar work with yellow brickwork on the pilaster strips and at the corners of the building. The main gable contains a large rose window, the small gable in the porch has five-part round-arched windows, rising to the centre. The tall, free-standing bell tower rises on the north-west side, the street side, and is linked to the nave by a small intermediate corridor with a sacristy. The tower is square at its base and moves into an octagonal section whose corner pilaster strips articulate the building clearly. Above this is a shallow cap with a cross. In the interior the arches are supported by piers with slender corner columns, topped with cushion capitals, the coffered ceiling is flat. The original organ case has survived, and a large triumphal arch with a banderole soars up in front of the apse. The two large chandeliers are connected to each other by ingenious cables and pulleys. The church was excellently restored after the fall of the Berlin Wall, and is in very good condition.

28. Caputh, Marienquelle, 1855

The design for the brickwork housing the spring goes back to a suggestion from the king, who wanted the tomb of Mary in the Kidron valley near Jerusalem to be used as model. The Marienquelle (Spring of Mary) is about 400 m north of the Caputh boundary the side of the embankment road, quite lonely in the dense woodland. In front of it is the spring pool, with no discernible signs of any containing masonry. The structure consists of a plain yellow brick wall with lower continuations at the sides, and three wide pointed arches in red brick staggered one above the other, reminiscent of Saracen forms. The two outer arches are supported by four columns, behind the inner arch with the actual outlet for the spring water is a rendered square with spandrels carrying two tondi with badly damaged reliefs. The spring was renovated some years ago, and a later, disfigurement by graffiti was also removed.

29. Christdorf, Prot. village church, 1835–37

The tiny village of Christdorf is somewhat south of Wittstock/Dosse near the motorway: in brief: south of the Wittstock triangle with the Hamburg/Rostock fork. As the church patron bore the costs himself the design was not drawn up or passed by the Oberbaudeputation under Schinkel. It is suggested that Stüler's brother Carl Askan may have worked on the church as well. The church is not oriented to the east, and its large transverse section points south-west. There is a surprising similarity to the church of St. Peter und Paul auf Nikolskoe in Zehlendorf, Berlin (no. 21). As there, the corner pilaster strips of the

south-western transverse section end in little turrets, with a balustrade with cruciform apertures. The tower, which is articulated by various cornices, is four-cornered and carries a shallow pyramid roof with a cross above the belfry, so there is no dome, unlike St. Peter und Paul. A rose window with a cornice above it and a small gabled porch with a round-arched gate decorate this side of the building. The church ends in a squat, semicircular apse with five round windows and two other round windows on the right and left in the rear wall. The whole building is articulated by strong cornice lines, especially clearly on the sides of the nave, using sill-, impost- and eaves-cornices. Three rounded-arched windows on each side, of different sizes, admit light into the interior, which is considerably plainer than that of St. Peter und Paul. High, wide galleries take up a lot of space and make the church relatively dark, the planked ceiling is flat and sparingly painted; it too is supported by the two-storey gallery columns. The pulpit with curved steps is behind the altar at the rear apse curve. Here too the five round windows give little light; they are partially fitted with coloured glass. The font was among the original furnishings. The sides of the pews are richly and finely painted. The wide volutes, leading to broad bracket timbers, also lavishly painted, on the gallery columns are very striking. The church exterior is in good condition.

30. Colbitz, Prot. village church, 1866–69

Colbitz is on the edge of the Colbitz-Letzlinger Heide, about 20 km north of Magdeburg. Stüler's design for the church dates from 1861, he did not live to see it built. The church has so many trees round it that it was not possible to photograph it from the outside. But the interior is very rewarding, a wide, light galleried hall with slender wooden clustered columns from which large arches develop above carved capitals, both parallel to the walls of the nave and also running across it. There is six-lobe tracery in the spandrels of the arches. The ceiling of the nave has no roof gable, but is just as flat as that of the aisles, and slightly raised. The two side walls created in this way are decorated with small columns and longs rows of arches. The capitals supporting the gallery are elaborately carved. The apse is windowless, the paintwork is not original. The triumphal arch and the south door to the sacristy carry bead moulding supporting cushion capitals. The church is in very good condition inside and outside.

31. Cottbus-Branitz, park smithy, 1853?

Schloß Branitz is south-east of Cottbus, but is still part of the town. Stüler certainly worked for Fürst Pückler, but there is no definite evidence that he designed the smithy. Reinhold Persius, the son of Ludwig Persius, is said to have been in charge of the building operations. The two-storey house that also contains the smithy is east of the Schloß. The building combines decorative elements of Castle Gothic and oriental-style columns rising out of the corner pilaster strips. The gable is topped by a large star, probably intended to symbolize the sun. The building date is not certain. The building was carefully restored in 1994 and is now used by the park management authorities.

32. Dabrowka Wielkopolska (Groß Dammer), Schloß, 1856–59

Groß Dammer is just under 80 km west of Posen. The »country seat of Graf Schwartzenau zu Dammern« is a distincive neo-Renaissance building on a rectangular ground plan. On the corners of the rectangular building,

which opens to the south-south-west and the park, are four octagonal towers touching the Schloß with one corner only. They are two floors higher than the two-storey building. The park façade is characterized by a central protruding section with three axes, three storeys and a semicircular gable. It has pilasters and three arches on each storey, and the central one provides a doorway to the front steps and park on the ground floor. The hip roof has two wide shed skylights. The dominant elements of the façade is the coupled triplet arches with lavish terracotta decoration on the composite capitals and in the vaults, a motif borrowed from the Italian Renaissance. The fabric of the Schloß is not in good condition, the tower roofs being in particular need of repair.

33. Demmin, Prot. Bartholomäuskirche, tower and restoration, 1862–67

Demmin is in Mecklenburg-Vorpommern about 40 km west of Anklam or 30 km south-east of Greifswald. The medieval church had been almost completely destroyed in the Great Nordic War in 1676. After being restored in 1684–87 and new vaulting being added in 1734, the towerless building was in a poor state. Stüler built a new tower and saw to it that the church interior was fully restored. The tower is just under 100 metres high, rising almost abruptly over the old masonry of the west façade. It has pinnacles emerging from pilaster strips at the level of the clock, a belfry, now octagonal and with large, stepped tracery windows. The tip has massive masonry, with circular windows, and underneath is a narrow storey with pediment windows. The choir gable with blind windows and crocketed pinnacles was also provided with new masonry. Surprising interior features are the masonry galleries on the walls of the aisles, with shallow segmented arches and octagonal brick piers; the capitals have foliage motifs. The pulpit with steps curving round the pillar has standing figures in the basket fields, underneath is a lavish sound canopy with pediments, trefoils and crocketed pinnacles. The restoration cost 97,000 talers in its day, the church is in excellent condition.

34. Dippmannsdorf, Prot. church, 1860

Dippmannsdorf is south of Brandenburg on the edge of the Fläming. The small, single-room church with three axes is the only timber-frame church by Stüler to have survived. The building stands on a cleanly-coursed rubblestone base. It has a five-sided apse with three windows, and a double window and a clock in the gable above it. All the windows except the small ones at the bottom on the sides have Tudor arches. The church does not have a tower, just a small, boarded ridge lantern above the western entrance. The interior is very plain. A single flat, beamed ceiling, painted in a light colour, spans the entire space, supported by only four diagonal columns. A horseshoe gallery extends to the recessed walls of the sacristy and an ancillary room opposite. The space under the organ gallery is skilfully divided off as a winter church, the five-part organ case is very plain. The triumphal arch in front of the apse has a pointed arch in the Tudor style, the apse ceiling is not vaulted, just has a simple frame of joists. Unfortunately there is precious little to be seen of the 1994 restoration of the interior.

35. Ellrich, Prot. parish church of St. Johannis, 1866–83

Ellrich is on the southern edge of the Harz between Bad Lauterberg and Nordhausen. The medieval church had burned down in 1860. All that survived was the masonry of the tower and the choir. The new church between was built by local architects, with major interventions from Stüler. The neo-Gothic church has a nave and two aisles, a hall with transverse roofs for the aisles. In addition, a fourth, wider section forms a transept. All the gables are topped with simple pinnacles with few crockets; circular windows with tracery are let into the gables. In the base storey are high tracery windows above small double windows with the cornice rising above them. The double towers of the old church have been demolished, and have disappeared apart from a few pitiful remains. The unrendered interior has rib vaulting between reinforcing arches on powerful Dolomite ashlar columns, like the outside walls. The capitals are undecorated and simply designed. The actual vaults are built of brick. The church is in a desolate condition.

36. Emsdetten, Cath. parish church of St. Pankratius, 1846–48

Emsdetten is north of Münster, west of the Teutoburger Wald. Stüler built only the nave, aisles and choir. The medieval west façade with tower was demolished and replaced in 1905. The church is one of the first neo-Gothic buildings in Westphalia. The sides of the main section are articulated by tall buttresses and narrow tracery windows with tre- and quatrefoils. The interior is a wide hall with nave and two aisles whose rib-vaulted ceiling is supported by slender, octagonal pillars with plain capitals. The organ gallery runs from wall to wall. It has a very open, pierced parapet with quatrefoils. The choir is not by Stüler, it was altered in 1900. The church is in very good condition inside and out.

37. Fehrbellin, Prot. parish church, 1866/67

Fehrbellin is in the Rhin Luch, about 15 km south of Neuruppin. The church was designed in 1858, but building work did not start until 1866, in other words after Stüler had died. The nave of this neo-Gothic church has five axes and is placed between two stepped gables. In front of the west gable is the high tower, and on the east side is the 5/8 choir. Both are flanked by small polygonal turrets, supported by the gallery steps on the west side and the sacristy and ancillary rooms on the east side. Octagonal pinnacles grow out of the corner pilaster strips of the tower; they surround the clock storey, and above this the octagonal masonry tower begins. The stepped gables are ornamented with double blind windows, and open circular windows. The rose window in the east gable gives on to the roof space, and there is a head of Christ by March under the circular window in the tower. Under the tracery window in the nave are double lancet windows. The sill cornice shifts downwards by the windows. The wall is articulated with four buttresses, but they do not carry any load from the vaults because there is no interior vaulting. The beamed ceiling in the interior is flat in the aisles, and has a shallow pedimented slope over the nave. Slender, very tall gallery cluster columns support the ceiling elegantly. The horseshoe gallery almost completely surrounds the nave; the gallery parapet is coffered quite plainly, and is one bay shorter. The rib vaulting in the apse finishes in a ring. The church was renovated in 2003, after the photographs were taken.

38. Friedewalde, Prot. church, 1854–56

Friedewalde is a few kilometres north of Minden. The west façade of the church is hidden behind dense trees, the tower was not added until 1893. The exposed brick nave has five axes and five narrow, simple windows above the galleries and smaller double windows in the clerestory. The east gable of the east-facing church has a large rose window, but it blind inside, so does not show there. The church concludes in a clean-coursed 5/8 apse with three windows. The east gable has a stepped eaves cornice. The beamed ceilings of the nave and aisle are flat, with large tenoned beams in the nave. Massive octagonal piers with plain capitals support the pointed arches of the nave and the horseshoe gallery. The organ case is modern, and in front of the simply rib-vaulted apse is a double triumphal arch, a choir bay. This element is based on a sketch by the king. The church is in excellent condition inside and out.

39. Frombork (Frauenburg), formerly Prot., now Cath. church, 1857–61

Frombork is east of Gdansk on the Zalew Wislany, part of the Gulf of Gdansk, a few kilometres from the Russian border. The king selected the building site at the foot of the Domberg in 1854, named himself as patron and commissioned Stüler to build. The king may have provided a sketch as well. This small church with a very high tower is a neo-Gothic brick building. It is scarcely possible to photograph its narrow street façade, and impossible to photograph the back, where there is a stepped gable with blind windows. The church has four axes. The west street façade contains three tracery windows above the slightly recessed portal with pointed gable. The most striking element are two blind arches on each side by the recessed tower. The arches are topped with playful ogee forms, probably unique in Stüler's œuvre. The corner buttresses support these arches. The buttresses end in slender pinnacles. The tower is also articulated with sharply profiled corner pilaster strips, running up into pinnacles with pointed caps. These caps were redesigned at a later date. The church interior was painted over in 1928. It is in good condition outside.

40. Glindow, Prot. church, 1852/53

Glindow is south-west of Potsdam, near Werder. The seven-axis nave of the neo-Gothic church is placed between two stepped gables. The very high tower is to the west of these gables, possibly the result of influence from the architect Soller, whose design formed the basis of Stüler's building plan on the king's orders. The clearly articulated tower ends with a gable wall under its top. The middle windows of the group of three belonging to this now contain discreet radio relay aerials. The east stepped gable is particularly splendidly and elaborately designed, with countless blind windows and niches. The base of the church is built of rubblestone up to the sturdy window sill block. The plain interior of the church is defined by the shallow roof with its herringbone pattern; its beams are supported by slightly protruding half-columns. The parapets of the horseshoe gallery, which leaves the sanctuary clear, are painted with profiled strips in the Gothic manner, likewise the east wall of the sanctuary. The church is in excellent condition inside and out.

41. Gliwice (Gleiwitz), formerly Prot., now Cath. church, to 1859

Gliwice is on the western periphery of the large Katowice industrial district in southern Poland. The Protestant community had grown and needed a new building of its own, the king provided a subsidy of 6000 talers. The galleried basilica with nave and two aisles, exposed on the south side, has a slightly protruding central section whose corner pilaster strips rise into pointed pinnacles, like the corners of the aisles. The tower is treated the same way, its pilaster strips become pinnacles via a parapet. The parapet surrounds a narrow platform above which the spire rises. Above the very large rose window, whose curves are artfully reflected in the organ case in the interior, is a niche with a statue. Three small windows below the rose window light the space under the organ, the narthex, and under the windows is the large entrance portal with three closely coupled arches. The church originally had seven bays; one bay was added on the apse side in 1930, and a new apse was built on. The strongly profiled beamed ceilings of the nave and aisles are flat, the large windows above the galleries and the clerestory windows carry stained glass in part, and give relatively little light. The arches have narrow profiles throughout and are supported by slender octagonal pillars with large-leaf Corinthian capitals. The church is in very good condition and well looked after.

42. Groß Linde, Prot. village church, 1861

Gross Linde is a little north of Perleberg. The patron, Graf C. O. F. von Voss auf Stavenow wanted a new building and commissioned Stüler. The east-facing church is a neo-Gothic single-room building in rubblestone masonry between two stepped gables. A 5/8 choir with three windows and sturdy brick buttresses leans against the east gable. The tall tower is very clearly articulated, with clear pilaster strips ending in little turrets above the belfry with two arches, and with an arcade extending over several storeys with a circular window. The spire is clad in slate. The beautiful brick portal is deeply stepped four times. The interior beamed ceiling describes the shape of a roof. The organ gallery, on the west side, is supported by eight slender pillars with small capitals. The choir vaulting is carried on small responds with foliated capitals, and the triumphal arch has the same motif. The paintwork dates from about 1900 and was restored to 1993 along with the rest of the church, which is in outstanding condition.

43. Hammer, Prot. church, 1856

Hammer is north of Berlin, near Liebenwalde. About two thirds of the churches built by Stüler are neo-Gothic, the other third are churches in the round-arched style in the broadest sense of the term. The Hammer church is an especially telling example of the Romanesque round-arched style. The church makes use of the walls from an earlier building. The free-standing tower was requested by the king; it is in contact with the building only at the northwest corner of the façade. The high round arches in the belfry and the vertical apertures in the lower clock storey are typical of Stüler. The recessed, octagonal spire is clad in slate. The church has five axes, with tall round-arched windows and smaller double windows under the galleries. The semi-circular apse is almost as tall as the nave; it is decorated with a windowless dwarf gallery, with small columns and small cushion capitals. Surprising features of the interior are tall slender pillars supporting the continuous gallery and an artfully painted beamed ceiling. The capitals are also lavishly painted, but this applies especially to the wide-span arcades separating the flat-ceilinged aisles from the central ceiling in the shape of a roof. The pulpit is behind the altar in the plain apse with triumphal arch. The magnificent organ has three large, round cases with two smaller flat ones in between. The church has been excellently restored and maintained.

44. Hasserode, formerly Prot. church, now kindergarten, 1847

Hasserode is on the northern edge of the Harz, due south of Wernigerode, to which it belongs. A number of architects submitted designs before the final decision was taken, and the Oberbaudeputation passed judgement several times before Stüler's final design appeared in 1841, proposing a church on a Greek cross ground plan. The large ancillary structures in the spandrels of the intersecting sections mean that the church has a square ground plan. The entrance in the west façade has an arcade with door in each part of the building, and a rose window in the gable of the centre section. Under this is a large, domed triple arcade with round-arched windows, the central one raised. The east side adorned with three large apses. The bottom windows on the south side were intersected when intermediate ceilings were fitted in 1909, when the building was given up as a church. The building now houses a kindergarten and is in good condition.

45. Hechingen, Burg Hohenzollern, 1850–67

Hechingen is about 20 km south of Tübingen. The Hohenzollernburg towers above it, dominating the landscape, incidentally in a zone threatened by earthquakes, on the edge of the Schwäbische Alb. Photograph no. 45.1 was taken from the Raichberg, 2.5 km south-east of the castle. The castle was rebuilt in 1454, and this version forms the core of the present complex. Crown Prince Friedrich Wilhelm visited the castle in 1819 and committed himself to restoration. After various designs by various architects, Stüler came up with the basic form for the building in 1846/47. Construction work started in 1854, the shell was completed in 1856. The interior work went on until the castle was dedicated on 30.10.1867, and afterwards as well. The castle is entered through the Eagle Gate with a horseman relief and above that the Hohenzollern motto »From cliff to sea«. Then the route winds through the actual fortress complex, built up to 1853 as a response to the Baden Uprising. Visitors then move on past the Protestant church to the actual castle courtyard with its deeply staggered buildings and the main steps with their graded columns and statue of Jos Niklas, a count of Zollern. On the main floor beyond the steps is the high, narrow hall of the family tree, and adjacent to it the Grafensaal, which occupies the whole wing. The broad central aisle with narrow aisles on either side gives the space an ecclesiastical air. Columns with gilded capitals support acute-angled rib vaulting. The next room is the library, and beyond it is the king's room in the Markgrafenturm, a decagonal centrally planned space, half of it opened up by windows. Above the fireplace is a stepped pediment decorated with pinnacles. This is followed by the queen's rooms, especially the drawing room in the Michaelsturm with an English-style coffered ceiling decorated with tracery and countless pieces of furniture, including a desk designed by Stüler. A raised bay window looks out over the courtyard, and a five-sided bay window opposite offers a wonderful view of the south German countryside. The bay window is separated from the main room by a double-walled arcade with three arches. As the south German branch of the Hohenzollerns is Catholic, the castle also has a Catholic church. This church at the south-eastern end of the courtyard is not particularly conspicuous architecturally from the outside. It is a narrow

hall with two bays and rib vaulting; the ribs emerge from the walls without imposts. The pointed-arched choir has three windows, the triumphal arch is accompanied by several bead mouldings. The Protestant church is the first building in the castle visitors are confronted with. The choir is articulated by buttresses rising to form pinnacles, with tall, narrow tracery windows and pointed pediments between them. The entrance hall also has pointed pediments. The choir has rib vaulting, and the vaults are painted with dense plant motifs. The altar cross stands in a ciborium. Frederick the Great lay here until he was moved to Sanssouci in 1991. The complex as a whole is in good condition and well looked after; the visitor numbers are very high.

46. Hennickendorf, Prot. village church, construction date unknown

Hennickendorf is south-east of Beelitz in the Nuthe glacial valley. The church matches Stüler's village church design in the pattern book. It is a rubblestone church without a tower. Both on the south-west façade and the north-east side of the choir it has a stepped gable with blind arches, open arches and an open circular window, and a clock on both sides. The buttresses at the corners and the three-sided choir are built of brick. The little church has five axes. The plain interior is defined by a flat plank ceiling, the central pews mean there can be no middle aisle. The triumphal arch is accompanied by fine bead moulding, the rib vaulting in the polygonal apse rises from simple bead moulding. The church has no organ, the glazed space above the organ gallery serves as a winter church and supports an interesting beam system. The church was renovated in 2004 and is in very good condition.

47. Hohensaaten, Prot. parish church, 1858–60

Hohensaaten is north of Bad Freienwalde an der Oder. The previous church needed rebuilding in 1850, and the king accepted Stüler's design. The church and tower are built almost entirely of extremely cleanly coursed rubblestone, with the edges only decorated with a narrow brick border. The tower stands on the south side of the 5/8 choir and is attached to its south wall. Only the belfry has brick masonry. The east wall of the church has a small gable with tracery windows on its north side. The nave of the large church has five axes, with large pointed-arched windows above and smaller ones below the gallery. The truss ceiling is shaped like a roof and supported on sturdy brackets. The horseshoe gallery occupies the whole space and is supported on slender octagonal pillars with wide segmental arches. The organ wall, overgrown and scarcely visible on the outside, has a large rose window in the gable and two tracery windows. The organ case dates from the time the church was built, and so does the pulpit with slender columns and some Doctors of the Church on the basket. The edges of gable, sides and triumphal arch are finely painted. The choir has rib vaulting developing from slender bead mouldings between the tracery windows. The church has been restored and is cared for in an absolutely exemplary fashion both inside and outside.

48. Jablonowo Pomorskie, Cath. parish church of St. Adalbert, 1859–66

Jablonowo Pomorskie is about 30 km south-east of Grusenz (Grudziadz) in north-east Poland. Stüler's design was accepted by the parish because the patron, Graf Narzymski, agreed to discharge most of the additional expense. The church is an extremely lavishly designed

neo-Gothic building with a recessed south tower. The tower up to an including bell chamber is square, with powerful pilaster strips at the corners, rising to becomes crocketed pinnacles. The upper part of the tower is octagonal, with pediments, and above this is the spire, covered with sheet metal. A lavish Gothic canopy portal adorns the entrance. The nave has four axes, articulated with sturdy buttresses. The interior is characterized by rib vaulting on half-pillars and half-columns with foliated capitals. The polygonal apse is preceded by a wide choir bay separated from the nave by a screen made up of tracery cascades and a low shallow arch. Only the organ side has a gallery, its parapet opened up by lavish tracery. The four Evangelists stand on brackets in the nave, and a figure who is presumably St. Adalbert on the eastern choir pier. There are also two lavishly carved confessionals. The church has one main and two side altars, and a pulpit with the Doctors of the Church and a high sound canopy. All furnishings are designed in an almost unduly rich neo-Gothic style, with pediments, quatrefoils, pinnacles and crockets. The church is in excellent condition.

49. Jablonowo Pomorskie, palace, 1854–59

Jablonowo Pomorskie is about 30 km south-east of Grusenz (Grudziadz) in north-east Poland. The client was Graf Stefan Narzymski, who had Stüler build the church a little later. The palace combines Romanesque-style forms with those of English Gothic. The yellow brick building, now uniformly rendered, is an irregular complex with three wings, opening to the south-west. Here, on the entrance side, a two-storey section protrudes as half an octagon, topped with battlements like the rest of the palace. Adjacent to this on the south side is a four-storey tower, also in the extended octagon. The south wing is five axes long and two axes wide, the north wing, linked to the main wing by a quarter-circle balcony, is only two axes long and three axes wide. The dominant feature at the southern extremity is a high, square five-storey tower with corner turrets. The north-east flank opposite is bounded on the south side by a round tower and an octagonal one on the north side. Round-arched windows and rectangular windows with an offset profile cornice are distributed irregularly over the buildings. This large complex, owned by Catholic nuns since 1933, is still used as a home for handicapped children. It is in very good condition.

50. Kemberg, Prot. church of Unser Lieben Frauen, tower, 1854–59

Kemberg is about 10 km south of Luther's town of Wittenberg on the Elbe plain. Stüler built this tower on to the medieval church with Baurat Ritter. The 86 m high tower dominates the townscape and can be seen from some distance. The poor subsoil called for elaborate pile foundations. The tower was kept separate from the church, connected only by a single-bay connecting section, because of possible uneven subsidence. The tower is divided in five sections: on the ground floor is the entrance portal with lavish tracery in the tympanum and a coat of arms, above that a single-window and then a two-window storey with sound apertures. The fourth, main, storey is structured as two sub-storeys by means of lavish tracery. Above this the corner piers are topped with crocketed pinnacles accompanying the gable of the canopy storey, which contains the clocks. The octagonal spire is clad in slate. The tower was renovated not long after the Berlin wall fell, in 1991/92.

51. Kepnow (Kempen), Prot. church, 1863

Kempen is about 70 km north-east of Breslau. The church always was and still is Protestant. It is a brick building with round-arched forms and four axes, and a polygonal apse. The tower, changing from square to octagonal at eaves height, ends with simple pediments above the bell and clock level, and the steep sheet-metal-clad spire grows out of these. The tower is placed in front of the south-east corner of the church, concluding with the choir wall. The church looks to be in good condition, it was unfortunately not possible to get inside. The arcades above slender gallery columns are strikingly similar to those in Hammer (no. 43.3).

52. Cologne, Filzengraben, Prot. Trinitatiskirche, 1857–61

The church is by the Filzengraben, close to the Rhine. A long, chequered and partially controversial planning history unfolded before church was built, from 1845. The king wanted to opt for the early Christian style, but Stüler also used essentially Romanesque, Italian formal characteristics. This very large church is a four-bay galleried basilica with a nine-axis porch on the northern street side. The high nave carries a rose window on each gable; inside these are below the organ arch and at the same time above the arch of the round apse. The corner pilaster strips of the gables have exposed brickwork at the back, and at the front they are worked in ashlar with recessed panels. The arch friezes on all the diagonals are kept diagonal, and the porch is clad in marble. The north gallery is lit by a triforium, the apse on the south side is polygonal on the outside with small blind pillars, placed between small ancillary buildings. The campanile near the south-west end of the nave is square throughout. The whole of the exposed brick tower is sparingly articulated with pilaster strips. Above the high belfry with simple round-arched sound windows is a lower top floor with rectangular-stepped fields, each containing one circular and two small round-arched windows. Inside the church is very brightly lit by the tightly staggered, very high clerestory windows. The nave is approximately twice as high as the aisles, in order to rise above the tall neighbouring buildings. The ceilings of the aisles are now smooth, that of the nave coffered. The magnificent sense of space conveyed by this church is determined both by the wide-spanned runs of arches on square pillars with angel capitals and also in a particular way by the tightly staggered arches that also carry the galleries. The modern furnishings of this church, which was badly damaged in 1942/43 and rebuilt to 1965, are austere. There are no pews, which considerably enhances the spatial impression. The church is in very good condition.

53. Kribbe, Prot. village church, 1865

Kribbe is about 20 km north of Perleberg. The small neo-Gothic single-room church has no tower, but just a three-step gable on the west side, almost completely masked by a dense oak tree. The gable is decorated with blind arcades with open circular windows and a somewhat larger window in the middle, above which the bell hangs. The building is in very large rubblestones cut on one side. It has three axes, and the choir is three-sided. The pointed-arched windows are framed in two stages. A wooden door with carving in the Gothic style has survived on the south side of the choir. The church has been renovated.

54. Letzlingen, Schloß, conversion, 1843–53

Letzlingen is on the Colbitz-Letzlinger Heide, north-west of Magdeburg. A hunting lodge built by Lorenz Arndt for the elector's heir Prince Johann Georg in 1559–62 forms the core of the complex. The central residential section, the corps de logis, is on a square ground plan, and surrounded on all sides by a courtyard and a wall with four circular structures at the corners, which have smaller towers attached in their turn. A moat runs round the entire complex. The king commissioned Stüler to design the rebuilding programme. He added battlements throughout, and gave the main building protruding corner turrets. The gatehouse was also renovated and decorated with corner turrets. The Schloß was a Steiner school in the 1920s, a hospital after 1945, and today it houses the Schloß administration. The internal décor has not survived. The Schloß is open to the public as a museum and exhibition building. It has been elaborately renovated.

55. Letzlingen, Prot. Schloß church, 1859–61

Letzlingen is on the Colbitz-Letzlinger Heide, north-west of Magdeburg. The church is east of the Schloß, in sight of it and on its main axis. Originally the plan had been to convert an earlier building by the Schloß. No designs for this by Stüler have survived. The king exerted a great deal of influence on the church design, especially the great façade window with Tudor arch, inside a tripartite window with tracery with trefoils and double versions of these. Two octagonal, slender towers flank the façade; they are in exposed brick to the very top, and have elaborate crockets. Inside the height of the space spanned by Tudor arches with its flat, gabled ceiling is surprising. The choir has rib vaulting and the beam structure at the crossing is similar to rib vaulting. The church is painted with tendril and stencil ornaments. It has survived in very good condition, including the pulpit by the north triumphal arch and the galleries.

56. Lietzow, Prot. church, 1862–64

Lietzow is 3 km west of Nauen, north-west of Potsdam. The predecessor building burned down in 1859. It was no longer possible to use the old masonry. The design for the new building came from the Oberbaubehörde. The church, a neo-Gothic single-room building with five axes, stands parallel with the street, with a stepped gable on both the east apse side and on the west tower side. The apse is five-sided, with tall buttresses, which do not feature on the nave. The tower changes from square to octagonal, with powerful prisms, at the level of the roof ridge. The clock storey is under the belfry with very narrow windows and pediments all round from which the spire rises. The entrance is on the south side of the tower, it has a fine original latch inscribed: »Peace be with you«. The interior is defined by a fairly steep gabled plank ceiling with elaborately painted beams and sturdy trusses furnished with Gothic pointed arches, just as in the church at Brodowin (no. 35.2), though here they are simple, with no hint of trefoils. The apse has steep rib vaulting. The original paintwork has largely survived, with painted ashlar effects and pointed arches along the pediment and in the basilica. The organ no longer exists. Under the organ gallery is the winter church. There has been considerable water damage because of leaky eaves, entire sections of wall have broken off or have been weathered away in the clock storey.

57. Loitsche, Schloß Ramstedt, 1835

Schloß Ramstedt is deeply hidden in the woods north of Magdeburg and west of Colbitz, near the tiny little town of Loitsche. Stüler built the Schloß for Graf Adrian von Ziethen zu Ramstedt und Dechtow around an old manor house. The lavishly articulated group of buildings is dominated by a tall tower on a square ground plan. Its gallery-like top floor is crowned with battlements. The bottom floor has a French window with bay on the north side, the upper floor has four windows with tracery and quatrefoils. At the centre of the group is a broad, low octagonal tower with a shallow tent roof. In front of this is an entrance hall with seven windows with the actual pedimented entrance portal in front of them. Its corner pilaster strips are built of terracotta slabs, with birds and squirrels in lavish foliage, similarly to the Arendsee portal (no. 3.1). A man-high figure with a horn stands on the roof, perhaps a huntsman. The group of buildings faces north and its eastern extremity is marked by a slightly protruding gable. All the walls have coarse plaster rustication. There is a lower, semicircular tower next to the gable. The building is empty, it is still in quite good condition and waiting to be put to new use.

58. Neindorf, smithy, 1835

Neindorf is west of Magdeburg and a little north of Oscherleben. The large Neindorf hospital in the former Schloß of Graf von Assburg also belongs to Oscherleben; Schinkel is said to have been involved in designing its interior décor. The little smithy, still capable of functioning, has a large stepped rubblestone gable with rolling brick bands on both the west and east sides. Both sides have round-arched twin windows, above them is a powerful open-work band of brick, but this does not continue to the corners of the building. The west gable, dated 1835, is topped by a squat chimney, rising out of the square and then tapered down to an octagon with a capital-like top. The roof, stepped on the south side towards the street, covers a round-arched porch with pillars under which the horses were probably shod. The open brick band motif is taken up again on the north side, where it runs along the whole side under the eaves. The building was partially renovated in 1981 and is in good condition.

59. Niemberg, Prot. parish church of St. Ursula, 1861

Niemberg is a few kilometres north-west of Halle. The church is now almost completely overgrown, and was designed by Stüler as a new building. It is in quarrystone cut on one side only, with cleanly cut ashlar on the corners. The semicircular, windowless apse has only a round-arched frieze under the eaves. A quatrefoil window adorns the gable. The galleried single room has five axes. The recessed tower rises on the north side, where the entrance is. The round-arched entrance portal with its tympanum inscription is also here. The inscription reads: »How lovely is thy dwelling place, O Lord of hosts, Psalm 84 n. 2«. The stepped portal has two columns with cushion capitals with foliage motifs on each side. The interior is plain. The flat beamed ceiling is supported on slightly protruding pilasters with imposts and small volutes. The gallery runs round three sides, and is supported on columns with cushion capitals. The organ is placed in an arch opening on to the tower, the simply vaulted apse contains a fine 15th century winged altar-piece. The triumphal arch is accompanied by corner columns with cushion capitals. The church is in outstanding condition.

60. Niemegk, Prot. church of St. Johannis, 1851–53

Niemegk is in the Fläming, about halfway between Potsdam and Luther's town of Wittenberg. The earlier church burned down in 1850, the parish council submitted a new building design based on a church plan presented by Stüler in his pattern book for Protestant churches to seat 650, and this was accepted by the king. The most striking exterior feature is the tower in front of the west gable façade. It is octagonal throughout, which is rare in Stüler's work. Above the clock storey and belfry is a final storey with framed circular windows. The renewed parapet above this consists of a simple metal grid, the spire is not in masonry, but clad in sheet copper. The neo-Gothic church has six tall windows, including modern twin windows under the galleries. The corners of the building are continued upwards as pinnacles. The interior has elegant gallery columns carrying a relatively shallow gabled beam ceiling. The aisle ceilings are flat. In front of the apse with rib vaulting is a choir bay with ways through to the aisles and a central triumphal arch with the pulpit south of it. The horseshoe gallery is double on the organ side. It is also supported by the slender columns and rests on protruding beams with suggested capitals. The church is in good condition, the roof section on the west side seems to leak.

61. Oderberg, Prot. church of St. Nikolai, 1853–55

Oderberg is north of Bad Freienwalde, in the immediate vicinity of Brodowin and Hohensaaten, which also have churches by Stüler. The previous building was statically unstable because of the sloping site, and had been pulled down. Stüler's design was approved by the king after some humming and hawing; he also took on half the building costs. The neo-Gothic basilica with five axes is in quarrystone, the joints were mortared. The corners of the nave and the 5/8 choir, and also the window reveals are in brick, and so are the clerestory walls and the gables. The latter are smooth over the shed roofs of the aisles, stepped five times on the nave, with blind tracery. The octagonal tower, attached north of the choir, ends in a very steep spire. The breadth and height of the nave are surprising features of the interior. It has a flat ceiling, as do the aisles. The arches rest on octagonal piers with star motifs under the impost cornice, and a band of stars like this also adorns the apse, whose rib vaulting is carried by slender responds with foliated capitals. A gallery runs all round the interior. The church is in very good condition.

62. Oleszna (Langenöls), formerly Prot., now Cath. church, 1847/48

Langenöls is about 40 km south-west of Breslau. The earlier medieval building burned down in 1840, the new building was designed by Stüler. The neo-Gothic basilica is in quarrystone, with red brick bands emphasizing the horizontal. All the window reveals are in brick. The building has five axes, the clerestory has twin windows. The 5/8 choir is supported by sturdy buttresses. The most striking feature is the squat, square tower in front of the west façade. It has a relatively narrow octagonal top supported by four buttresses developed from pinnacles. The tower is flat at the top, without a spire, with eight slender pinnacles and an openwork parapet. It is more like a tower for a palace than for a church. The beamed ceilings in the interior are flat in both the nave and the aisles. The galleries run over the two west bays only, they are double on the organ side. The arches rest on octagonal piers with plain

impost cornices. The apse, clerestory walls and arches are densely painted with Biblical scenes. The church has survived in excellent condition.

63. Peitz, formerly Prot. church, now community centre, 1854–60

Peitz is about 12 km north of Cottbus. The earlier building was in need of replacement. The new church is based on the Matthäuskirche in Berlin (no. 20). It is in exposed yellow brick. The nave also has six axes, with sets of three windows, the central one raised. But the apses and towers of the two churches show clear differences. The Peitz tower does not have an arcaded storey as in Berlin, but ends in a cruciform roof with gables on all four sides, topped by a ridge turret with lantern. The differences are even more marked for the apses and rear gables on the aisles. They have no windows in Peitz. The side apses are also windowless. Only the main apses in the two churches are similar. The Peitz church is clearly smaller overall than its Berlin model. The interior of the church in Peitz was converted into a community centre in 1979. The church exterior is in very good condition.

64. Perleberg, town hall, 1837–39

Perleberg is 14 km north-east of Wittenberge an der Elbe. The east section of the medieval town hall had been pulled down in 1836. Stüler seems to have been commissioned by the town directly; there is discussion about the extent to which his brother Askan was involved. The forms derive from the surviving west section, especially in the case of the tracery friezes in black glazed moulded brick, emphasizing the steps of the east gable horizontally and vertically. The segmental-arched windows, arranged in pairs in all three storeys, also have quatrefoil tracery in the toplights. The octagonal tower is placed in front of the east wall, and is much higher than the rest of the building. It is three-eighths attached to the wall and sparingly articulated with cornices. Its roof with striking profile ribs is clad in shingles. The town hall is in very good condition.

65. Perleberg, grammar school, from 1861

The design for the new building is by Baedecker, but it was so fundamentally revised by Stüler that the school can be seen essentially as a Stüler building. The two-wing building has eleven axes and a considerably protruding central section containing the entrance. Stepped corner pillars, a sturdy cornice for each storey and three neo-Gothic windows adorn its façade. Behind it is the assembly hall. There are three decorative pediments above the windows. The impressive vestibule has three aisles, and is three axes deep. The rib vaulting is supported by octagonal granite piers with foliated capitals. The rear corridor is a few steps higher than the vestibule, a feature reminiscent of the vestibule in the Academy of Sciences in Budapest (no. 26.4). The large assembly hall with a deeply profiled beamed roof is on the first floor. The gallery has a tracery parapet and the arches have trefoils in the spandrels. The door has a Gothic canopy with the town arms in the tympanum and two pinnacles whose bases are decorated with a crowing cockerel and an owl, symbols of day and night. The school is in excellent condition and is still used for its original purpose.

66. Potsdam, Nedlitzer Straße, Pfingstbergschloß, arcaded hall, 1860

As in the case of the Orangerieschloß, Friedrich Wilhelm IV also planned architectural features based on various

Italian models for this hill north of Potsdam: a cascade (1825), a villa at the foot of it, a belvedere at the top. The main motif in 1840 was Caprarola's cubic Casino with two terraced levels accommodating the slope. The plot was acquired in 1843, and a moated citadel with a high tower section fixed upon as the topmost feature. In Persius's design this seems too simple and austere for the colossal dimensions. After his death, Ludwig Hesse (1847) and Stüler (1848, perhaps even as early as 1846) contributed detailed Italian Renaissance forms to enliven the design. Two pictorial drawings by Stüler have survived only as photographs. A water-colour by Ferdinand von Arnim, 1856, captures the overall planning intentions. The moated citadel and tower section were built in 1849–52, then the project was shelved in favour of the Orangerie. Stüler had to finish it with an wall of arches in 1860, placing the Villa Caprarola in front of the high substructure as a quotation to a certain extent, and creating a view through and access to the water. Even though the complex was essentially an end in itself, though the king overestimated the opportunities available, in its intended character as a »belvedere«, with a sweeping view over the Potsdam landscape, shortly after its recent restoration it forms an important part of Potsdam's man-made landscape.

Eva Börsch-Supan

67. Potsdam, Park Sanssouci, Orangerieschloß and Raffaelsaal, 1850–60

Friedrich Wilhelm IV was very taken with the villas in the vicinity of Rome, and even when he was still crown prince he planned to top the hill north-west of Sanssouci with a complex consisting of orangery halls and a palace or villa. Raphael's unfinished Villa Madama was one of the changing Roman models. Persius produced designs with a central section containing a theatre from 1840, and from 1847 the »Palladio motif« (central arch, entablature straight at the sides) appears in the king's sketches as the key design element. In April 1850, after the Pfingstberg design was completed, Stüler came up with the final form for the building in three sketches, each of which the king changed: central section with courtyard in front, two-tower section between colonnades (with an extensive view over Sanssouci), orange galleries given rhythm by wide piers, narrow but deep side buildings. Here Palladian arches open up the 300 m long terrace and the view from the Heilig-Geist-Kirche to the Belvedere – the »direction line« of the planned high road whose glittering conclusion was to be the Orangerie, with Gustav Bläser's 1873 statue of Friedrich Wilhelm IV in the central arch.

The Raffaelsaal, 1857/58, a rectangular toplit hall for the Raphael copies collected by Friedrich Wilhelm III and IV from 1814, has the same dimensions as the courtyard in front of it and is linked with it by a massive door in palisander wood. The unusual idea of a room in honour of Raphael – also stimulated by the Berlin Academy's Raphael celebration in 1820 – probably came from the round hall in the Villa Madama, even at the early planning stages. Stüler created a well-lit, exclusively decorated picture gallery. Opposite the door is Christ Bearing the Cross (copy by Jacob Schlesinger), given added distinction by the frame, with lavish Renaissance architecture and angelic figures relating to the subject of the picture, carved by Josef Alberty to Stüler's design around 1850. Two figures in the lunettes under the ceiling vault show Florence and Rome, the places where Raphael worked. The marble figures, mainly genre-work and created by various artists between 1834 and 1860, have nothing to do with the subject matter of the room.

Eva Börsch-Supan

68. Potsdam, Park Sanssouci, horse-trough, 1849

The horse-trough is on the sightline running from the »Napoleon Gate« between the colonnades of Schloß Sanssouci to the mound with ruins by the access road to the palace. Two balusters, the lower one standing in a shallow, circular pool of water, carry a large upper and a smaller lower basin; their overflowing water forms the actual fountain. The whole ensemble stands on a terrace surrounded by a balustrade open to the street. On the street side, a bearded head spews a stream of water into a semicircular pool, the horse-trough. The fountain takes up Roman Renaissance motifs. It is in scaffolding at the time of writing, and is being renovated.

69. Potsdam, Ribbeckstraße, Prot. church, 1855/1856

A preliminary design by Ludwig Persius existed for this church, as well as several designs by Stüler. A particular problem was caused by its direction towards the cemetery, as the smallest possible number of graves had to be destroyed. This church in the round-arched style is a single room with four axes with yellow facing bricks from Joachimsthal. The corners carry baldacchinos with terracotta Apostle figures. The west side with the entrance in the form of a portal with gable is decorated with a large rose window an and a small bell-cage on the gable. The sides of the nave each have three coupled round-arched windows between the pilaster strips. A choir by Reinhold Persius, the son of Ludwig Persius, was added in 1881–83. The beamed ceiling inside is flat and very dark, and this also applies to the galleries, which are supported by transverse wooden arches. As there are no windows under the galleries, the church is relatively dark. An arcade of nine round arches with a gable roof concludes the church on the street side, ending in a small single-axis end building on the south side and the large campanile on the north side. The arcade has a parapet with tightly arranged small double columns with small capitals and round arches on the street side. The tower is articulated by slightly protruding corner pilaster strips and a central pilaster strip and has two round-arched windows in each of the five storeys. Its roof is a shallow pyramid over a round-arched cornice. The church was restored in 1977–81 and is in very good condition. It is much visited because of the nearby Bornstedt royal demesne.

70. Potsdam, Ribbeckstraße, cemetery of the Prot. church, tomb of Ludwig and Pauline Persius, 1845?

The tomb Stüler designed for his friend and colleague Ludwig Persius (1803–1845) is in the cemetery. The stele is similar to the one on Schinkel's tomb in the Dorotheenstädtischer Friedhof in Berlin. The palmette on the acroterion grows out of acanthus leaves and blossoms. Under the egg-and-dart moulding, a square relief by August Kiss features in a panel, and under that are the inscriptions for Persius and his wife, who survived him by 38 years. The farewell scene in the Greek style is in Carrara marble.

71. Potsdam, Schopenhauerstraße, Weinbergstor, 1850/51

Stüler prepared two designs and worked on many sketches by the king, who wanted a triumphal arch like the Arch of the Moneychangers in Rome here at the point where Höhenstraße was intended to branch off from what was then Bornstedter Allee. The scene on the rear of the architrave commemorates the suppressed revolt in Rhineland-Palatinate and in Baden, and at the front only the building date appears, innocuously. The terracotta slabs were made by March and Feilner. They show the four cardinal virtues on the front: on the left strength and justice, on the right moderation and wisdom. Underneath, as recumbent figures, are symbols of telegraphy and the railway, and on the back the arts, appropriately. The inner reveals show the troops departing and returning. The structure is in good condition.

72. Poznan (Posen), formerly Prot., now Cath. church of St. Paul, 1866–69

After various disputes about the site, building started only in 1866. Stüler modified the design by the architect Butske and drew a neo-Gothic brick hall with four axes. The building has stepped gables each with two blind windows and a tracery rose at the east and west ends. The tower is placed in front of the west façade. It does not lose its square ground plan and shift into an octagon until well above the roof ridge. A large door with Gothic canopy and a rose window decorate the west façade, and above this is a tall, narrow tracery window. Above the clock storey is a parapet with four pinnacles emerging from the corner piers. The tower with gables on all sides is in masonry to the very top. The star vaulting in the interior is supported by tall, slender octagonal pillars, the capitals have sparse foliated ornament. The organ gallery is slightly higher that the side galleries, the organ case is not contemporary with the building. The church is in outstanding condition with the exception of some damage to the masonry in the middle of the tower.

73. Putbus, Orangerie, conversion, 1853/54

Putbus is on the south side of Rügen island. An earlier building had side walls in wood and glass, the rebuilding process was intended to produce a fireproof iron and glass structure. The long building has a two-storey centre pavilion with the former plant galleries, each with six axes and round-arches going off to the right and left. The building concludes on each side with slightly protruding side sections with doorways, which also feature in the central pavilion. It has tapered side walls with a statue niche on the top floor. Here the front is articulated by a tripartite pilaster order, a motif that recurs under the gables of the protruding side sections. The building was restored in 1995–98 and now houses the spa offices and the municipal library. It is in excellent condition.

74. Reitwein, Prot. church, 1855–58

Reitwein is about 20 km north of Frankfurt an der Oder, quite close to the river. The church stands on a slope because the Oder tends to flood. The patron was Graf Finck von Finckenstein, who commissioned Stüler directly. The church is a cruciform hall with west tower, built of Reitwein brick. It was very badly damaged in spring 1945, and only the outside walls and the rebuilt tower are still standing. The latter has a square ground plan, and does not change into an octagon, a device often favoured by Stüler. It is articulated with pilaster strips that rise to form pinnacles above the belfry and the clock storey, with gables with tracery windows between them. Above this is the very steep spire with slate cladding. The most striking feature is the lavishly decorated east façade, which has

survived intact. The 5/8 choir is articulated with sturdy buttresses. Attached at the side in the spandrel nearest the choir façade is a three-sided ancillary building with an entrance and steps in front of it. The east wall is topped by a stepped gable topped with blind arches and tall pinnacle. The tower has been restored and the masonry made safe.

75. Rokosowo, palace, 1849–54

Rokosowo is about 85 kilometres north of Breslau. Stüler built the palace for Graf Mycielski. It is built in the round-arched style, combining »Florentine« elements like the tracery of the windows with »Norman« elements like the battlements. The front, west façade is very lucidly articulated. The building has three storeys. A central section protruding over three axes and slightly higher than the roof cornice is bounded by buttresses at the sides. Two round towers flank the building, standing a further storey higher. The façade has rusticated rendering, the round towers are smooth, with broadly spaced bead moulding in the upper storeys. The magnificent vestibule has five axes and three aisles in the form of a columned hall with rib vaulting and two fireplaces. The capitals are also by Stüler. They show a band of acanthus leaves with bellflowers rising from them, and above that it is octagonal impost. The building is in very good condition, and is used as a hotel and conference centre.

76. Rothenburg, Prot. parish church, 1840–44

Rothenburg is on the Saale, 20 km north-west of Halle. The church was built at the express wish of the king. Rothenburg is in a district with a wealth of Romanesque buildings, and the design takes this into account. The building material is the local red sandstone. The relatively short hall building has three round-arched windows forced together into the centre and a windowless semicircular apse. The corner pillars, rising into pinnacles, end in blunt pyramids. The tower tapers almost imperceptibly towards the top. It has a round-arched triple window in the belfry above the clocks, the cut-off tip is clad in slate. The tower is attached on the west side and is placed between to corner arcades, the southern one containing the main entrance. The ceiling in the interior has an open roof gable in the centre, and it is flat at the sides above the galleries, which run round three sides. It is supported on simple pillars that are taken through to the ceiling. The apse behind a large round arch is simply vaulted. The church is in excellent condition.

77. Rüdersdorf, Prot. parish church, 1871

Rüderdorf is a little east of Berlin near the famous limestone quarries. They also supplied the building material for the church, which is clad in thin sheets of Rüdersdorf limestone. Stüler designed the neo-Gothic single-room church with six axes, two stepped gables and an added 5/8 choir in 1859. The individual steps carry shallow gables whose edges protrude a little. The four diagonally placed buttresses on the corners rise into pinnacles decorated with crockets and topped with a finial. The tower placed in front at the west end between two open porches is square, only the brick spire with striking ribs is octagonal. The belfry has four gables between pinnacles, the windows are structured in three parts, those in the nave only in two parts. The porch capitals are decorated with lavish, powerfully structured leaf motifs. The pointed arches in the interior rest on slender octagonal pillars with foliated capitals. In contrast with many buildings by Stüler the very dark ceiling is level in the middle and drops off to the sides, following the roof diagonal. The apse has rib vaulting with narrow round-arch moulding and small capitals. Unfortunately the triumphal arch wall is painted in far too dark a colour, almost black. The pulpit dates from the time when the church was built. It has curved steps and slender columns surrounding the central pillar. The fields intended for the Doctors of the Church are empty, however. The church is in very good condition.

78. Rzepin (Reppen), formerly Prot., now Cath. parish church of St. Katharinen, 1879

Reppen is just under 20 km east of Frankfurt an der Oder. Stüler designed this church in 1860; almost twenty years passed before the building was completed, because of the insecure financial arrangements and the controversial question about the extent to which the predecessor building in rubblestone was to be included. The church is a neo-Gothic galleried hall with a rectangular choir and groups of three windows in both the nave and on the west façade. This, like the rest of the nave, has its lower parts in rubblestone and its upper parts in brick. The church has six axes. The relatively squat tower stands almost separately from the church in the line of the east wall of the choir. It has caisson foundations. It is square to the belfry and then becomes octagonal with a continuous run of gables and a masonry spire with powerful ribs. The pinnacles on the belfry look as though they have been added on because they are very much narrower and do not rise out of the corner piers of the tower, but are turned through 45 degrees. As the galleries inside have been removed, with the exception of small fragments of the organ gallery, the tall clustered columns look particularly slender, almost elegant. They support wooden arches running longitudinally and laterally, and a very steep beamed ceiling in the nave. The sides are contrastingly flat. The ceiling of the choir behind the triumphal arch is also in the style of a roof gable, and not vaulted, Stüler's usual style. The church is in excellent condition.

79. Rzucewo (Rutzau), Schloß, 1840–45

Schloß Rutzau is just under 50 km north of Danzig, above the high bank of the Zackota Pucka, the Putziger Wieck, practically on the shoulder of the Mierzeja Helska, the Putziger Nehrung or Hela peninsula. The church was built for Gustav Friedrich Eugen von Below, adjutant to Friedrich Wilhelm IV. The building is in three sections. The main eastern section with a flat roof, on a square ground plan and with two-and-a-half storeys is followed on the west side by a narrower, one-and-a-half storey section with gable roof, and finally by a very squat, low tower, a two-storey octagon. Opposite this is a small round tower on the north-west corner. A relatively low, square tower rises above the east section over the park, which slopes down to the bank. All the sections of the building are battlemented, the main section is flanked by four octagonal corner piers whose battlements carry little roofs. A pointed-arched, triple arcaded porch provides an entrance in front of the low central section. It has granite columns and an openwork parapet with quatrefoils. The main section and the octagon are decorated with narrow pilaster strips with shallow segmental arches. Only the net vaulting in the vestibule has survived of the interior. The building, now a hotel, is in excellent condition.

80. Sandebeck, Cath. parish church of St. Dionysius, 1859–61

Sandebeck is just under 20 km north-east of Paderborn. After a design by another architect had been rejected, Stüler designed this hall church with nave, two aisles and four bays. It had to be revised once more before the final building could go ahead. The church is in cleanly cut quarrystone. The exterior is articulated with sturdy diagonal corner piers, for the tower as well, and three buttresses on the nave walls. The corner piers end in tall, slender pinnacles with crockets and finial. The windows are tracery windows with quatrefoils. The tower, square to the roof ridge, then octagonal, has a parapet with pinnacles in this area. The octagonal spire start with a slight kink, and has only four gables. The breadth of the interior is surprising, the church looks narrower from the outside. The rib vaulting is supported on octagonal piers without striking capitals or imposts. The 5/8 choir contains a neo-Gothic high altar, the organ is modern. The church is in superb condition.

81. Scherfede, Cath. parish church of St. Vinzenz, 1857–62

Scherfelde is about halfway between Kassel and Paderborn, on the south side of the Teutoburger Wald. There were very many preliminary designs for this church. The king accepted one submitted by the hydraulics inspector Lundehn, and Stüler revised this. The church is a basilica with a nave, two aisles and three bays, a three-bay basilica with a transept and tall 5/8 choir. The corners of the choir and the transepts are articulated with buttresses placed diagonally, in the choir they rise into crocketed pinnacles. The tower base forms part of the nave, and remains square to the spire, which is octagonal and clad in slate. It starts at a small platform with parapet, again with pinnacled corners. The church is on an eminence on a cramped site with a lot of building around it, and the construction had to take this into account. The profiled arches of the nave are supported by octagonal pillars, while the ribs of the rib vaulting rest on small consoles on the wall of the clerestory. The crossing arches span the full height of the basilica. The choir also has rib vaulting and contains a large winged altarpiece. There are additional altars in the transepts. The church is in excellent condition.

82. Schwerin, Schloß, 1846–57

Schwerin is the capital of Mecklenburg-Vorpommern. After the royal residence of Mecklenburg-Schwerin was moved back from Ludwigslust to the old capital in 1837, the Grand Duke Friedrich Franz II, who came to power in 1842, chose the historical Renaissance palace, in its picturesque setting between two lakes, as his seat. The imposing conversion and extension of the irregular pentagonal complex was designed by Georg Adolph Demmler and Hermann Willebrandt, influenced by a Stüler sketch and a detailed design by Semper, 1843. The stylistic model, probably suggested by Friedrich Wilhelm IV, was the French Renaissance Château de Chambord. Its façade was used for a sixth façade on the town side. When Demmler was dismissed for political reasons in December 1850, Stüler took over the building project, which was complete to the continuous cornice. His major changes were to the town façade. He made it both monumental and appealing and underlined its dynastic and memorial qualities by emphasizing the centre with a triumphal arch motif, the equestrian statue of the Obotrite

Prince Niklot, the raised dome in brilliant colours with St. Michael over the entrance and a courtyard in front of the building. Stüler designed almost all of the interior rooms. Only part of this important decorative ensemble survived the palace fire in 1913. The almost square throne room is in the medieval bishop's house, which was converted from 1553 to 1855. Stüler's hands were tied by the low, coupled triplet windows, and achieved the necessary splendour by an accumulation of formally related zones, linked with a pictorial programme of rulers' virtues and representations of the state's areas and trades. The most refined element are the classical marble columns on the door and window aedicules. In the library, Stüler used Renaissance forms for the bookcases and beamed ceiling with refinement and reticence. Paintings (as in the throne-room by Heinrich Peters) and busts represent the sciences an artistic training.

Eva Börsch-Supan

83. Stockholm, National Museum, 1847–66

In 1845 the estates committees voted for a museum to present the royal collections. The designs submitted for a suitable building in 1847 were all very different, so they were submitted to Stüler, who already had experience in building museums, for an expert evaluation. He was commissioned to design the museum himself as a result of his assessment. Work did start on realizing the design Stüler submitted in 1848 in the following year, but it was not brought to a successful conclusion until 1866. Stüler chose his typical ground plan for public buildings for the free-standing, three-storey building, a rectangular block with a central section and two inner courtyards. Here the central section is the key element, providing the starting and the finishing point for any tour of the collections on the individual floors. With its lavish design in the style of the Italian Renaissance it also defines the front façade of the museum and is »in a real sense the face of the museum, the point at which is declares its purpose and its artistic character«. (Eva Börsch-Supan.) Following his usual requirements for museums, here too Stüler used the »new materials« and the techniques associated with them. So for example, as in the Neues Museum in Berlin, he combined iron girders with clay pot infill for the construction of the fireproof load-bearing and vault system. The museum is one of the best-preserved Stüler buildings. Even though restoration work in recent decades has masked the surface designs of the time when the museum was built to a very large extent, the structures, constructions and spatial proportions are still open to experience.

Anke Fritzsch

84. Stolzenfels, Schloss, 1839–46

Burg Stolzenfels is on the left bank of the Rhine, about 15 km south of Koblenz. Schinkel had extended the ruined medieval castle for the crown prince (1836 to 1839). Stüler became the senior architect with Schinkel's death and the accession of the new king. He was responsible for the church, the arcaded hall, the pergola in the garden and the room décor. As the garden is lower than the castle courtyard a flight of steps had to be built. This is spanned by three arcades with pointed arches, their slender, octagonal pillars carrying ribbed vaulting. The triple window above it provides light for the king's bedroom. The rose pergola on slender octagonal pillars with hints of capitals completes an almost full circle around the fountain with its octagonal basin. The church too is essentially the work of Stüler, who took the king's wishes into account. Two octagonal bell towers rise abruptly over the cliffs down to the Rhine, the dark buttresses continue in the form of tall, slender pinnacles, densely crocketed like the bell towers. The squat, deeply staggered church also owes its shape to the sloping site, as the photograph taken from the gallery at ground level shows. All the rooms have polished oak panelling, with Gothic-style mullions or coffering. The queen's bedroom has a beamed fir ceiling with lavish gilding. The plant motifs in the wall painting are not original, however. Whether the prie-dieu is by Stüler is disputed. The complex seems potentially unsafe structurally.

85. Strzelce (Strehlitz), Schloß, 1840–44

Strehlitz is 70 km north of Posen. The building was commissioned by Ferdinand von Zacha. It is on the site of a previous building that burned down in 1840, a nunnery whose foundations were used to a certain extent. The long group of buildings, running east–west, is highly differentiated. The rectangular, two-storey main building is at the western end, its squat west towers are reminiscent of Schinkel's Schloß in Tegel. On its east side is an orangery that is now almost completely overgrown, bordering, via a squat porch structure on tight arcades, on a tall tower with parapet and acroteria at the east end of the complex. The tower contains a wide gateway under a round arch. The south, show side of the Schloß is in the Italian villa style. The west side is particularly striking, opening on to a park that is now almost completely overgrown. In front is a terrace in rubblestone and cyclopean masonry. The central section protrudes only slightly, with five tightly clustered arches in the round-arched style in front of the garden room. Above this are three rectangular double windows, almost hidden between many pilasters that form a gallery. The towers are only half a storey higher. They have round-arched windows on the ground floor and windows with segmental arches above. There is a widely spaced bracket frieze under the eaves. The building was damaged in the war and rebuilt in the 1960s. It is in good external condition, but is not used.

86. Tantow, Prot. church, 1858/59

Tantow is a little west of the Oder, about 20 km southwest of Stettin. The church was commissioned by the owner of the Eickstädt estate, whose submission was criticized by the king and redrafted by Stüler. The chapel on the edge of the estate park is a simple hall with three axes in yellow brick. Double piers placed diagonally at the corners of the building are continued in small blind arcades and end in pinnacles. The little 5/8 choir with three round-arched windows also has narrow corner piers. The west gable is decorated with a small bell-cage with an octagonal turret. The plain interior is spanned by a beamed ceiling in the shape of a roof, its trusses resting on wooden brackets. In the apse is the tomb of the knight Hans von Eickstädt who died in 1596, and his wife. The church seems never to have had an organ. A winter church is separated off by a large glass screen in the west gallery. The church has been renovated and is in excellent condition.

87. Werder, Prot. Heilig-Geist-Kirche, 1856–58

Werder is about 8 km south-west of Potsdam, on an attractive island site by the Havel. The church has a complex planning history: the king had also commissioned designs from Persius, but these have not survived. Stüler also modified his designs to a considerable extent. The church is a large, highly elaborate Gothic structure on a cruciform ground plan, including a predecessor building at its heart. Two tall octagonal towers flank the choir, which has two axes. The entire building including the polygonal apse is articulated by slender, tall buttresses, running out into tall pinnacles at the corners of the choir. All the walls are rendering, with ashlar markings, the buttresses are in exposed brick. The tower remains square to the level of the belfry, the diagonally placed buttresses are topped with pinnacles at a parapet with a narrow gallery, under this is a Gothic canopy level with two gables on each face. The slate-clad spire is octagonal. The fine ceiling in the interior rises to a roof-shape in the centre, the trusses are decorated with quatrefoils and are supported on small brackets. The nave has no pillars or arches, only the transepts and the choir screen. The horseshoe gallery is continued, slightly set back, in the transepts. Above the altar is a ciborium designed by Stüler with the four Evangelists on the corners, stucco work by Koch. The pulpit shows the Church Doctors Agustine, Melanchton, Luther and Calvin. The church has been greatly restored and is in outstanding condition.

88. Wielka Laka (Wielkalonka), Cath. parish church, 1861–63

Wielkalonka is about 30 km north-west of Thorn (Torun). It was built under the patronage of Count Ksawsery Dzialowski, it is a new building design by Stüler. The nave is in rubblestone, the transepts in brick. The tower is slightly recessed and is flanked on its north-west side by a polygonal staircase. The tower is square to the level of the Gothic canopy, the relatively squat spire is octagonal. On the portal, behind back-stepped profiles, is a very elaborate tympanum with tre- and quatrefoils. The interior is spanned by delicate ribbed vaulting. Its slender ribs are in exposed brick, or appear so, but are painted. They are supported on small capitals on slender responds, also in brick, or again painted to look like it. The 5/8 choir has five windows, which makes the sanctuary very light. The pulpit on its octagonal column and the organ case were designed by Stüler. The church has an organ gallery protruding as a triangle, with a lavishly decorated parapet. The church is in very good condition.

89. Wittenberg, Luther House, 1846–83

Luther's town of Wittenberg is on the Elbe east of Dessau. The Augusteum is a complex with three wings built around a garden court. The Luther House is the southern section and was built in 1504. The building was in such bad condition that a decision was taken to renovate it in 1842, and Stüler carried this out, working with other architects. The new west gable with its steps now has other buildings so close to it that it is not possible to take photographs. The neo-Gothic bay window on the actual Luther House has survived in good condition, and so has its link with the west wing, a narrow diagonal connecting hall with a pointed-arched gateway and an arcaded hall with segmented arches on the top floor. It was not built until 1883, in other words long after Stüler's death, but his plans were followed. The most important interior room is the large lecture hall with stepped lecturing desk. The coffered ceiling of the relatively low room with five axes is supported by striking iron joists in a very flat keel-arch shape, themselves supported by pilasters with foliated capitals. The walls between the pilasters are also decorated with keel arches that scarcely protrude, ideas that Stüler must have picked up on his visit to England in 1842. The building has been completely restructured as a museum and is in outstanding condition.

90. Wolfsberg, Mausoleum, 1858–61

Wolfsberg is halfway between Graz and Klagenfurt. The wife of Graf Hugo I von von Henckel-Donnersmark, née Gräfin von Hardenberg had died at Christmas 1857. The designs for a mausoleum commissioned by her family from Viennese architects had not proved satisfactory. The dead woman's mother wanted a tomb like that of Queen Luise in Charlottenburg, Berlin. So Stüler acquired the commission. The mausoleum stands on a slope, a foothill of the Koralpe by the Lavant valley. As its long axis runs transversely to the slope, steps lead up to the porch, while the rear section is set slightly into the slope. The ground plan consists of a somewhat smaller front and a large rear square. In front is the three-bayed arcaded porch and an interior columned hall with the steps to the mausoleum and the chapel. The larger square contains the tomb below and above it the chapel with sarcophagus, a sculpture by August Kiss. This room is like an Italian baptistery. It is lit by tripartite round-arched windows in the ancient Roman bath style, the one behind the altar was not in Stüler's plans. A vault with round-arched windows tops the octagon; a dwarf gallery with five arches on each side and a shallow tent roof above corresponds with this outside. The internal columns have Corinthian capitals with poppy capsules, a death motif that is also found on the Ravené tomb in Berlin (no. 15.2). The door to the tomb has a simple segmented arch. The Latin inscription above it quotes the Bible in Luther's translation: »Wer an mich glaubt, der wird leben, ob er gleich stürbe.« (He that believeth on me hath everlasting life). The building is clad whitish-grey Leiwald marble, water damage and cracks in the ceiling show that the roof is leaky.

91. Wulkau, Prot. village church, 1859

Wulkau is a little south of Havelberg, at the confluence of the Havel and the Elbe. Stüler's work is an extension to the late-Romanesque village church. He placed a basilica with nave and two aisles and threes axes in front of it on the west side, exactly as in Pankow, Berlin (no. 17.2), though there the medieval building is in rubblestone, while here it is in monastery brickwork. The windows are biforia with segmental arches, the nave and each aisle have their own roofs. As the church has a relatively high horseshoe gallery, there are simple round-arched windows under the double windows. The tower on the west side is drawn slightly into the nave and narrower than it. It shifts from a square to an octagon above the belfry, with pilaster strips and a round-arched frieze above the large windows, which make this level look very open. Above this is the octagonal, slightly recessed spire, clad in slate. Small staircase towers for the gallery are attached to the two sides of the tower. The interior has a flat beamed ceiling over the nave and both aisles, and two large arches spanning the nave. The old church, separated off by a large triumphal arch, is quite gloomy. The exterior of the church looks in good condition and well cared for.

Bibliographie

Adler, Friedrich, »Die Bauschule zu Berlin«, *Zeitschrift für Bauwesen*, Bd. 19, 1869, S. 469–475.

Anderson, Stanford, »Schinkel, Behrens, an elemental tectonic, and a new classicism«, in Susan Peik (Hrsg.), *Karl Friedrich Schinkel. Aspects of his Work / Aspekte seines Werkes*, Stuttgart und London 2001, S. 116 bis 124.

Barclay, David E., *Anarchie und guter Wille. Friedrich Wilhelm IV. und die preußische Monarchie*, Berlin 1995.

Behrendt, Walter Curt, *Modern Building. Its Nature, Problems, and Forms,* New York 1937.

Börsch-Supan, Eva, *Berliner Baukunst nach Schinkel 1840–1870*, München 1977.

Börsch-Supan, Eva, *Stüler und Friedrich Wilhelm IV.*, in: *Stilstreit und Einheitskunstwerk. Internationales Historismus-Symposium Bad Muskau*, Dresden 1997, S. 98 bis 133.

Börsch-Supan Eva, und Dietrich Müller-Stüler, *Friedrich August Stüler 1800–1865*, München und Berlin 1997.

Bothe, Rolf, *Burg Hohenzollern. Von der mittelalterlichen Burg zum nationaldynastischen Denkmal im 19. Jahrhundert*, Berlin 1979.

Breuer, Robert, «Das Haus Wiegand in Dahlem«, *Innendekoration*, 24. Nov. 1913, S. 430–477.

Buske, Thomas, *Kirchliche Denkmalspflege im 19. Jahrhundert. Friedrich August Stüler*, Berlin o. J. (1987).

Conrads, Ulrich, »Der andere Mies«, *Bauwelt*, 59, Nr. 38, 16. September 1968.

Dehio, Ludwig, *Friedrich Wilhelm IV. von Preußen. Ein Baukünstler der Romantik*, Berlin 2001.

»Der Architekt des Königs Friedrich August Stüler«, *Die Mark Brandenburg*, Nr. 35, 2000. Aufsätze mehrerer Autoren.

Evers, Bernd (Hrsg.), *Reiseskizzen des Architekten Friedrich August Stüler*, Ausstellungskatalog, Berlin 1995.

Fleetwood Hesketh, Roger und Peter, »Ludwig Persius of Potsdam«, *The Architects' Journal*, Juli 1928, S. 77

Friedrich August Stüler und Potsdam, Ausstellungskatalog, Potsdam 2000.

Friedrich II. und die Kunst, Austellungskatalog, Potsdam 1986.

Friedrich Wilhelm IV. Künstler und König, Ausstellungskatalog, Potsdam 1995.

Hitchcock, Henry-Russell, *Modern Architecture: Romanticism and Reintegration*, New York 1928.

Hitchcock, Henry-Russell, »The Traveler's Notebook: The Romantic Architecture of Potsdam«, *International Studio*, 99 (1931), S. 46–49.

Hitchcock, Henry-Russell, *Architecture: Nineteenth and Twentieth Centuries*, Harmondsworth 1958.

Hitchcock, Henry-Russell, und Philip Johnson, *The International Style: Architecture since 1922*, New York 1932.

Hoffmann, Carl Wilhelm, »Die feuerfesten Decken des Neuen Museums hierselbst«, *Notizblatt des Architektenvereins Berlin*, Februar 1846, S. 167.

Karl Friedrich Schinkel. Architektur Malerei Kunstgewerbe, Ausstellungskatalog, Berlin 1981.

Kommer, Björn, *Das Nationalmuseum zu Stockholm. Eine Studie über den Bau Friedrich August Stülers*, Diplomarbeit an der Universität Uppsala, 1965.

Landau, Sarah Bradford, »Richard Morris Hunt, the Continental Picturesque, and the ›Stick Style‹«, *Journal of the Society of Architectural Historians*, 42, Okt. 1983, S. 272–289.

Loos, Adolf, *Architektur* (1910), in: Adolf Loos, *Sämtliche Schriften in 2 Bänden*, Wien und München 1962, Bd. 1, S. 317 f.

Lorenz, Werner, *Stülers Neues Museum – Inkunabel preußischer Konstruktionskunst im Zeichen der Industrialisierung. Berlins Museen. Geschichte und Zukunft*, München und Berlin 1994, S. 101.

Lorenz, Werner, »Neues zu Tontöpfen und Walzlagern«, in: *Jahrbuch Stiftung Preußische Schlösser und Gärten Berlin-Brandenburg*, Band 5–2003, Berlin 2005, S. 140.

Mebes, Paul, *Um 1800. Architektur und Handwerk im letzten Jahrhundert ihrer traditionellen Entwicklung*, München 1908.

Mertelmeyer, Bruno (Hrsg.), *G. A. Demmler, Die Autobiographie eines großen Baumeisters*, Schwerin 1914.

Messling, Guido, *Historismus als Reaktion. Die Ägyptische Abteilung im Neuen Museum. Museumsinszenierungen*, Dresden und Basel 1995, S. 51.

Müller-Stüler, Dietrich, »August Stüler. Preußische Baukunst um die Mitte des 19. Jahrhunderts«, *Kunst im Dritten Reich*, 7 (1943), S. 75–88.

Muthesius, Hermann, *Stilarchitektur und Baukunst*, Berlin 1902.

Nipperdey, Thomas, *Deutsche Geschichte 1800–1866*, München 1998.

Peik, Susan (Hrsg.), *Karl Friedrich Schinkel. Aspects of his work / Aspekte seines Werkes*, Stuttgart und London 2001.

Peschken, Goerd, *Karl Friedrich Schinkel. Das Architektonische Lehrbuch*, Berlin 1979 (*Karl Friedrich Schinkel. Lebenswerk*).

Peschken, Goerd, Hans-Werner Klünner u. a., *Das klassische Berlin. Das Berliner Schloß*, Frankfurt am Main, Wien und Berlin 1982.

Poensgen, Georg, *Die Bauten Friedrich Wilhelms IV. in Potsdam*, Berlin 1930.

Poensgen, Georg. »Ludwig Persius, der Nachfolger und Vollender Schinkels in Potsdam«, in: *Schinkel-Almanach, Ausstellung klassizistischer Baukunst der Schinkelzeit, veranstaltet vom Architekten- und Ingenieur-Verein zu Berlin in der National-Galerie zu Berlin (ehemal. Kronprinzenpalais)*, Berlin 1931.

Posener, Julius (Hrsg.), *Festreden Schinkel zu Ehren*, Berlin 1981.

Scheffler, Karl, *Die Architektur der Großstadt*, Berlin 1913.

Scheffler, Karl, *Deutsche Baumeister*, Leipzig 1939.

Schmid, Josef, *Karl Friedrich Schinkel. Der Vorläufer neuer deutscher Baugesinnung*, Leipzig 1943.

Schönemann, Heinz, »G. A. Demmler – ein Baumeister in seiner Zeit«, in: *Georg Adolph Demmler 1804–1886*, Schwerin 1986.

Schönemann, Heinz, »Lenné in Berlin«, in: *Peter Joseph Lenné. Katalog der Zeichnungen*, Tübingen und Berlin 1993 (Edition Axel Menges).

Schumacher, Fritz, »Hans Poelzig und Peter Behrens«, in: *Selbstgespräche, Erinnerungen und Betrachtungen*, Hamburg 1949.

Schümann, Carl-Wolfgang, *Der Berliner Dom im 19. Jahrhundert*, Berlin 1980 (*Die Bauwerke und Kunstdenkmäler von Berlin*, Beiheft 3).

Schwarz, Ulrike, »Perleberg. Das Rathaus (1837–39) und seine Zuschreibung«, *Brandenburgische Denkmalpflege*, 9, 2000, 1, S. 78–82.

Sievers, Johannes, *Bauten für den Prinzen Karl von Preußen*, Berlin 1955 (*Karl Friedrich Schinkel. Lebenswerk*).

Stahl, Fritz (Pseudonym für Siegfried Lilienthal), *Karl Friedrich Schinkel*, Berlin 1911.

Stamp, Gavin, «At once picturesque and classical: Alexander Thomson's Holmwood«, *Journal of the Society of Architectural Historians*, Bd. 57, 1958, Nr. 1, S. 46–58.

Strauß, David Friedrich, *Der Romantiker auf dem Thron der Cäsaren, oder Julian der Abtrünnige*, Mannheim 1847.

Stüler, Friedrich August, »Reisebericht … über die Besichtigung neu erbauter Kirchen im Regierungs-Bezirk Breslau«, *Zeitschrift für Bauwesen*, 5, 1855, Sp. 547 bis 553.

Stüler, Friedrich August, »Über den Bau neuer evangelischer Kirchen in England«, *Zeitschrift für Bauwesen*, 8, 1858, Sp. 369–410.

Stüler, Friedrich August, *Über die Wirksamkeit König Friedrich Wilhelms IV. in dem Gebiete der bildenden Künste«*, Berlin 1861.

Stüler, Friedrich August, *Das Neue Museum zu Berlin*, Berlin 1862.

Stüler, Friedrich August, *Das neue Universitätsgebäude zu Königsberg,* Berlin 1865.

Stüler, Friedrich August, *Die Burg Hohenzollern*, Berlin 1866.

Stüler, Friedrich August, Eduard Prosch und Hermann Willebrand (Hrsg.), *Das Schloß zu Schwerin. Auf Befehl seiner Königlichen Hoheit des Großherzogs bearbeitet …*, Berlin 1869.

Stüler, Friedrich August, und Albert Dietrich Schadow, »Die St. Petri- und Paulskirche zu Nikolskoe bei Potsdam«, *Architektonisches Album*, 4, 1839, Bl. 19–24.

Stüler, Friedrich August, und Johann Heinrich Strack, *Vorlegeblätter für Möbel-Tischler*, Berlin 1833–40.

Stüler, Friedrich August und Johann Heinrich Strack, »Die Eisenbahnanlage von Petersburg nach Pawlowsk«, *Architektonisches Album*, 1/2, 1838, Bl. 1–12.

Summerson, John, *Architecture in Britain 1530–1830*, Harmondsworth 1969.

Verbeek, Albert, *Das erste Wallraf-Richartz-Museum in Köln*, Köln 1961 (Separatdruck aus: *Wallraf-Richartz-Jahrbuch*, Bd. 23, 1961, S. 7–36).

Werquet, Jan, *Der Wiederaufbau der Trierer Basilika unter Friedrich Wilhelm IV.*, Magisterarbeit an der Freien Universität, Berlin 1998 (Manuskript).

Westheim, Paul, «Mies van der Rohe: Entwicklung eines Architekten«, *Das Kunstblatt*, 11, Nr. 2 (Februar 1927), S. 55–62.

Westheim, Paul, »Schinkel und die Gegenwart«, *Der Baumeister*, 11, Januar 1913, Beilage, S. B81–B84.

Wezel, Elsa van, »Die Konzeptionen des Alten und Neuen Museums zu Berlin und das sich wandelnde historische Schloß«, *Jahrbuch der Berliner Museen*, Bd. 43, 2001, Berlin 2003, S. 164.

Wullen, Moritz, *Die Deutschen sind im Treppenhaus, Der Fries Otto Geyers in der Alten Nationalgalerie*, Köln 2002.

Zahn, Eberhard, »Die Trierer Basilika und die deutsche Romantik. Der Wiederaufbau des römischen Palatiums 1844–1856«, *Trierer Zeitschrift*, 54, 1991, S. 307–355.

Bibliography

Adler, Friedrich, »Die Bauschule zu Berlin«, *Zeitschrift für Bauwesen*, vol. 19, 1869, pp. 469–475.

Anderson, Stanford, »Schinkel, Behrens, an elemental tectonic, and a new classicism«, in Susan Peik (ed.), *Karl Friedrich Schinkel. Aspects of his Work / Aspekte seines Werkes*, Stuttgart and London, 2001, pp. 116 to 124.

Barclay, David E., *Anarchie und guter Wille. Friedrich Wilhelm IV. und die preußische Monarchie*, Berlin, 1995.

Behrendt, Walter Curt, *Modern Building. Its Nature, Problems, and Forms,* New York, 1937.

Börsch-Supan, Eva, *Berliner Baukunst nach Schinkel 1840–1870*, Munich, 1977.

Börsch-Supan, Eva, *Stüler und Friedrich Wilhelm IV.*, in: *Stilstreit und Einheitskunstwerk. Internationales Historismus-Symposium Bad Muskau*, Dresden, 1997, pp. 98 to 133.

Börsch-Supan Eva, and Dietrich Müller-Stüler, *Friedrich August Stüler 1800–1865*, Munich and Berlin, 1997.

Bothe, Rolf, *Burg Hohenzollern. Von der mittelalterlichen Burg zum nationaldynastischen Denkmal im 19. Jahrhundert*, Berlin, 1979.

Breuer, Robert, «Das Haus Wiegand in Dahlem«, *Innendekoration*, 24 Nov. 1913, pp. 430–477.

Buske, Thomas, *Kirchliche Denkmalspflege im 19. Jahrhundert. Friedrich August Stüler*, Berlin, n. d. (1987).

Conrads, Ulrich, »Der andere Mies«, *Bauwelt*, 59, no. 38, 16 September 1968.

Dehio, Ludwig, *Friedrich Wilhelm IV. von Preußen. Ein Baukünstler der Romantik*, Berlin, 2001.

»Der Architekt des Königs Friedrich August Stüler«, *Die Mark Brandenburg*, Nr. 35, 2000. Essays by several authors.

Evers, Bernd (ed.), *Reiseskizzen des Architekten Friedrich August Stüler*, exhibition catalogue, Berlin, 1995.

Fleetwood Hesketh, Roger and Peter, »Ludwig Persius of Potsdam«, *The Architects' Journal*, July 1928, p. 77

Friedrich August Stüler und Potsdam, exhibition catalogue, Potsdam, 2000.

Friedrich II. und die Kunst, Austellungskatalog, Potsdam, 1986.

Friedrich Wilhelm IV. Künstler und König, Ausstellungskatalog, Potsdam, 1995.

Hitchcock, Henry-Russell, *Modern Architecture: Romanticism and Reintegration*, New York, 1928.

Hitchcock, Henry-Russell, »The Traveler's Notebook: The Romantic Architecture of Potsdam«, *International Studio*, 99 (1931), pp. 46–49.

Hitchcock, Henry-Russell, *Architecture: Nineteenth and Twentieth Centuries*, Harmondsworth, 1958.

Hitchcock, Henry-Russell, and Philip Johnson, *The International Style: Architecture since 1922*, New York, 1932.

Hoffmann, Carl Wilhelm, »Die feuerfesten Decken des Neuen Museums hierselbst«, *Notizblatt des Architektenvereins Berlin*, February 1846, p. 167.

Karl Friedrich Schinkel. Architektur Malerei Kunstgewerbe, exhibition catalogue, Berlin, 1981.

Kommer, Björn, *Das Nationalmuseum zu Stockholm. Eine Studie über den Bau Friedrich August Stülers*, work submitted for a diploma at the University of Uppsala, 1965.

Landau, Sarah Bradford, »Richard Morris Hunt, the Continental Picturesque, and the ›Stick Style‹«, *Journal of the Society of Architectural Historians*, 42, Okt. 1983, pp. 272–289.

Loos, Adolf, *Architektur* (1910), in: Adolf Loos, *Sämtliche Schriften in 2 Bänden*, Vienna and Munich, 1962, vol. 1, pp. 317 f.

Lorenz, Werner, *Stülers Neues Museum – Inkunabel preußischer Konstruktionskunst im Zeichen der Industrialisierung. Berlins Museen. Geschichte und Zukunft*, Munich and Berlin, 1994, p. 101.

Lorenz, Werner, »Neues zu Tontöpfen und Walzlagern«, in: *Jahrbuch Stiftung Preußische Schlösser und Gärten Berlin-Brandenburg*, vol. 5–2003, Berlin, 2005, p. 140.

Mebes, Paul, *Um 1800. Architektur und Handwerk im letzten Jahrhundert ihrer traditionellen Entwicklung*, Munich, 1908.

Mertelmeyer, Bruno (ed.), *G. A. Demmler, Die Autobiographie eines großen Baumeisters*, Schwerin, 1914.

Messling, Guido, *Historismus als Reaktion. Die Ägyptische Abteilung im Neuen Museum. Museumsinszenierungen*, Dresden and Basel, 1995, p. 51.

Müller-Stüler, Dietrich, »August Stüler. Preußische Baukunst um die Mitte des 19. Jahrhunderts«, *Kunst im Dritten Reich*, 7 (1943), pp. 75–88.

Muthesius, Hermann, *Stilarchitektur und Baukunst*, Berlin, 1902.

Nipperdey, Thomas, *Deutsche Geschichte 1800–1866*, Munich, 1998.

Peik, Susan (ed.), *Karl Friedrich Schinkel. Aspects of his work / Aspekte seines Werkes*, Stuttgart and London, 2001.

Peschken, Goerd, *Karl Friedrich Schinkel. Das Architektonische Lehrbuch*, Berlin, 1979 (*Karl Friedrich Schinkel. Lebenswerk*).

Peschken, Goerd, Hans-Werner Klünner u. a., *Das klassische Berlin. Das Berliner Schloß*, Frankfurt am Main, Vienna and Berlin, 1982.

Poensgen, Georg, *Die Bauten Friedrich Wilhelms IV. in Potsdam*, Berlin, 1930.

Poensgen, Georg. »Ludwig Persius, der Nachfolger und Vollender Schinkels in Potsdam«, in: *Schinkel-Almanach, Ausstellung klassizistischer Baukunst der Schinkelzeit, veranstaltet vom Architekten- und Ingenieur-Verein zu Berlin in der National-Galerie zu Berlin (ehemal. Kronprinzenpalais)*, Berlin, 1931.

Posener, Julius (ed.), *Festreden Schinkel zu Ehren*, Berlin, 1981.

Scheffler, Karl, *Die Architektur der Großstadt*, Berlin, 1913.

Scheffler, Karl, *Deutsche Baumeister*, Leipzig, 1939.

Schmid, Josef, *Karl Friedrich Schinkel. Der Vorläufer neuer deutscher Baugesinnung*, Leipzig, 1943.

Schönemann, Heinz, »G. A. Demmler – ein Baumeister in seiner Zeit«, in: *Georg Adolph Demmler 1804–1886*, Schwerin, 1986.

Schönemann, Heinz, »Lenné in Berlin«, in: *Peter Joseph Lenné. Katalog der Zeichnungen*, Tübingen and Berlin, 1993 (Edition Axel Menges).

Schumacher, Fritz, »Hans Poelzig und Peter Behrens«, in: *Selbstgespräche, Erinnerungen und Betrachtungen*, Hamburg, 1949.

Schümann, Carl-Wolfgang, *Der Berliner Dom im 19. Jahrhundert*, Berlin, 1980 (*Die Bauwerke und Kunstdenkmäler von Berlin*, supplement 3).

Schwarz, Ulrike, »Perleberg. Das Rathaus (1837–39) und seine Zuschreibung«, *Brandenburgische Denkmalpflege*, 9, 2000, 1, pp. 78–82.

Sievers, Johannes, *Bauten für den Prinzen Karl von Preußen*, Berlin, 1955 (*Karl Friedrich Schinkel. Lebenswerk*).

Stahl, Fritz (pseudonym for Siegfried Lilienthal), *Karl Friedrich Schinkel*, Berlin, 1911.

Stamp, Gavin, «At once picturesque and classical: Alexander Thomson's Holmwood«, *Journal of the Society of Architectural Historians*, vol. 57, 1958, no. 1, pp. 46–58.

Strauß, David Friedrich, *Der Romantiker auf dem Thron der Cäsaren, oder Julian der Abtrünnige*, Mannheim, 1847.

Stüler, Friedrich August, »Reisebericht … über die Besichtigung neu erbauter Kirchen im Regierungs-Bezirk Breslau«, *Zeitschrift für Bauwesen*, 5, 1855, col. 547 to 553.

Stüler, Friedrich August, »Über den Bau neuer evangelischer Kirchen in England«, *Zeitschrift für Bauwesen*, 8, 1858, col. 369–410.

Stüler, Friedrich August, *Über die Wirksamkeit König Friedrich Wilhelms IV. in dem Gebiete der bildenden Künste«*, Berlin, 1861.

Stüler, Friedrich August, *Das Neue Museum zu Berlin*, Berlin, 1862.

Stüler, Friedrich August, *Das neue Universitätsgebäude zu Königsberg,* Berlin, 1865.

Stüler, Friedrich August, *Die Burg Hohenzollern*, Berlin, 1866.

Stüler, Friedrich August, Eduard Prosch and Hermann Willebrand (ed.), *Das Schloß zu Schwerin. Auf Befehl seiner Königlichen Hoheit des Großherzogs bearbeitet …*, Berlin, 1869.

Stüler, Friedrich August, and Albert Dietrich Schadow, »Die St. Petri- und Paulskirche zu Nikolskoe bei Potsdam«, *Architektonisches Album*, 4, 1839, Bl. 19–24.

Stüler, Friedrich August, and Johann Heinrich Strack, *Vorlegeblätter für Möbel-Tischler*, Berlin, 1833–40.

Stüler, Friedrich August and Johann Heinrich Strack, »Die Eisenbahnanlage von Petersburg nach Pawlowsk«, *Architektonisches Album*, 1/2, 1838, pp. 1–12.

Summerson, John, *Architecture in Britain 1530–1830*, Harmondsworth, 1969.

Verbeek, Albert, *Das erste Wallraf-Richartz-Museum in Köln*, Cologne, 1961 (separate print from: *Wallraf-Richartz-Jahrbuch*, vol. 23, 1961, pp. 7–36).

Werquet, Jan, *Der Wiederaufbau der Trierer Basilika unter Friedrich Wilhelm IV.*, Master's thesis at the Freie Universität, Berlin, 1998 (manuscript).

Westheim, Paul, «Mies van der Rohe: Entwicklung eines Architekten«, *Das Kunstblatt*, 11, no. 2 (February 1927), pp. 55–62.

Westheim, Paul, »Schinkel und die Gegenwart«, *Der Baumeister*, 11, January 1913, supplement, pp. B81–B84.

Wezel, Elsa van, »Die Konzeptionen des Alten und Neuen Museums zu Berlin und das sich wandelnde historische Schloß«, *Jahrbuch der Berliner Museen*, vol. 43, 2001, Berlin, 2003, p. 164.

Wullen, Moritz, *Die Deutschen sind im Treppenhaus, Der Fries Otto Geyers in der Alten Nationalgalerie*, Cologne, 2002.

Zahn, Eberhard, »Die Trierer Basilika und die deutsche Romantik. Der Wiederaufbau des römischen Palatiums 1844–1856«, *Trierer Zeitschrift*, 54, 1991, pp. 307–355.